广视角·全方位·多品种

权威·前沿·原创

皮书系列为
"十二五"国家重点图书出版规划项目

中国基金会发展独立研究报告
（2013）

THE DEVELOPMENT OF CHINESE FOUNDATIONS:
AN INDEPENDENT RESEARCH REPORT (2013)

基金会中心网 / 编

图书在版编目（CIP）数据

中国基金会发展独立研究报告. 2013/基金会中心网编.
—北京：社会科学文献出版社，2013.8
（基金会绿皮书）
ISBN 978-7-5097-4865-7

Ⅰ.①中… Ⅱ.①基… Ⅲ.①基金会-发展-研究报告-中国-2013 Ⅳ.①D632.1

中国版本图书馆 CIP 数据核字（2013）第 156423 号

基金会绿皮书
中国基金会发展独立研究报告（2013）

编　　者／基金会中心网

出　版　人／谢寿光
出　版　者／社会科学文献出版社
地　　　址／北京市西城区北三环中路甲 29 号院 3 号楼华龙大厦
邮政编码／100029

责任部门／社会政法分社（010）59367156　　责任编辑／李　响
电子信箱／shekebu@ssap.cn　　　　　　　　责任校对／李　敏
项目统筹／王　绯　　　　　　　　　　　　　责任印制／岳　阳
经　　销／社会科学文献出版社市场营销中心（010）59367081　59367089
读者服务／读者服务中心（010）59367028

印　　装／北京季蜂印刷有限公司
开　　本／787mm×1092mm　1/16　　　　　印　张／15.75
版　　次／2013 年 8 月第 1 版　　　　　　　字　数／203 千字
印　　次／2013 年 8 月第 1 次印刷
书　　号／ISBN 978-7-5097-4865-7
定　　价／58.00 元

本书如有破损、缺页、装订错误，请与本社读者服务中心联系更换
▲ 版权所有　翻印必究

感谢清华大学教育基金会的资助

《中国基金会发展独立研究报告（2013）》编辑委员会

主　任　程　刚

成　员　耿和荪　陶　泽　刘东启　Marc Bermann
　　　　褚　蓥　Bera von Hagens　韩红雨
　　　　Dorit Lehrack

基金会中心网介绍

基金会中心网（www.FoundationCenter.org.cn）由国内35家知名基金会联合发起，于2010年7月8日正式上线。基金会中心网的使命是建立基金会行业信息披露平台，提供行业发展所需的能力建设服务，促进行业自律机制形成和公信力提升，培育良性、透明的公益文化。

基金会中心网通过互联网披露全国基金会的联系方式、管理团队、财务状况、公益项目、捐款方、机构动态等信息，以提升基金会的透明度和公信力。所提供信息已得到政府、企业、媒体、公益组织、学术机构和公众的广泛采用，是政策制定、寻找公益合作伙伴、新闻线索、研究数据和捐款对象的重要参考。

近年来，基金会中心网的发展受到了社会各界的广泛赞誉。基金会中心网的成立，入选了北京大学公民社会研究中心评定的"2010中国公民社会建设十大事件"，以及《半月谈》评定的"中国社会建设十大新闻"；2011年，基金会中心网入选《中国慈善家》评定的"推动中国慈善的十大组织"，并被《南风窗》评为"为了公共利益年度组织"；2012年，基金会中心网荣获中央编译局颁发的"中国社会创新奖"和《南方都市报》颁发的"公益行动奖"等奖项。

摘　要

本书对2011年基金会的发展作了一个全面的总结。

本书的第一章回顾了2011年全国基金会发展的概况，包括基金会的数量发展、地域分布、活动领域及项目情况、人才发展、注册资金、净资产、收入与支出等各个方面。

本书第二章和第三章从大量的数据中提炼出这样几个事实：第一，我国的非公募基金会发展极其不平衡，存在严重的二八分的态势。第二，我国的非公募基金会除少数几家大型的基金会和大量的大学基金会外，剩下的就是一些与真正意义上的非公募基金会相差甚远的"基金会"。这类"基金会"几乎无法用基金会的定义去加以比对，因为它们更像是民办非企业组织，而不是基金会。所以，很有可能的情况是，它们其实就是披着基金会外衣的民非组织。

本书的第四章详细研究了公募基金会的情况。这一章对公募基金会的特点作了总结，提出公募基金会与传统意义上的基金会存在差异。造成这一问题的根源不在于公募基金会本身，而在于最初立法的分类。公募基金会本身的功能过杂、定位尴尬的问题一直在反复纠缠着这类组织。其同时具备投资、公募、项目运作和资助等多项功能，导致首尾无法兼顾，经常是捡了芝麻丢了西瓜，到头来既做不好投资，也搞不好项目运作。随着社会改革大势的到来，公募基金会如再不改革，就不能适应形势的需要。所以，本章重点探讨了公募基金会功能变革和市场化两个问题，试图为其改革之破冰提供借鉴。

本书的第五章参考年初公益人才报告的经验，重新总结分类，对

基金会公益人才的状况作了重新梳理。希望能为我国基金会公益人才的引入和调整提供一些参考性意见。

本书的第六章对2012年基金会行业的大事进行了总结。

本书的第七章是附录部分,对全国基金会进行了排名,包括全国基金会榜单、公募基金会榜单和非公募基金会榜单。

Abstract

This book provides an overview of the developments of Chinese foundations in 2011.

The first chapter reviews the developments of Chinese foundations in 2011 in terms of growth in number, geographical distribution, working fields and programs, human resources, capital, net assets, income and expenditure.

The second and the third chapters conclude from a large amount of data that: 1) the development of private foundations was extremely unbalanced, fitting into the 20 percent/80 percent situation; 2) the private foundations, with the exception of several large private foundations and a great number of college foundations, are not so much real foundations. The definition of foundation can not be applied to these private foundations, as they are more like civil non-profit organizaions. Probably, they are civil non – profit organizations in disguise.

The fourth chapter does a detailed research on public foundations. This chapter sums up the characteristics of public foundations, and points out that the public foundations are quite different from the traditional foundations. Such difference results from the leagal categorization of foundations. The public foundations, whose self – orientation is blurred, have too many functions. Their functions include investment, public fund raising, program operation, grant – making, etc, thus making the public foundations unable to focus on one point. With the upcoming trend of social reform in China, the public foundations which have not yet managed to reform themselves may be unable to meet the demands of the situation.

So this chapter also focuses on the transformation of the functions of public foundations and their marketization, so as to provide reference.

The fifth chapter is a report of the developments of charity professionals in China.

The sixth chapter sums up the key events of Chinese foundations in 2012.

The seventh chapter consists of lists of Chinese foundations in general, lists of Chinese public foundations and lists of Chinese private foundations.

前　言

如果说 2011 年是中国公益慈善领域的多事之秋，那么 2012 年则可称为中国公益慈善领域稳健发展的一年。2012 年，中国的基金会快速发展的态势有所减缓，基金会的数量增加了 336 家，增幅约 15%，与前两年的 20% 相比有所放缓；总资产、捐赠收入、公益支出等关键财务指标保持稳定发展趋势；但是从整体的基本面来看，中国基金会的发展还是能或多或少地感受到全球性经济危机及经济发展放缓带来的影响。

2012 年，中国基金会领域发生了许多大的事件，可以用眼花缭乱、耳目一新来形容。在我看来这一年中国基金会的发展是健康的、向上的，从多个方面都传递出了正能量。如同中国经济社会发展一样，中国的社会建设和社会组织正处于难得的历史发展时期，基金会也不例外。

2012 年 8 月底，一年一度的基金会中心网透明度大会召开。基金会中心网与清华大学联合研发的中基透明指数 FTI 平台的上线开通，试图以数字量化的方式推动中国基金会的透明化。美国基金会中心总裁布拉德先生在书面致辞中说，中基透明指数的上线意味着基金会中心网正在为中国乃至世界的基金会行业设定新的道德标准。人们常为中国基金会行业的高速发展而感到惊叹，而今天中国政府在基金会信息披露上设定的高标准和基金会行业自身推出的更加严格而公开的指数更完全出乎全球领袖们的想象。基金会中心网理事长、中国公益慈善界的领军人物徐永光先生讲道：中基透明指数最重要的价值是给公众一把打开基金会透明

的钥匙,然后用脚投票,用公众的力量推动中国基金会的透明化。

基金会中心网的年底收官之作仍以透明为题,2012年12月26日首次发布了中基透明指数2012排行榜和基金会透明报告,公布了中国2012年度50家最透明基金会和30家最不透明基金会的名单,通过发布的透明报告可以看出,超过6成的基金会没有达到合规分值,行业整体透明不及格。有17家基金会并列排在最透明基金会榜单的第一位,中国红基会也名列其中,引起了部分网友的吐槽。由此可以看出,公众对"郭美美"事件仍然关注,尽管中国红基会在透明度上花了大力气,已经有了极大改善,但公众却似乎并不买账。这说明透明度后的公信力建设既需要做多方面的努力,同时也需要一个过程。

透明是一把双刃剑,透明是有代价的,透明需要专业化的能力和管理水平,透明需要良好的治理与健康的公益文化,透明还需要回应公众的质疑并有效应对。

2012年,社会企业、社会投资、社会责任投资、社会影响力投资成为年度公益慈善领域的新热门词汇。可能人们还无法理解这些词汇的真实含义,但确实感到了其所代表的潮流扑面而来的势头,也许是人们期待创新,以寻求中国特色的慈善发展道路。

清华大学教育基金会秉承公益理念,承担社会责任,在项目管理、资产运作、团队建设等方面日趋完善,被推选为中国高等教育学会教育基金工作研究分会的理事长单位,为推动中国大学教育基金会的稳健发展发挥了积极作用,已经成为中国高等院校基金会组织的优秀代表,为世人所尊重。

总之,2012年故事很多也很精彩。总结2012,展望2013,相信基金会行业的明天会更好。

程　刚
基金会中心网总裁

目 录

G.1 2011年基金会发展概况 ·· 001
    一 年度发展概述 ·· 001
    二 基金会数量发展 ·· 001
    三 基金会地域分布 ·· 004
    四 基金会活动领域和项目情况 ···································· 005
    五 基金会人才发展 ·· 010
    六 基金会注册资金 ·· 012
    七 基金会净资产 ·· 013
    八 基金会收入 ·· 015
    九 基金会支出 ·· 018

G.2 小型非公募基金会的发展与挑战 ·································· 023
    一 非公募基金会发展概况 ·· 023
    二 小型非公募基金会发展现状 ···································· 045
    三 原因分析 ·· 054
    四 结论 ·· 056

G.3 大型非公募基金会的发展与挑战 ·································· 057
    一 概述 ·· 057

  二　大型非公募基金会发展现状 …………………… 058
  三　现状分析 …………………………………………… 074
  四　原因分析 …………………………………………… 076

G.4　公募基金会发展状况 ……………………………………… 086
  一　概述 ………………………………………………… 086
  二　公募基金会发展现状 ……………………………… 089
  三　现状分析 …………………………………………… 118
  四　结论 ………………………………………………… 120

G.5　特别研究
  ——中国公益慈善专业人才 …………………………… 127
  一　背景介绍 …………………………………………… 127
  二　基金会行业人才需求分析 ………………………… 131
  三　中国公益慈善专业人才现状分析 ………………… 135
  四　首个慈善学本科专业教育启动，订单式培养
    公益人才 ………………………………………… 165

G.6　2012年大事记 …………………………………………… 168

G.7　基金会榜单 ………………………………………………… 198

皮书数据库阅读使用指南

CONTENTS

G.1 Introduction to the Development of Foundations
Founded in 2011 / 001

    1. Annual Development of Foundations / 001

    2. Number of Foundations / 001

    3. Geographical Distribution of Foundations / 004

    4. Fields and Projects of Foundations / 005

    5. Human Resource Development of Foundations / 010

    6. Initial Fund of Foundations / 012

    7. Net Asset of Foundations / 013

    8. Income of Foundations / 015

    9. Expenditure of Foundations / 018

G.2 The Development and Challenge of Small Private
Foundations / 023

    1. Overview of the Development of Private Foundations / 023

    2. The Current Development of Small
Private Foundations / 045

    3. Reason Analysis / 054

    4. Conclusions / 056

基金会绿皮书

G.3　The Development and Challenge of Large Private
　　　Foundations　　　　　　　　　　　　　　　　　　/ 057
　　　1. Overview　　　　　　　　　　　　　　　　　　/ 057
　　　2. The Current Development of Large
　　　　 Private Foundations　　　　　　　　　　　　　/ 058
　　　3. Current Situation　　　　　　　　　　　　　　/ 074
　　　4. Reason Analysis　　　　　　　　　　　　　　　/ 076

G.4　The Development of Public Foundations　　　　　　/ 086
　　　1. Overview　　　　　　　　　　　　　　　　　　/ 086
　　　2. The Current Development of Public Foundations　/ 089
　　　3. Current Situation　　　　　　　　　　　　　　/ 118
　　　4. Reason Analysis　　　　　　　　　　　　　　　/ 120

G.5　Special Topic: Chinese Charity Professionals　　　　/ 127
　　　1. Background　　　　　　　　　　　　　　　　　/ 127
　　　2. Requirements of Foundation for Charity Professionals　/ 131
　　　3. The Current Situation of Chinese Charity Professionals　/ 135
　　　4. The First Undergraduate Program in Charity　　/ 165

G.6　Key Events of Foundations in 2012　　　　　　　　/ 168

G.7　Lists of Foundations　　　　　　　　　　　　　　 / 198

G.1
2011年基金会发展概况

一 年度发展概述

2011年是慈善基金会大发展的一年。这不仅体现在基金会的成立数量为历年之最上，而且还体现在原始基金数量的大幅增加上。在这一年里，我国的慈善基金会的数量从2213家一跃上升到2608家，而原始基金的总量则高达2270968810元。

更为重要的是，与历年的情况相比，在这一年中，我国的基金会呈现如下几大趋势：

（一）数量发展迅猛；
（二）地域分布差异性较大；
（三）关注领域仍以教育为主；
（四）全职人员依旧偏少；
（五）注册资金规模逐渐增大；
（六）净资产主要为500万元以下；
（七）总收入集中于少量基金会；
（八）总支出主要为50万元以下；
（九）项目正在朝着多元化方向发展。

二 基金会数量发展

2004年以来，基金会数量一直保持着高速增长的态势，从最初的745家增长到2011年的2608家，平均每年增长311家（见

图1）。其中，对这一增长贡献最大的是非公募基金会。2011年，新成立的基金会共有395家（见图2），其中公募基金会113家，占当年总数的29%，而非公募基金会数量为282家，是公募基金会数量的2.5倍（见图3）。这一情况的出现显然与2004年后我国基金会法律和管理环境的变化有着莫大的联系。不过，在这些变化的背后隐藏着很大的问题，特别是在非公募基金会增长方面。具体请参见本报告第二章。

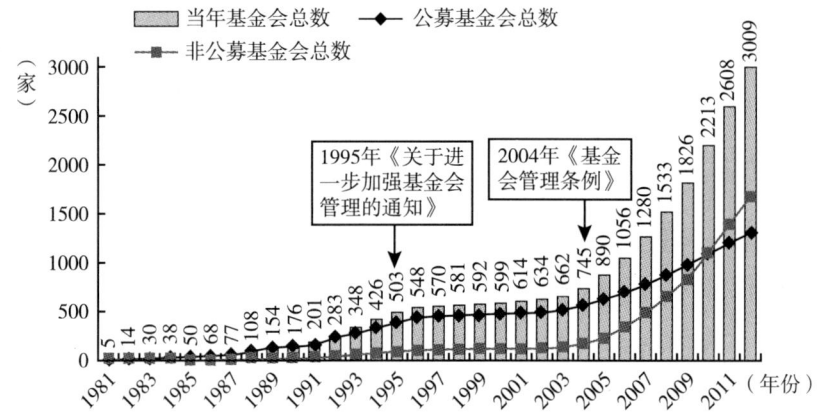

图1　基金会数量发展趋势

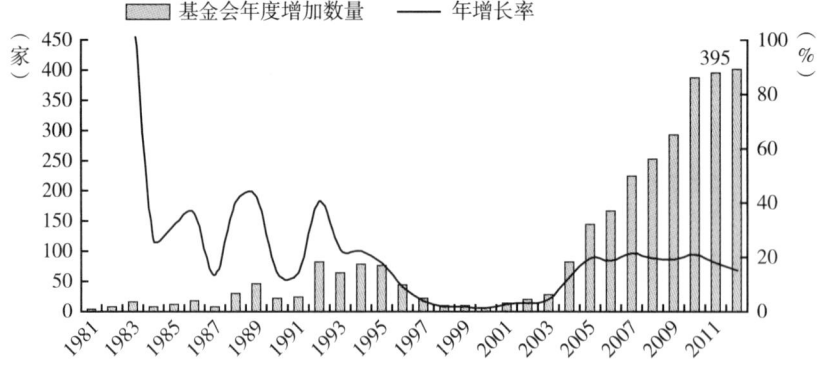

图2　基金会数量年度增长情况对比

2011年成立的基金会中有14家在民政部登记注册，367家基金会在各省级民政部门登记注册，占总数的93%。随着非公募基金会登记权限的下放，2011年有14家基金会在市级民政部门登记注册，其中在广东省深圳市登记注册的基金会有12家，公募基金会2家，非公募基金会10家，在安徽省合肥市和蚌埠市注册的基金会各1家，均为非公募基金会。

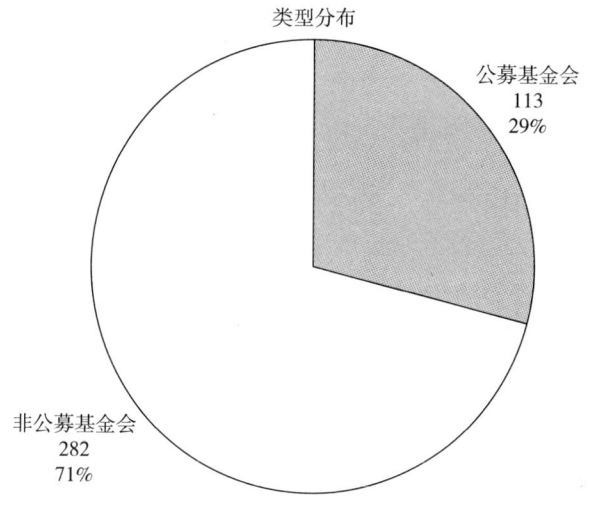

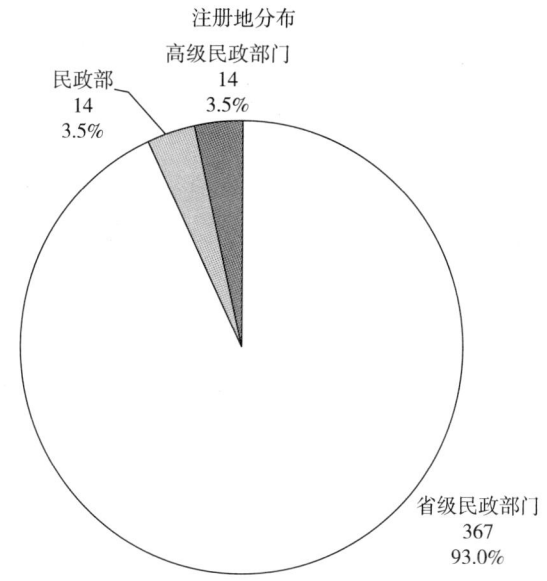

图3　2011年新成立基金会类型及注册地分布

三 基金会地域分布

2011年，我国新成立的基金会分布依旧呈现东多西少的态势。这主要体现在如下几点：

- 2011年新成立的395家基金会主要分布在江苏省、广东省、浙江省和北京市，分别占总数的10%以上。
- 基金会数量排名前10位的地区共成立了284家，占总数的73%（见图5）；在这10个地区中，有9个地区的非公募基金会增长数量超过了公募基金会，只有江苏省的公募基金会增长数量稍领先于非公募基金会增长数量；其中，全国经济最发达、制度环境引领全国风气之先的广东省的非公募基金会增长数量达到了55家，远远领先于其他地区；公募和非公募基金会增长数量差异最大的2个地区分别是广东省和北京市，这2个地区新增非公募基金会数量达到了89家，是公募基金会增长数量的11倍之多。
- 2011年成立基金会较少的有广西壮族自治区、天津市、青海省、新疆维吾尔自治区和甘肃省等8个地区，各地区新成立基金会均不到5家。

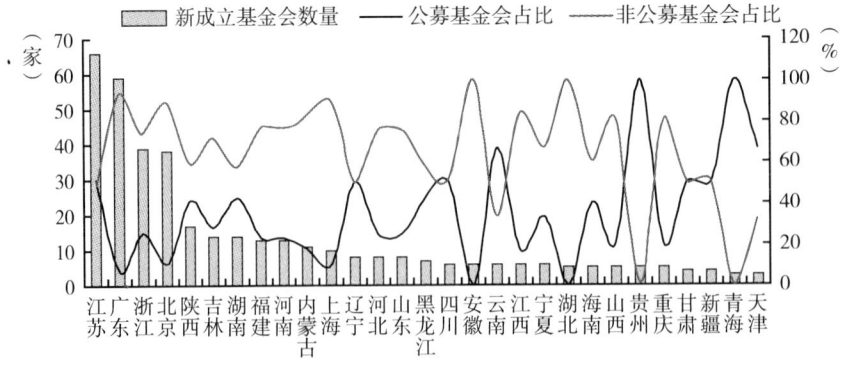

图4　2011年新成立基金会地域分布及各类型占比情况

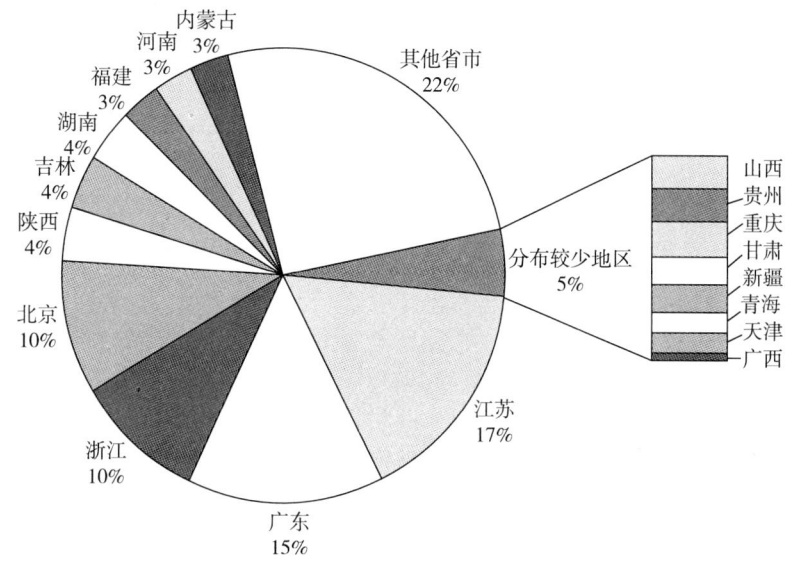

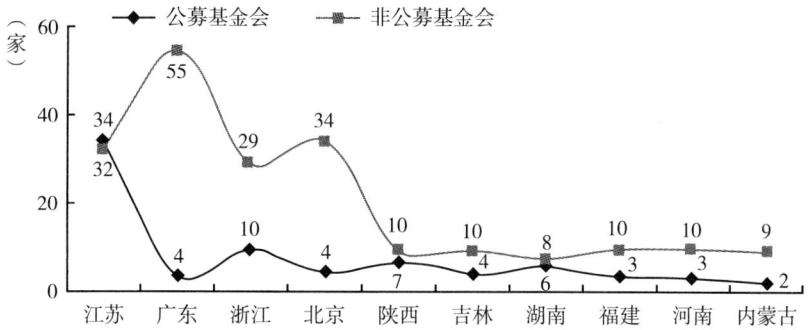

图5 2011年基金会地域分布情况及排名前十位地域的类型分布

四 基金会活动领域和项目情况

2011年，基金会主要活动的领域依旧集中在教育领域，但对其他领域的关注也有所增加；其中，关注教育领域的公募基金会数量为25家，而非公募基金会数量则达到了143家，其中多数是大学基金会和省级教育厅下属基金会，两者所表现出的差异性较为显著。

• 2011年成立的395家基金会涉及最多的领域仍是教育，共有168家基金会涉及该领域，占总数的43%。

• 除教育领域以外，涉及见义勇为、扶贫助困、医疗救助、文化和老年人等5个领域的基金会数量都超过20家；但公民人权、少数民族、动物保护、就业、侨务和心理健康等6个领域，涉及的基金会都不足3家。

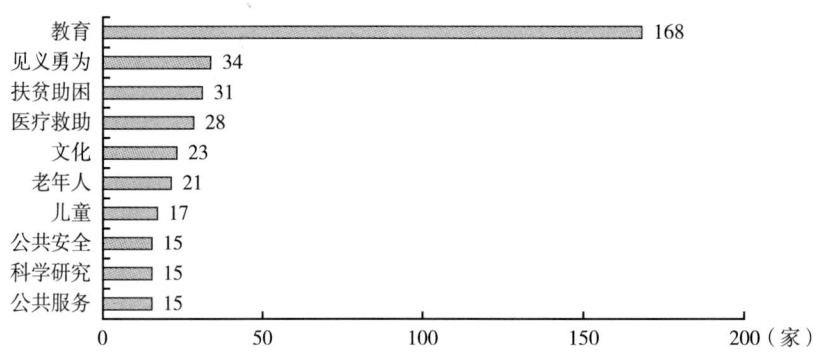

图6　2011年成立的基金会主要活动领域分布

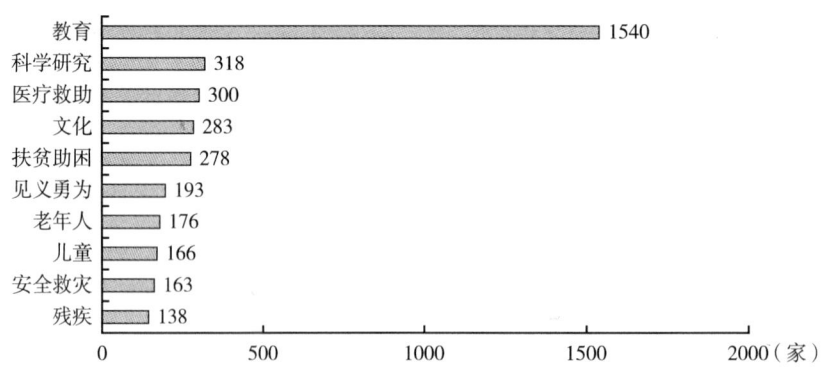

图7　全国基金会主要活动领域分布

- 相较于全国基金会主要活动领域分布情况，2011年成立的基金会对科学研究领域的关注度有所下降。

2011年成立的395家基金会中，有113家基金会在其年检报告中公布或按相关填报标准向基金会中心网提供项目信息，占总数的29%，项目合计326个，项目支出总量为102481269元。其中，29家公募基金会的73个项目支出了14805017元，84家非公募基金会的253个项目支出了87676252元。

- 上述326个项目涉及全国22个省、自治区、直辖市，其中，非公募基金会项目普遍占据主导地位，而湖南省公募基金会项目数量超过了非公募基金会项目数量，其中只有一家非公募基金会"湖南科技学院教育基金会"执行了3个项目，其余的项目均为公募基金会执行。

- 从总体分布趋势来看，沿海地区的项目数量远远领先于西北地区，2011年成立的基金会目前对西北地区的资助力度非常有限。

- 分布在浙江省和江苏省的项目数量分别达到了55个和52个，远远领先于其他地区，分布在上海和广东的项目数量分居第3、4位，这4个地区的项目运作主体依然是非公募基金会，其中，分布在上海市的26个项目都是非公募基金会运作。

- 项目资金规模较小，在众多的项目当中只有16个项目的支出金额超过100万元。

- 29家公募基金会的73个项目支出为14805017元，平均每个项目支出为202808元；而84家非公募基金会的253个项目支出为87676252元，平均每个项目支出为34654645元。根据统计显示，2011年度基金会执行项目数量为7364个，项目支出总额达到15587535665元，平均每个项目支出为2116721元。可见，由于成立时间较短，基金会的相关工作尚未完全开展，公募基金会和非公募基金会的项目规模普遍较小，然而2011年成立的非公募基金会项目在数量和规模方面全面超越同期成立的公募基金会。

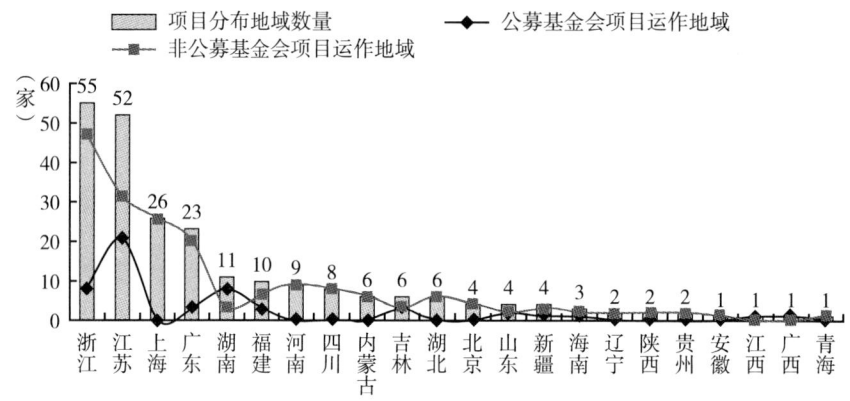

图8　项目地域分布情况

这326个项目的主要特点是：

- 项目的活动领域依然以教育为主，有32%的项目涉及该领域，但是与往年对教育领域的关注热度相比仍有所下降，说明基金会项目运作领域正在朝着多元化方向发展。
- 涉及教育领域的105个项目中，有91个是由非公募基金会运作或资助，占总数的87%，而公募基金会的项目只占13%，关注教育领域的主导力量正在转向非公募基金会。

在涉及教育领域的项目支出Top15中，只有2个项目的运作主体是公募基金会，同时有7个项目的运作主体是学校基金会。

按项目资金用途来划分，涉及较多的资金用途为学校基础建设和奖助学金。

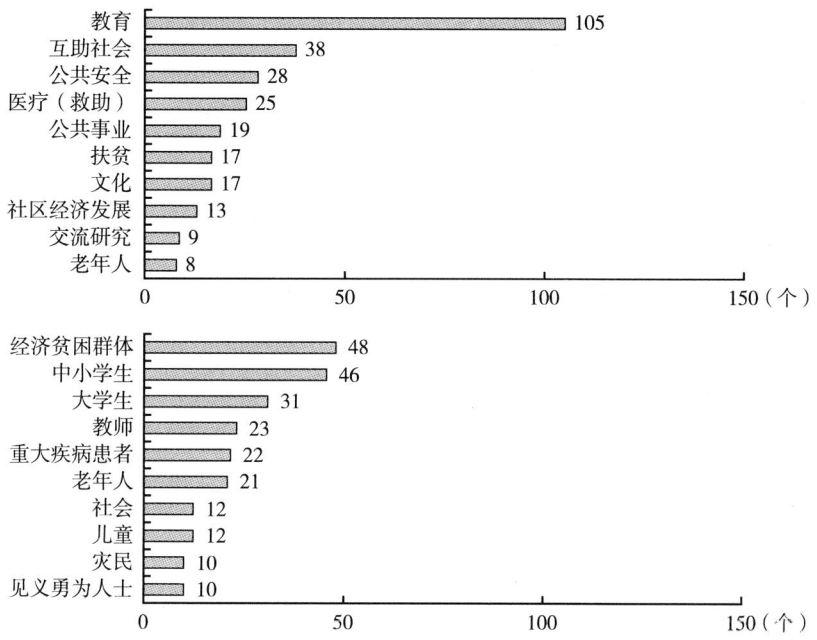

图9 项目主要活动领域、受益群体

表1 2011年成立基金会涉及教育领域的项目支出排名Top15

排名	项目名称	项目支出（元）	基金会名称	基金会类型	基金会地域
1	支持学校事业发展	22563000	如东县教育发展基金会	非公募	江苏
2	教育捐助项目	10000000	新疆维吾尔自治区新勇教育基金会	非公募	新疆
3	学院教育发展基金	3100000	无锡商业职业技术学院教育发展基金会	非公募	江苏
4	教师远程教育学习卡	2000000	新疆维吾尔自治区资助教育基金会	公募	新疆
5	实施资助贫困中小学生项目	1977000	河南省关心下一代基金会	公募	河南
6	新华中学新华大厦（教学综合楼）建设	1500000	扬州市教育发展基金会	非公募	江苏
7	戎星点点助学项目	1368076	上海华信公益基金会	非公募	上海
8	支持泰州职业技术学院发展	1000000	泰州职业技术学院教育发展基金会	非公募	江苏

续表

排名	项目名称	项目支出（元）	基金会名称	基金会类型	基金会地域
9	8月优秀教师奖励	991600	温州市实验中学教育发展基金会	非公募	浙江
10	奖教金	805000	江苏省扬州中学教育发展基金会	非公募	江苏
11	捐赠司前民族中学教育基金	800000	浙江泰顺司前新农村发展基金会	非公募	浙江
12	奖励内蒙古师范大学突出贡献个人和创业创新团队	752500	内蒙古师范大学教育发展基金会	非公募	内蒙古
13	智悲基金－西部助学	703809	上海慈慧公益基金会	非公募	上海
14	资助贫困学生	600000	湖南科技学院教育基金会	非公募	湖南
15	9月优秀教师奖励	594350	温州市实验中学教育发展基金会	非公募	浙江

在表1中，有如下情况值得注意：

（1）扬州市教育发展基金会上榜的项目属于基建项目，即新华中学新华大厦（教学综合楼）建设，因此属于补足国家教育资金投入不足的情况，而这一直是我国教育基金会的一个重要资金用途。

（2）温州市实验中学教育发展基金会两次上榜，分别是8月和9月优秀教师奖励，而且资金量都超过了50万元。尤其值得注意的是，按照国家规定，8月正处于学校放假期间，因此在该月发放优秀教师奖励令人不解。通常来说，中小学教育基金会容易成为变相的教师福利发放的小金库和领导个人的小金库，也容易成为变相收取择校赞助费的渠道。至于温州该教育基金会是否属于这种情况，由于没有实地调研，目前尚不明确。

五 基金会人才发展

2011年，新成立的基金会由于成立时间较短，其全职员工的数量依旧偏少，甚至低于全国平均水平。

- 2011年，新成立的199家基金会的全职员工总数为429人，平均每家基金会有2名左右全职员工。
- 没有全职员工的基金会有51家，占总数的27%（见图10），该比例高于全国整体情况；而全职员工数多于7人的基金会只有8家，占总数的4%，同时没有一家基金会的全职员工超过10人。

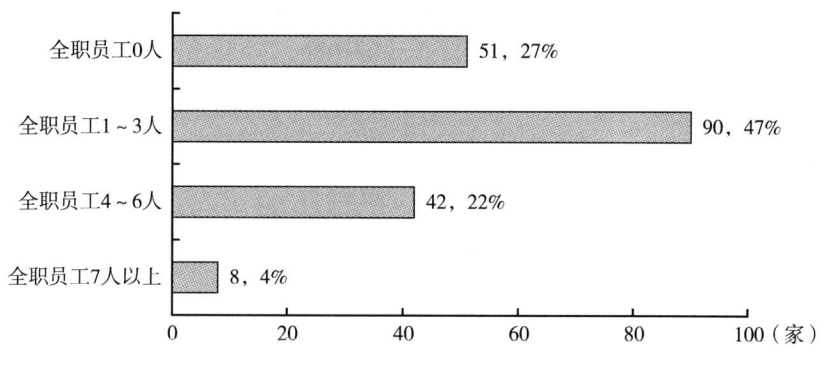

图10　2011年全职员工数量分布

- 由于成立时间较短，基金会的很多工作还没有开展，由此造成了2011年成立的基金会的全职员工规模小于全国基金会的平均水平。

2011年成立基金会的全职员工Top10呈现如下特点：

- 全职员工总数69人，占当年成立的所有基金会的全职员工总数的16%。
- 非公募基金会数量为7家，公募基金会3家。
- 民政部注册基金会有1家，省级民政部门注册的基金会有7家，市级民政部门注册的基金会有2家。
- 10家基金会分布于全国6个省市，其中广东省基金会最多，有3家。
- 注册资金最多的基金会是深圳大运留学基金会，注册资金达到2亿元。

表2 2011年基金会全职员工排名Top10

排名	基金会名称	类型	原始基金（元）	地域	登记部门	全职员工数
1	河南大学教育发展基金会	非公募	20000000	河南	民政部	8
2	广东省华商慈善基金会	非公募	2000000	广东	省级民政部门	7
3	深圳大运留学基金会	公募	200000000	广东	市级民政部门	7
4	河南省本源人文公益基金会	非公募	10000000	河南	省级民政部门	7
5	长沙市慈善基金会	公募	100000000	湖南	省级民政部门	7
6	湖南省志愿服务基金会	公募	4000000	湖南	省级民政部门	7
7	新疆溢达杨元龙教育基金会	非公募	2000000	新疆	省级民政部门	7
8	浙江省新台州人健康救助基金会	非公募	2000000	浙江	省级民政部门	7
9	深圳市北大创新发展基金会	非公募	5000000	广东	市级民政部门	6
10	北京爱它动物保护公益基金会	非公募	2000000	北京	省级民政部门	6

六 基金会注册资金

2011年新成立的317家基金会的原始基金总量达到了2842168810元。其原始基金均值为8965832.21元，较2010年成立的基金会原始基金均值6958706.58元提升了29%，较2009年成立的基金会原始基金均值5864369.80元提升了53%。2011年成立的基金会原始基金规模呈现如下特点：

• 接近50%的基金会的原始基金小于400万元，其中124家基金会的原始基金都为200万元，这与2011年成立的基金会大多为地方性非公募基金会有关。

• 在317家基金会中，有87%的基金会的原始基金在800万元以下，只有23家基金会的原始基金大于或等于2000万元，但其原始基金总量占317家基金会的原始基金总量的63%（见表3）。

• 值得注意的是，2011年度成立的最大的基金会是陕西省神木县民生慈善基金会，这家基金会曾一度引起社会的强烈反响，其注册资金高达5亿元。

表3 2011年原始基金规模分布

原始基金规模	基金会数量*	比例(%)	原始基金总量(元)	比例(%)
原始基金≥2000万元	23	7.26	1794000000	63.12
800万元≤原始基金<2000万元	17	5.36	170000000	5.98
400万元≤原始基金<800万元	119	37.54	534986010	18.82
200万元≤原始基金<400万元	158	49.84	343182800	12.07
合　计	317	100	2842168810	100

* 基金会数量指采集到原始基金信息的2011年成立的基金会数量。

由此可见，在众多新成立的基金会中大多数是小规模资金运作，而原始基金规模较大的基金会虽然数量只占7%，但其资金总量却占到了2011年成立基金会注册资金的6成以上。

七　基金会净资产

2011年成立的基金会的净资产主要集中在1000D万元以下。其呈现出如下特点：

- 2011年成立的236家基金会年末净资产总量3604810252元，平均每家基金会15274619.71元。
- 有7家基金会的年末净资产大于或等于5000万元，其年末净资产总量为2069007027元，占2011年成立的基金会净资产总量的57.4%。
- 39家基金会的年末净资产规模在1000万元至5000万元之间，其总量达到832912518元，占2011年成立基金会的净资产总量的23.10%，其余80%的基金会的年末净资产只占总量的19.41%，其中59%的基金会的净资产规模集中在100万元至500万元之间，而其总量只占到2011年成立的基金会的净资产总量的15.87%。

由此可见，2011年成立基金会的大部分资产都掌握在少数的大型基金会手中。

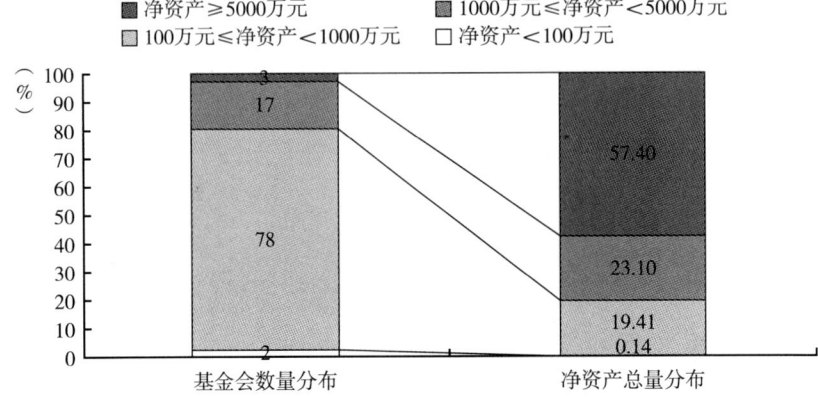

图 11　2011 年基金会净资产规模分布

表 4　2011 年基金会净资产规模分布

年末净资产规模	基金会数量*	比例(%)	净资产总量(元)	比例(%)
净资产≥5000 万元	7	2.97	2069007027	57.40
1000 万元≤净资产<5000 万元	39	16.53	832912518	23.10
100 万元≤净资产<1000 万元	184	77.97	699575055	19.41
净资产<100 万元	6	2.53	3315652	0.09
合　计	236	100	3604810252	100.00

＊基金会数量指年末净资产不为 0 的 2011 年成立的基金会数量。

表 5　2011 年成立基金会年末净资产排名 Top10

排名	基金会名称	类型	原始基金(元)	地域	登记部门	净资产(元)
1	陕西省神木县民生慈善基金会	非公募	500000000	陕西	省级民政部门	1227036500.00
2	中国和平发展基金会	非公募	301000000	北京	民政部	303804804.00
3	深圳大运留学基金会	公　募	200000000	广东	市级民政部门	200196089.79
4	宁波鄞州银行公益基金会	非公募	100000000	浙江	省级民政部门	100360312.28
5	安利公益基金会	非公募	100000000	北京	民政部	99215653.28
6	中南大学教育基金会	非公募	20000000	湖南	民政部	88112409.04
7	德康博爱基金会	非公募	50000000	江苏	民政部	50281258.29
8	亨通慈善基金会	非公募	50000000	江苏	民政部	48617963.06
9	江苏中南慈善基金会	非公募	50000000	江苏	省级民政部门	46418427.59
10	普宁市新坛慈善基金会	非公募	2000000	广东	省级民政部门	43360812.60

八 基金会收入

2011年新成立的基金会中，232家基金会的总收入为2974395888.94元，占全国基金会2011年总收入的8%，平均每家基金会12820671.94元。

- 在总收入不为0的各个规模中，总收入在5000万元以上的基金会有7家，但其收入总量占总收入的61.57%。
- 总收入在1000万～5000万元的基金会有29家，占总数的12.5%，其总收入金额达到593551550.79元，占2011年成立基金会的总收入总量的19.96%。
- 总收入在100万～1000万元的基金会数量最多，占总数的59.05%，另有59家基金会的总收入小于100万元，根据数据显示，2011年新成立的基金会中84.48%的基金会总收入在1000万元以下，其收入总量只占2011年成立基金会的总收入总量的18.47%，说明大量的资源集中在少数的基金会手中。
- 由此，结合上述注册资金和净资产状况，我们可以看到，在我国基金会领域已经形成了一种明显的"二八分割"现象，即20%的大基金会手中掌握着80%的资源，而80%的小基金会仅获得了20%的资源。可以预见的是，这一状况在未来很长时间内都会持续。

在这些基金会中，其收入构成呈现出如下特点：

- 捐赠收入占比最高，占总收入的76.92%，但相较于2010年的95%的捐赠依赖性有大幅下降；排名其后的是政府补助性收入，占总收入的21.96%；而投资收益只占总收入的0.35%，说明新成立的基金会的资金管理能力普遍较低，同时，提供服务收入和其他收入

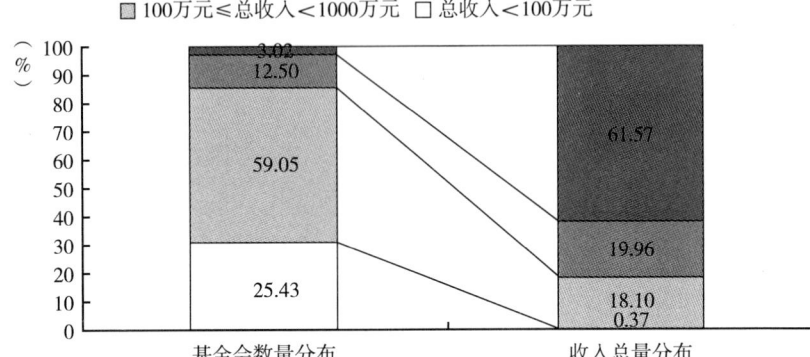

图12 2011年基金会总收入规模分布

表6 2011年基金会总收入规模分布

总收入规模	基金会数量*	比例(%)	总量(元)	比例(%)
总收入≥5000万元	7	3.02	1831360095.92	61.57
1000万元≤总收入<5000万元	29	12.50	593551550.79	19.96
100万元≤总收入<1000万元	137	59.05	538435824.00	18.10
总收入<100万元	59	25.43	11048418.23	0.37
合 计	232	100	2974395888.94	100.00

* 基金会数量指总收入不为0的2011年成立的基金会数量。
注：19家基金会年报填写中基金会总收入为0，数据未计入本表。

分别占总收入的0.02%和0.76%。①

● 20家基金会的投资收益不为0，占公布财务信息的基金会总数的8%，其中投资收益在100万元以上的只有一家，为中国和平发展基金会，其2011年度投资收益达到6414156元。

● 25家基金会的政府补助性收入不为0，占公布财务信息的基金会总数的10%。其政府补助性收入总量为649538909.28元，其中

---

① 其他收入包括会费收入、银行利息、盘盈盘亏等。

政府补助性收入最多 2 家基金会是陕西省神木县民生慈善基金会和深圳大运留学基金会,其政府补助收入分别达到 4 亿元和 2 亿元,政府补助收入在 100 万元以上的基金会有 15 家。接受政府补助的 25 家基金会中只有 4 家是非公募基金会,其余 21 家均为公募基金会,可见政府在提供补助时是具有一定的倾向性。

综上所述,造成 2011 年新成立基金会总收入构成呈现如此格局的原因是大型基金会的活跃,其中陕西省神木县民生慈善基金会 2011 年度的总收入高达 12 亿元之多,其年度捐赠收入超过 8 亿元,政府补助收入更是高达 4 亿元。

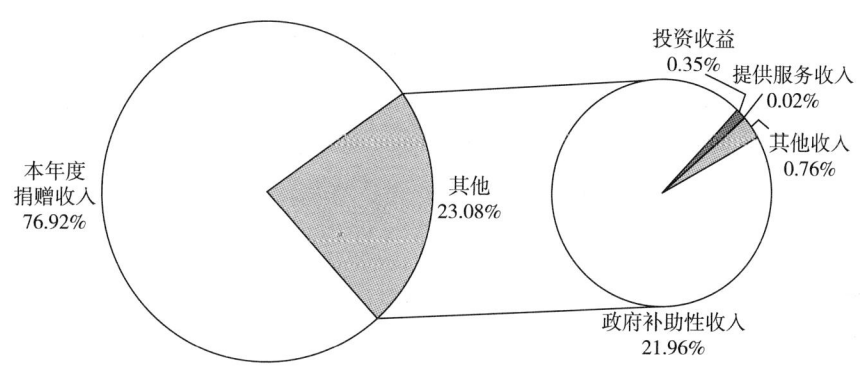

图 13　2011 年基金会总收入构成

在表 7 中,有如下情况值得注意:

(1) 上榜的十家基金会中,有 9 家是非公募基金会,可见非公募基金会的发展势头正在全面反超公募基金会。

(2) 深圳大运留学基金会的主要收入来源是政府补助收入,除去这一部分后,其他收入仅为 80 多万元,相当于一个中等非公募基金会的收入。

(3) 排名第三位的基金会安利公益基金会是一家企业基金会,可见我国的非公募基金会正在向私有基金会的方向发展。

表7 2011年成立基金会总收入排名Top10

排名	基金会名称	类型	原始基金（元）	地域	登记部门	总收入（元）
1	陕西省神木县民生慈善基金会	非公募	500000000	陕西	省级民政部门	1227036500.00
2	深圳大运留学基金会	公募	200000000	广东	市级民政部门	200815437.79
3	安利公益基金会	非公募	100000000	北京	民政部	123741083.75
4	宁波鄞州银行公益基金会	非公募	100000000	浙江	省级民政部门	100360397.28
5	中南大学教育基金会	非公募	20000000	湖南	民政部	73118214.54
6	亨通慈善基金会	非公募	50000000	江苏	民政部	53178434.56
7	江苏中南慈善基金会	非公募	50000000	江苏	省级民政部门	53110028.00
8	广东省广发证券社会公益基金会	非公募	43000000	广东	省级民政部门	43859364.62
9	普宁市新坛慈善基金会	非公募	2000000	广东	省级民政部门	43361043.10
10	新疆维吾尔自治区新勇教育基金会	非公募	15000000	新疆	省级民政部门	40000000.00

九 基金会支出

2011年，新成立的201家基金会的总支出为258867723.41元，占全国基金会2011年总支出的1%，平均每家基金会的总支出为1287899.12元。这些基金会的支出数额主要分布于50万元以下；只有5家基金会的支出在1000万元以上，占总数的2%，其对应的支出合计占当年基金会支出总量的37.48%。

在这些基金会中，其支出构成呈现如下特点：

● 公益支出占总支出的95%，工作人员工资福利支出和行政办公支出分别占总支出的1%和2%。

● 公益支出是基金会支出的第一大支出，2011年成立基金会的公益支出总量为246394155.78元，其中非公募基金会支出202452337.1

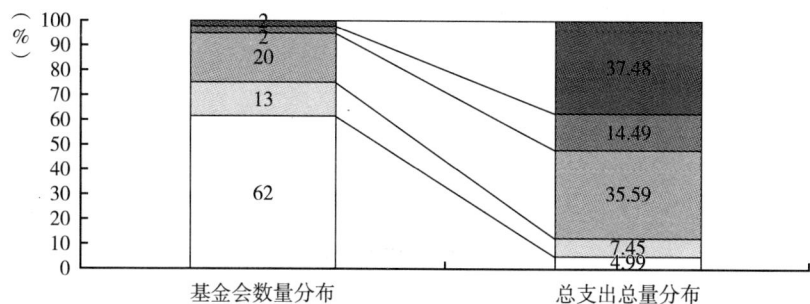

图 14　2011 年基金会总支出规模分布

表 8　2011 年基金会总支出规模分布

总支出规模	基金会数量*	比例(%)	总支出总量(元)	比例(%)
总支出≥1000 万元	5	2	97011014.89	37.48
500 万元≤总支出＜1000 万元	5	2	37503557.98	14.49
100 万元≤总支出＜500 万元	40	20	92133108.28	35.59
50 万元≤总支出＜100 万元	27	13	19292138.18	7.45
总支出＜50 万元	124	62	12927904.08	4.99
合　计	201	100	258867723.41	100.00

＊ 基金会数量指总支出不为 0 的 2011 年成立的基金会数量。

元,占公益事业的总支出的 82%,与非公募基金会数量所占比例(87.56%)相差不大。

● 58 家基金会的工资福利支出不为 0,该支出总量为 3681202.20 元,平均每家基金会 63469.00 元。其中,有 10 家基金会的工资福利支出大于 10 万元,"河北进德公益基金会"的该项支出最多,为 634292.9 元。

• 151家基金会的行政办公支出不为0，该支出总量为5038158.79元（见表9），平均每家基金会33365.29元。其中，有10家基金会的行政办公支出大于10万元，"安利公益基金会"的该项支出最多，为1183537.47元。

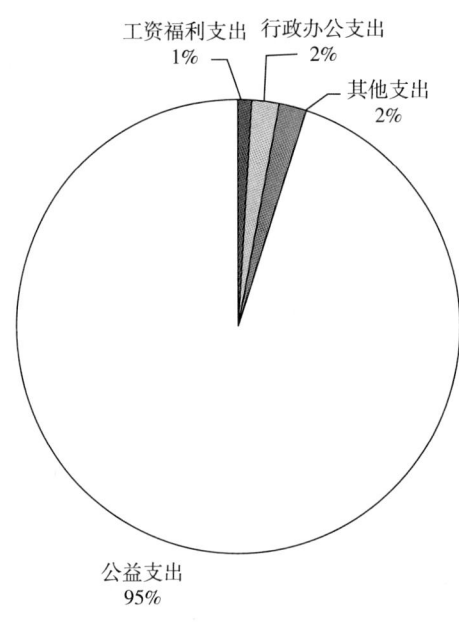

图15 2011年基金会总支出构成

表9 2011年基金会总支出构成

基金会支出	总量（元）	比例（%）
公益支出	246394155.78	95.18
工作人员工资福利支出	3681202.20	1.42
行政办公支出	5038158.79	1.95
其他支出	3754206.64	1.45
合　计	258867723.41	100.00

2011 年基金会发展概况

表 10 2011 年成立基金会总支出排名 Top10

排名	基金会名称	基金会类型	原始基金（元）	地域	登记部门	总支出（元）
1	安利公益基金会	非公募	100000000	北京	民政部	24525430.47
2	如东县教育发展基金会	非公募	4000000	江苏	省级民政部门	22838178.00
3	淮阴工学院教育发展基金会	非公募	4000010	江苏	省级民政部门	17002551.00
4	河北进德公益基金会	非公募		河北	省级民政部门	16365474.00
5	北京华彬文化基金会	非公募	2000000	北京	省级民政部门	16279381.42
6	北京中国国家博物馆事业发展基金会	非公募	2000000	北京	省级民政部门	9578096.41
7	北京北方阳光文化慈善基金会	非公募	2000000	北京	省级民政部门	9004116.98
8	云南华商公益基金会	公募	6200000	云南	省级民政部门	7079197.89
9	江苏中南慈善基金会	非公募	50000000	江苏	省级民政部门	6836341.20
10	中南大学教育基金会	非公募	20000000	湖南	民政部	5005805.50

由于成立时间较短，基金会的部分工作还没有完全开展，其年报的信息也相对不够完整，所以，我们根据 2010 年成立基金会的年末净资产排名，选取了进入年末净资产前 30 的基金会的主要财务数据。30 家基金会的主要特点如下：

• 共有 27 家非公募基金会，3 家公募基金会，非公募基金会的数量是公募的 9 倍。

• 在民政部注册的基金会有 11 家，在省级民政部门注册的有 18 家，在市级民政部门注册的有 1 家。

• 其中有 10 家基金会的净资产高出其原始基金 1000 万元以上，中南大学教育基金会 2011 年度净资产高于其原始基金 68112409.04 元；13 家基金会的净资产与原始基金的差距在 1000 万元之内，同时有 7 家基金会的净资产少于其原始基金。

• 这前 30 位基金会的净资产总额为 1475017459.34 元，占 2011 年成立的基金会净资产总量的 64%，同时有 19 家基金会的净资产和总收入同时排名前 30，有 8 家基金会的净资产和总支出同时排名前 30。

表11 2011年成立基金会主要财务数据及排名

基金名称	类型	原始基金（元）	地域	登记部门	净资产（元）	净资产排名	总收入（元）	总支出（元）
陕西省神木县民生慈善基金会	非公募	500000000	陕西	省级民政部门	1227036500.00	1	1227036500.00	—
中国和平发展基金会	非公募	301000000	北京	民政部	303804804.00	2	6483557.10	3678753.10
深圳大运留学基金会	公募	200000000	广东	市级民政部门	200196089.79	3	200815437.79	619348.00
宁波鄞州银行公益基金会	非公募	100000000	浙江	省级民政部门	100360312.28	4	100360397.28	85.00
安利公益基金会	非公募	100000000	北京	民政部	99215653.28	5	123741083.75	24525430.47
中南大学教育基金会	非公募	20000000	湖南	民政部	88112409.04	6	73118214.54	5005805.50
德康博慈善基金会	非公募	50000000	江苏	民政部	50281258.29	7	814175.69	532917.40
宁通慈善基金会	非公募	50000000	江苏	省级民政部门	48617963.06	8	53178434.56	4560471.50
江苏中南慈善基金会	非公募	50000000	江苏	省级民政部门	46418427.59	9	53110028.00	6836341.20
普宁市新坛慈善基金会	非公募	2000000	广东	省级民政部门	43360812.60	10	43361043.10	230.50
广东省广发证券社会公益基金会	非公募	43000000	广东	省级民政部门	42534007.89	11	43859364.62	1325356.73
四川西部自然保护基金会	非公募	9000000	四川	省级民政部门	38036294.55	12	29036784.55	490.00
陕西九九老龄事业基金会	非公募	10000000	陕西	省级民政部门	30239182.17	13	30262273.97	51250.60
新疆维吾尔自治区新勇教育基金会	非公募	15000000	新疆	省级民政部门	29946691.91	14	40000000.00	10053308.09
北京华彬文化基金会	公募	2000000	北京	民政部	28776276.06	15	25055657.48	16279381.42
赣州市红十字博爱基金会	非公募	4000000	江西	省级民政部门	28639834.99	16	24786043.17	146208.18
中社社工工作发展基金会	非公募	20000000	北京	民政部	24704325.96	17	5458648.04	754322.08
河南大学教育发展基金会	非公募	20000000	河南	民政部	24572597.36	18	5080586.36	507989.00
湖北自强教育基金会	非公募	2000000	湖北	省级民政部门	23584444.21	19	600000.00	242648.00
淮海工学院教育发展基金会	非公募	6000000	江苏	省级民政部门	21335485.81	20	21371474.22	10751.30
北京百度公益基金会	非公募	20000000	北京	民政部	20344169.96	21	24869857.49	4525225.25
亿和公益基金会	非公募	20000000	北京	民政部	20293702.68	22	20293702.68	1602.80
西北农林科技大学教育发展基金会	非公募	20000000	陕西	民政部	20267224.26	23	2609438.46	2342214.20
浙江全山石艺术基金会	非公募	20000000	浙江	省级民政部门	20010677.80	24	16958.30	6280.50
济仁慈善基金会	非公募	20000000	北京	民政部	20000000.00	25	—	—
永恒慈善基金会	非公募	20000000	广东	省级民政部门	19912528.19	26	124288.19	87471.81
浙江圣奥慈善基金会	非公募	20000000	浙江	省级民政部门	19500460.76	27	20000000.00	520933.80
扬州市南振飞慈善基金会	非公募	20000000	江苏	省级民政部门	19280500.96	28	20122964.00	842464.00
东营市见义勇为基金会	公募	4000000	山东	省级民政部门	19248238.02	29	16300067.90	1051829.88
西交利物浦大学教育发展基金会	非公募	10000000	江苏	省级民政部门	18437687.71	30	8449339.52	11651.81

G.2
小型非公募基金会的发展与挑战

一 非公募基金会发展概况

（1）概述

2004年以前，全国基金会以公募基金会为主，占总数80%以上。随着《基金会管理条例》的出台，非公募基金会的身份得到承认，其数量也呈现较快的增长态势。2005年以后非公募基金会的年增长率都在20%以上，而同期的公募基金会的年增长率则在10%左右。

总的来说，这些年来，我国非公募基金会的发展态势良好。根据现有数据分析，我们可以看到，自2004年以来，我国非公募基金会的整体发展呈现如下趋势：

第一，基金会发展迅速，整体数量快速增长。非公募基金会数量从2004年的180家增长到2012年的1696家。同时，非公募基金会数量占比亦从2004年的24%增长到2012年的56%，根据数据统计，到2010年，非公募基金会数量已然超越公募基金会数量。

第二，地域分布东多西少，主力是地方性基金会。总的来说，我国非公募基金会的地域分布不均，呈现一种东多西少的状况。其中，绝对数量排前三名的地区分别为北京、广东和江苏。此外，浙江、福建和上海等地的非公募基金会也相对较多，而西部地区的非公募基金会则数量较少，其中贵州、西藏和甘肃的非公募基金会数量均不足10家。

另一方面，由于我国《基金会管理条例》的规定，目前，组成我国基金会主体的是数量众多的地方性非公募基金会。据统计显示，截至2012年底，我国非公募基金会的总数是1696家，其中在民政部登记注册的只有86家。

第三，专业人员比例不高，有待加强。总的来说，我国非公募基金会的专职人员的数量总体较低，和全国平均水平尚有差距。据统计显示，2011年度，2184家基金会的全职员工总数为8107人，平均每家基金会全职员工数量接近4人，而1136家非公募基金会的全职员工总数为3049人，平均每家非公募基金会全职员工数量不到3人。由此可见，我国非公募基金会的专职人员总数偏少，而其中的专业人士更是稀缺。为了促进我国基金会行业的整体发展，加强专业人员队伍的建设乃是当务之急。

第四，非公募基金会资产增长较快。根据统计显示，非公募基金会净资产已从2008年的10031372116元增长到了2011年的30778137652.45元，涨幅高达2倍以上。同时，非公募基金会的捐赠收入和公益事业支出亦有大幅度的提升，2011年度，非公募基金会的捐赠收入和公益支出已分别达到了17352636198元和6989929665元，非公募基金会资金已形成较大规模。

第五，大学基金会占据非公募基金会资源的一半左右，根据统计显示，至2012年12月31日，全国非公募基金会数量已达1696家，其中学校基金会数量422家，占非公募基金会数量的25%，学校基金会在非公募基金会中扮演着非常重要的角色。2011年度，学校基金会在净资产、捐赠收入和公益支出等3个方面均占非公募基金会的一半左右。

（2）非公募基金会数量发展迅速

在2004年以前，全国的基金会以公募基金会为主，占总数80%以上。随着《基金会管理条例》的出台，非公募基金会的身份得到承认,其数量也呈现较快的增长态势。2005年以后非公募基金会的年增长率都在20%以上,而同期的公募基金会的年增长率则在10%左右,非公募基金会数量从2004年的180家增长到2012年的1696家(见图1),同时,非公募基金会数量占比亦从2004年的24%增长到2012年的56%。根据数据统计,2010年度,非公募基金会数量已然超越公募基金会数量。

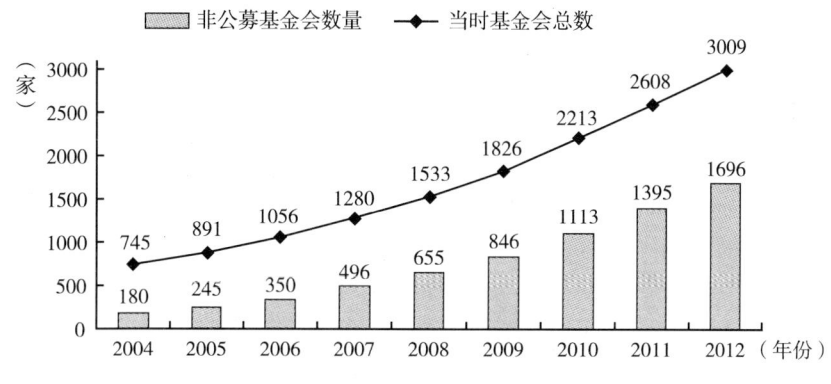

图1 非公募基金会数量发展

(3)非公募基金会地域分布差异性显著

根据统计显示,非公募基金会数量总体分布为东多西少,而且非公募基金会数量在各地的数量占比差异化也比较显著,地域分布呈现如下特点:

- 非公募基金会数量分布最多的5个省市分别为北京市、广东省、江苏省、浙江省和福建省,5个省市的非公募基金会数量分别为249家、248家、233家、150家和120家,其中北京市有58家非公募基金会是在民政部注册成立的;而甘肃省、西藏自治区和贵州省的非公募基金会数量均不足10家。

- 各地非公募基金会数量占当地基金会总数的比例亦有所差异,

从总体来看，东部地区的非公募基金会占比均超过了50%，与此相反，西部地区的非公募基金会数量占比却不足50%，公募基金会在这些地区依然占据着主导地位。

- 其中福建省的非公募基金会数量占比最高，福建省120家非公募基金会占当地基金会总数的84.5%，而非公募基金会数量占比最低的是贵州省，只有1家非公募基金会，占贵州省基金会数量的4%。

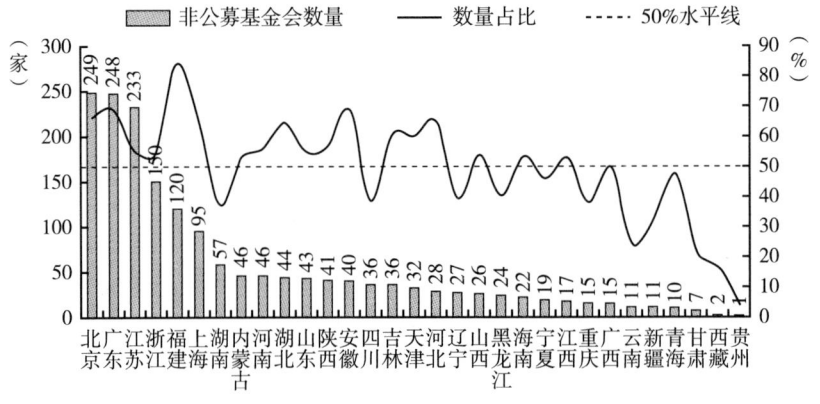

图2 非公募基金会地域分布

非公募基金会的行业领域分布较为集中，59%的非公募基金会涉及教育领域；非公募基金会在科学研究、扶贫助困、文化、医疗救助和老年人等领域亦有过百家的关注量；而关注见义勇为、动物保护、妇女、法律实施、心理健康和侨务领域的非公募基金会数量均不足10家，其中对见义勇为领域的关注程度和公募基金会有着较大的差异。

此外，非公募基金会所涉及的行业领域趋于多样化发展，除了教育领域一枝独秀之外，非公募基金会对科学研究、社区发展、环境等领域亦有所涉及，基金会活动领域的多样化也是公益慈善领域的整体发展趋势，其重要作用是有助于在各个领域，特别是在小众领域中发

小型非公募基金会的发展与挑战

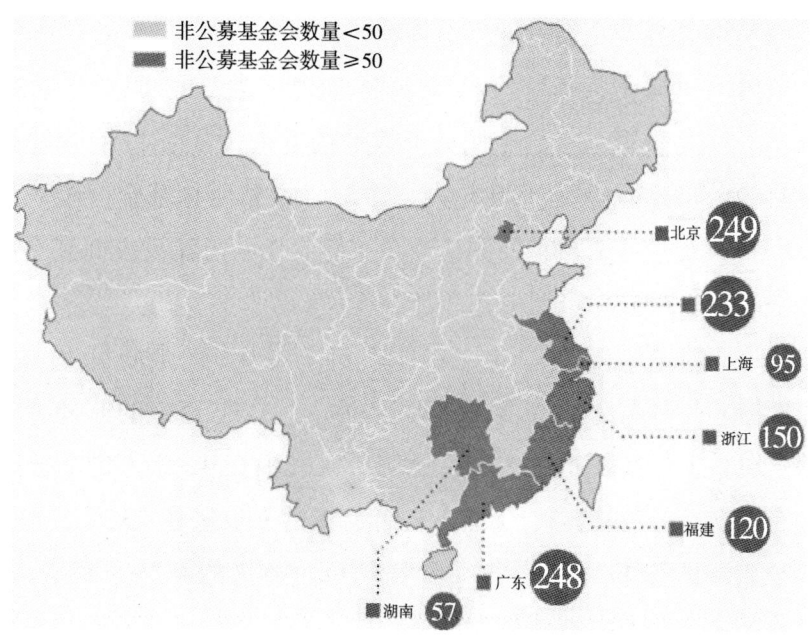

图3 非公募基金会数量的地域分布

挥政府与市场所无法发挥的社会服务功能。这是实现民主社会下社会公平的重要基础。同时，众多基金会在活动价值取向上的不拘一格，也为某些特殊群体提供了开展活动的空间。

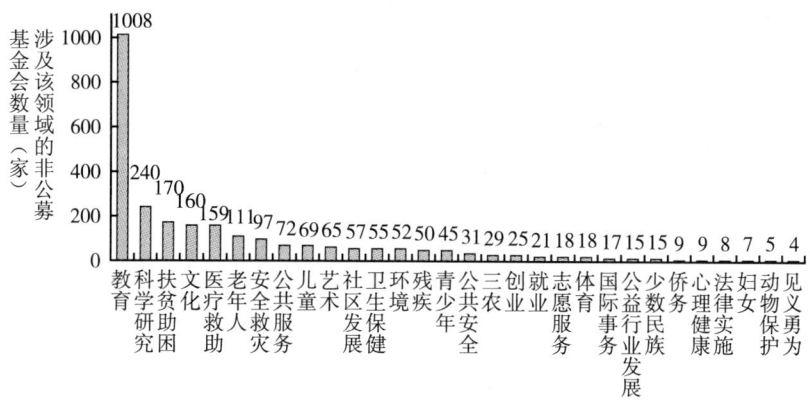

图4 非公募基金会行业领域分布

027

(4) 非公募基金会专业人员稀缺

根据统计显示，2011年度，2184家基金会的全职员工总数为8107人，平均每家基金会全职员工数量接近4人，而1136家非公募基金会的全职员工总数为3049人，平均每家非公募基金会全职员工数量不到3人。可见，非公募基金会在专业化队伍建设方面和全国平均水平尚有差距。

接近30%的非公募基金会的全职员工为0，而全职员工规模在1~3人的非公募基金会数量占比高达46%，总计75%的非公募基金会的全职员工数量不超过3人；全职员工规模在4~9人的非公募基金会有240家，数量占比为21%；而全职员工数量在10人以上的非公募基金会只有43家，只占非公募基金会数量的4%；可见，多数非公募基金会的人力资源极为匮乏，这也是基金会行业所亟待解决的问题。

此外，非公募基金会中包含大量的学校基金会和企业基金会，基金会中心网对学校基金会和企业基金会的界定如下：

学校基金会：由相关学校或校友发起成立、服务于该校教育事业的基金会。

企业基金会：由企业发起创办、提供运营资金并且由企业直接参与运营管理的基金会。

根据统计显示，278家企业基金会的全职员工总数为671人，而300家学校基金会的全职员工总数为720人，这两类基金会的全职员工平均数量和非公募平均水平尚有差距。然而，根据企业基金会和学校基金会的运作特点来看，其基金会的运营人员多为企业或学校内部人员，在基金会的工作性质多为兼职，因而非公募基金会参与运作的相关人力资源也许较统计数据显示的情况更为丰富。

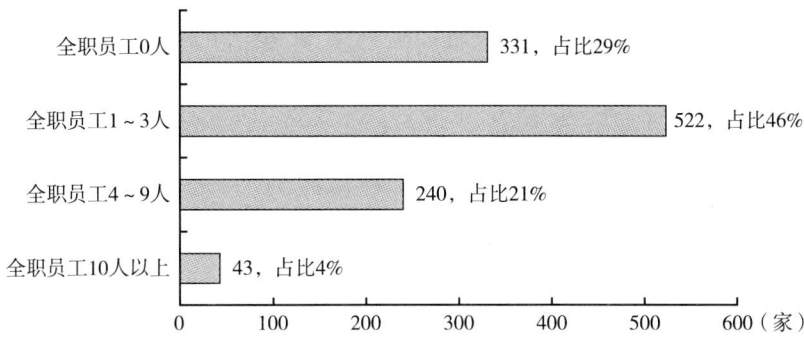

图5　2011年非公募基金会全职员工数量规模分布

表1　非公募基金会全职员工数量排名Top15

排名	基金会名称	成立年份	原始基金（元）	地域	登记部门	全职员工数量（人）
1	陕西省联谊贫困救助基金会	2005	2000000	陕西	省级民政部门	45
2	友成企业家扶贫基金会	2007	20000000	北京	民政部	41
3	海南三亚南山功德基金会	2005	5000000	海南	省级民政部门	33
4	北京市仁爱慈善基金会	2006	2000000	北京	省级民政部门	31
5	清华大学教育基金会	1994	2000000	北京	民政部	29
6	上海真爱梦想公益基金会	2008	2000000	上海	省级民政部门	25
7	北京新阳光慈善基金会	2009	2000000	北京	省级民政部门	25
8	北京大学教育基金会	1995	2000000	北京	民政部	24
9	浙江省新华爱心教育基金会	2007	2000000	浙江	省级民政部门	22
10	浙江大学教育基金会	2006	5000000	浙江	民政部	21
11	慈济慈善事业基金会	2008	100000000	江苏	民政部	21
12	福建省黄仲咸教育基金会	2004	8477700	福建	省级民政部门	20
13	华民慈善基金会	2008	200000000	北京	民政部	19
14	南京大学教育发展基金会	2005	50000000	江苏	省级民政部门	18
15	河南省慈鑫福利基金会	2009	2000000	河南	省级民政部门	18

（5）非公募基金会原始基金分布不均

根据统计显示，2011年度，1440家非公募基金会的原始基金总量为10749755136元，平均每家非公募基金会原始基金超过700万元，而其规模分布也基本符合"二八原则"。根据表2，原始基金在2000万元以上的基金会数量只有116家，占总数的8.06%，但其拥有的原始基金总量却占总量的64.10%，而剩余的上千家组织却只能拥有35.90%的资产（见表2）。

表2 2011年非公募基金会原始基金规模分布

原始基金规模	基金会数量*	比例(%)	原始基金总量(元)	比例(%)
原始基金≥2000万元	116	8.06%	6891000000	64.10
800万元≤原始基金<2000万元	70	4.86%	716528100	6.67
400万元≤原始基金<800万元	198	13.75%	912678410	8.49
200万元≤原始基金<400万元	1048	72.78%	2222148800	20.67
原始基金<200万元	8	0.56%	7399826	0.07
合计	1440	100%	10749755136	100

* 基金会数量指采集到原始基金信息的基金会数量。

（6）非公募基金会资产规模差异显著

根据统计显示，非公募基金会净资产已从2008年的10031372116元增长到了2011年的30778137652元（见图6），涨幅高达2倍以上。

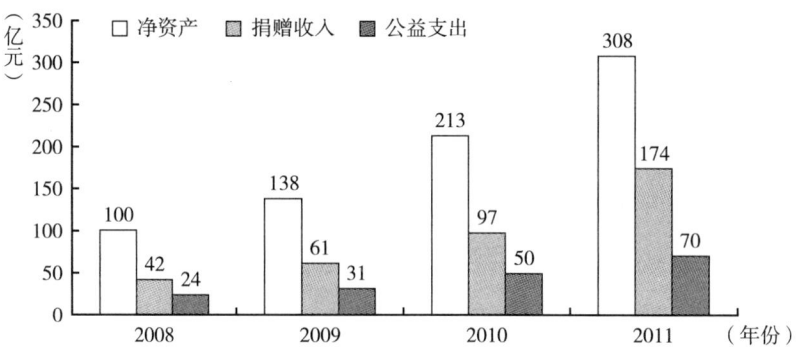

图6 非公募基金会财务发展趋势

同时，非公募基金会的捐赠收入和公益事业支出亦有大幅度的提升，2011 年度，非公募基金会的捐赠收入和公益支出已分别达到了 17352636198 元和 6989929665 元，非公募基金会资金已形成较大规模。

表 3 非公募基金会财务发展趋势

年份	非公募基金会数量	净资产（元）	捐赠收入（元）	公益支出（元）
2008	535	10031372116	4263699892	2385407026
2009	715	13799350397	6110645239	3127017242
2010	999	21271709705	9722268365	4951772942
2011	1116	30778137652	17352636198	6989929665

根据统计显示，2011 年度，非公募基金会净资产规模主要集中在 1000 万元以下，其净资产总体规模分布也基本符合"二八原则"。如图 7 所示，净资产在 5000 万以上的组织共有 103 家，占总数的 9%，拥有的净资产却占据了总数的 74%。而剩余的上千家非公募基金会却仅仅拥有 26% 的净资产。这一对比可谓强烈！

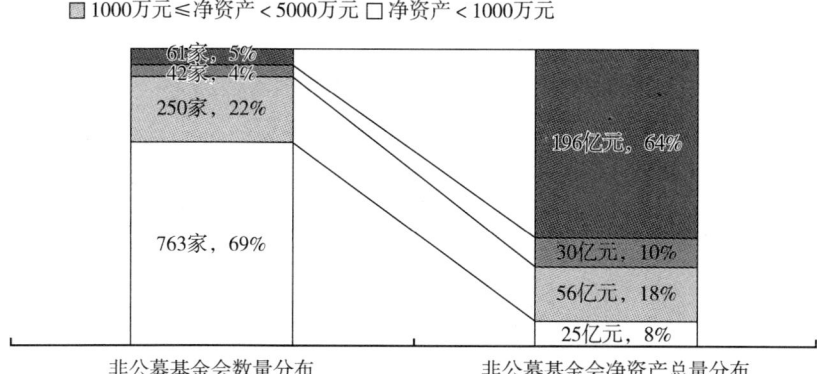

图 7 2011 年非公募基金会净资产规模分布

此外，非公募基金会净资产地域分布显示，2011年度，各地非公募基金会净资产分布呈现不同程度的差异性，非公募基金会净资产总量排名前5位的省市依次为北京市、江苏省、福建省、上海市和浙江省，其净资产总量占非公募基金会净资产总量的比例分别为31%、20%、11%、9%和6%，北京市的非公募基金会净资产总量排名全国第一，均值排名全国第二，其中48家基金会在民政部注册成立。

2011年度，非公募基金会净资产总量为30778137652元，均值为27578976元，各地分布不均，东西部之间差距较大；广东省非公募基金会数量在全国仅次于北京市，排名第二，而其净资产总量位列全国第6位，均值只排在全国第13位。可见，广东省的非公募基金会数量多而资产规模较小。

此外，陕西和内蒙古的非公募基金会净资产总量分别位列全国第7和第8位，其均值却分别为全国第1和第3的位置。这两个地区的非公募基金会净资产均值如此之高的原因在于陕西省神木县民生慈善基金会和老牛基金会这两家大型基金会的净资产均超过10亿元，从而拉高了这两个地区非公募基金会净资产的均值。

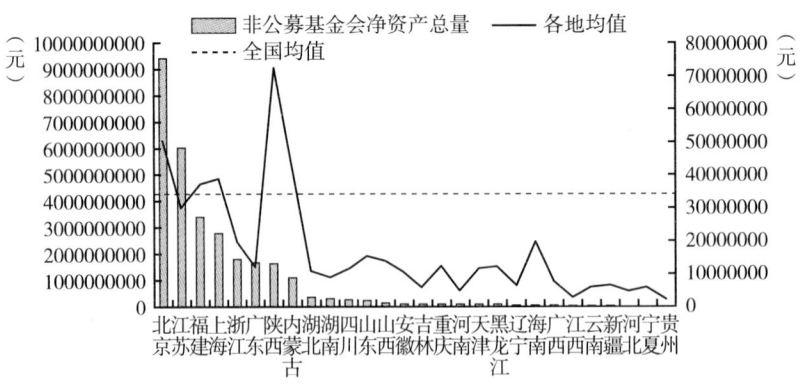

图8　2011年非公募基金会净资产地域分布

表4 2011年非公募净资产地域排名Top5

地域	净资产总量(元)	各地占比(%)	总量排名	均值(元)	均值排名
北京	9447319493	31	1	50251699	2
江苏	6034768714	20	2	30325471	6
福建	3426913756	11	3	36848535	5
上海	2797283128	9	4	38851155	4
浙江	1802828657	6	5	20256502	7
全国	30778137652	100	—	27578976	—

非公募基金会净资产Top50特点：

2011年度，排名前50位的非公募基金会净资产总量接近185亿元，占非公募基金会净资产总额的60%，而且50家非公募基金会的净资产均超过了1亿元；其中18家非公募基金会在民政部注册成立，32家基金会在省级民政部门注册成立。

50家非公募基金会分布在江苏和北京的分别有15家和14家，这两个省市的非公募基金会占净资产Top50的54%，分布在上海的有8家，而福建、广东、陕西、浙江和内蒙古分别只有4家、3家、3家、2家和1家。

非公募基金会净资产Top50中有25家基金会是学校基金会，数量占比达到5成，净资产前10名中有6家是大学基金会，其中清华大学教育基金会和北京大学教育基金会分居大学基金会净资产排名前2位。可见，大学基金会在非公募基金会中所占有的资源已然超越了传统意义上的其他非公募基金会。

（7）非公募基金会捐赠依赖性高

2011年度，1116家非公募基金会总收入为13908439084元，其中捐赠收入为12997206098元，占总收入的93.04%，而投资收益只占总收入的1.63%。可见，非公募基金会的理财能力亟待提升。

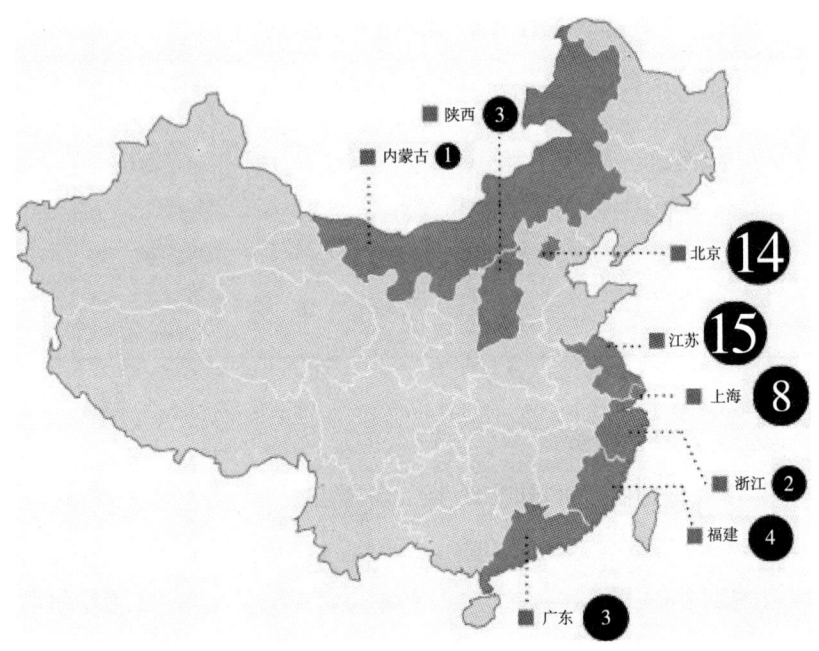

图9 2011年非公募基金会净资产排名Top50地域分布

表5 2011年非公募基金会净资产Top50

排名	基金会名称	成立年份	地域	登记部门	原始基金（元）	净资产（元）
1	河仁慈善基金会	2010	福建	民政部	20000000	2371121500.00
2	清华大学教育基金会	1994	北京	民政部	20000000	2018761630.62
3	北京大学教育基金会	1995	北京	民政部	20000000	1482432414.76
4	陕西省神木县民生慈善基金会	2011	陕西	省级民政部门	500000000	1227036500.00
5	老牛基金会	2004	内蒙古	省级民政部门	2000000	1029227895.91
6	神华公益基金会	2010	北京	民政部	200000000	824644315.10
7	浙江大学教育基金会	2006	浙江	民政部	50000000	805597294.25
8	南京大学教育发展基金会	2005	江苏	省级民政部门	50000000	631530880.90
9	上海交通大学教育发展基金会	2005	上海	省级民政部门	10000000	500329124.62
10	东南大学教育基金会	2005	江苏	省级民政部门	80000000	340579222.30
11	上海汽车工业科技发展基金会	1996	上海	省级民政部门	60000000	329005833.25
12	苏州大学教育发展基金会	2006	江苏	省级民政部门	21110000	320815612.09

续表

排名	基金会名称	成立年份	地域	登记部门	原始基金（元）	净资产（元）
13	南京金陵文化保护发展基金会	2010	江苏	省级民政部门	4000000	305293904.86
14	中国和平发展基金会	2011	北京	民政部	301000000	303804804.00
15	瀛公益基金会	2010	北京	民政部	20000000	299355981.81
16	中远慈善基金会	2005	北京	民政部	100000000	292062455.85
17	北京师范大学教育基金会	2007	北京	省级民政部门	4000000	238922776.83
18	上海民生艺术基金会	2010	上海	省级民政部门	2000000	232872949.78
19	南京航空航天大学教育发展基金会	2006	江苏	省级民政部门	5000000	219120120.76
20	泛海公益基金会	2010	北京	民政部	200000000	201707058.18
21	上海工商界爱国建设特种基金会	1993	上海	省级民政部门	100000000	198071283.62
22	南京林业大学教育发展基金会	2008	江苏	省级民政部门	5000000	197695637.31
23	北京交通大学教育基金会	2009	北京	民政部	20000000	191425807.75
24	北京市中国人民大学教育基金会	2004	北京	省级民政部门	2000000	190658872.25
25	上海复旦大学教育发展基金会	2004	上海	省级民政部门	4000000	189276663.88
26	友成企业家扶贫基金会	2007	北京	民政部	20000000	185800816.20
27	南京信息大学教育发展基金会	2005	江苏	省级民政部门	8250000	182723772.30
28	南京审计学院教育发展基金会	2006	江苏	省级民政部门	50000000	180680905.96
29	江苏大学教育发展基金会	2007	江苏	省级民政部门	50000000	171194786.48
30	上海唐君远教育基金会	1999	上海	省级民政部门	40000000	169480940.52
31	南京工程学院教育发展基金会	2007	江苏	省级民政部门	4000000	164929000.38
32	陕西省府谷县教育基金会	2010	陕西	省级民政部门	160000000	163384567.63
33	慈济慈善事业基金会	2008	江苏	民政部	100000000	161836188.87
34	广东省汕头大学教育基金会	2009	广东	省级民政部门	2000000	157830000.00
35	华阳慈善基金会	2009	福建	民政部	20000000	154424335.54
36	厦门大学教育发展基金会	2006	福建	省级民政部门	10000000	137768488.89
37	福建新华都慈善基金会	2009	福建	省级民政部门	100000000	132408721.08
38	腾讯公益慈善基金会	2007	广东	民政部	20000000	130223317.64
39	华民慈善基金会	2008	北京	民政部	200000000	126579706.11
40	南京外国语学校教育基金会	2006	江苏	省级民政部门	2000000	124706101.63
41	中国人寿慈善基金会	2007	北京	民政部	50000000	124697143.57
42	南京财经大学教育发展基金会	2006	江苏	省级民政部门	4000000	123734711.88
43	南京师范大学教育发展基金会	2006	江苏	省级民政部门	30000000	123298516.41
44	宝钢教育基金会	2005	上海	民政部	50000000	122737431.77
45	宁波大学教育发展基金会	2007	浙江	省级民政部门	4000000	121329750.65
46	榆林市胡星元慈善基金会	2006	陕西	省级民政部门	2750000	115726104.70

续表

排名	基金会名称	成立年份	地域	登记部门	原始基金(元)	净资产(元)
47	中科院研究生教育基金会	2009	北京	民政部	100000000	113032040.81
48	上海增爱基金会	2008	上海	省级民政部门	4000000	112322700.60
49	南京中医药大学教育发展基金会	2006	江苏	省级民政部门	4000000	110632044.03
50	广东省中山大学教育发展基金会	2004	广东	省级民政部门	4000000	109658492.75

2011年度，非公募基金会的捐赠依赖度高达93.04%，而全国基金会的捐赠收入占比为87%；非公募基金会的捐赠依赖度高出全国平均水平6个百分点，在没有公募资格的情况下，非公募基金会如此高的捐赠依赖度并不合常规，而投资收益理应作为非常重要的资金来源渠道，但非公募基金会在此方面的成果只占总收入的1.63%，亦不合常规。

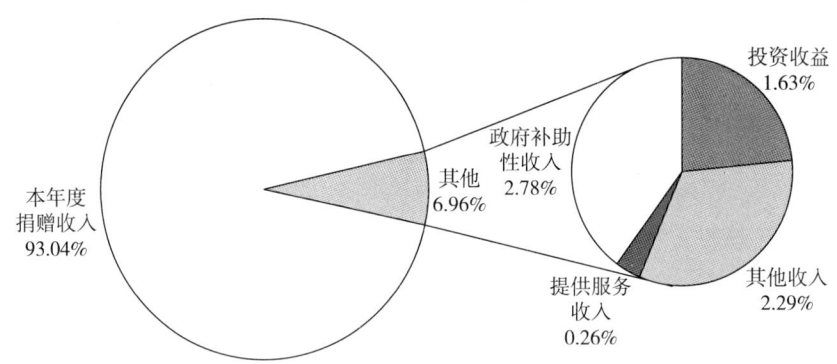

图10　2011年非公募基金会总收入构成

此外，2011年度，非公募基金会的捐赠收入呈现明显的两极分化。如图11所示，20%的基金会收下了90.72%的捐赠收入，而剩下的一点少得可怜的捐赠收入，却要由剩余近千家组织相互肉搏争夺，由此可见这一领域的两极分化极为严重。

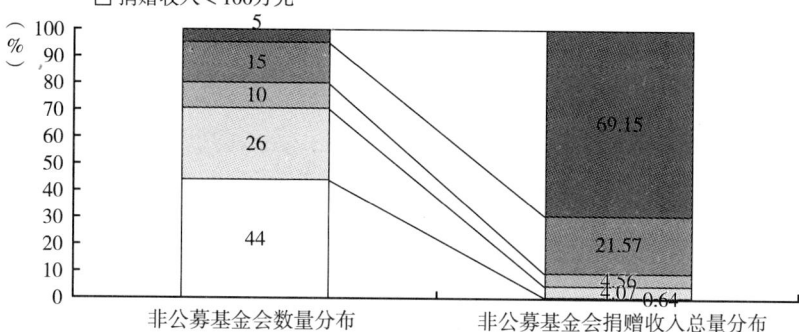

图 11　2011 年非公募基金会捐赠收入规模分布

表 6　2011 年非公募基金会捐赠收入规模分布

捐赠收入规模	非公募基金会数量(家)	比例(%)	总量(元)	比例(%)
捐赠收入≥5000 万元	55	5	12000158407.78	69.15
1000 万元≤捐赠收入<5000 万元	165	15	3742857988.18	21.57
500 万元≤捐赠收入<1000 万元	110	10	791444443.94	4.56
100 万元≤捐赠收入<500 万元	294	26	706865254.94	4.07
捐赠收入<100 万元	492	44	111310103.49	0.64
合　计	1116	100	17352636198.33	100.00

表 7　非公募基金会捐赠收入 Top10

排名	基金会名称	成立年份	原始基金(元)	地域	登记部门	捐赠收入(元)
1	河仁慈善基金会	2010	20000000	福建	民政部	3549000000.00
2	清华大学教育基金会	1994	20000000	北京	民政部	1047011399.06
3	神华公益基金会	2010	200000000	北京	民政部	824838954.24
4	陕西省神木县民生慈善基金会	2011	500000000	陕西	省级民政部门	806430100.00
5	北京大学教育基金会	1995	20000000	北京	民政部	618194642.24
6	南京金陵文化保护发展基金会	2010	4000000	江苏	省级民政部门	300000000.00
7	广东省汕头大学教育基金会	2009	2000000	广东	省级民政部门	287730000.00
8	南京大学教育发展基金会	2005	50000000	江苏	省级民政部门	240819495.44
9	上海民生艺术基金会	2010	2000000	上海	省级民政部门	238800000.00
10	瀛公益基金会	2010	20000000	北京	民政部	212200265.66

(8) 非公募基金会捐赠支出分布不均

2011年度，非公募基金会总支出为7379450747.96元，其中公益事业支出为6989929664.81元，占非公募基金会总支出的95%，而工作人员工资福利支出和行政办公支出分别只占非公募基金会总支出的1%和2%（见图12），符合基金会管理条例的相关规范。

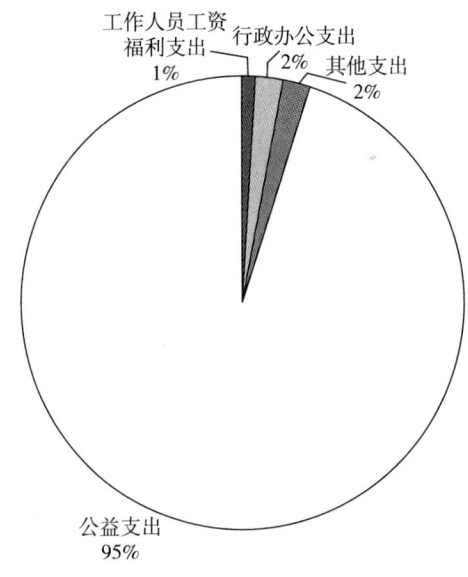

图12　2011年非公募基金会总支出构成

2011年度，非公募基金会公益事业支出总额接近70亿元，其规模分布呈现出如下特点：

● 非公募基金会的公益事业支出规模分布与捐赠收入规模分布基本吻合，其中公益事业支出规模在1000万元以上的非公募基金会数量为135家，占非公募基金会总数的12%，公益支出总量高达50亿元之多，占非公募基金会公益事业支出总额的79.52%，而剩余基金的非公募基金会则贡献十分有限。

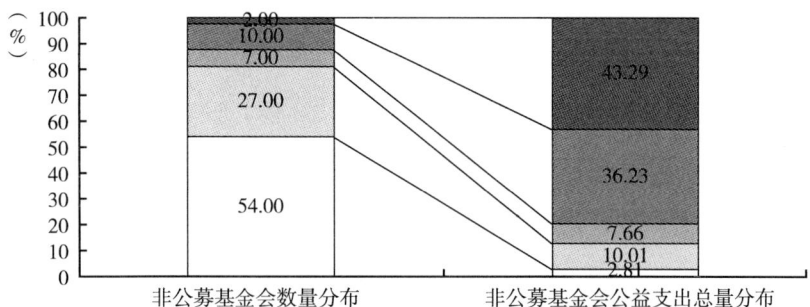

图13 2011年非公募基金会公益事业支出规模分布

表8 2011年非公募基金会公益事业支出规模分布

公益支出规模	非公募基金会数量（家）	比例（%）	总量（元）	比例（%）
公益支出≥5000万元	25	2	3025705368.99	43.29
1000万元≤公益支出<5000万元	110	10	2532765205.02	36.23
500万元≤公益支出<1000万元	76	7	535647474.58	7.66
100万元≤公益支出<500万元	299	27	699624366.40	10.01
公益支出<100万元	604	54	196187249.82	2.81
合计	1114	100	6989929664.81	100.00

（9）大学基金会是非公募基金会的主力

根据统计显示，至2012年12月31日，全国非公募基金会数量已达1696家，其中学校基金会数量422家，占非公募基金会数量的25%，学校基金会在非公募基金会中扮演着非常重要的角色。如图14、图15、图16所示，2011年度，学校基金会在净资产、捐赠收入和公益支出等3个方面均占非公募基金会的一半左右。

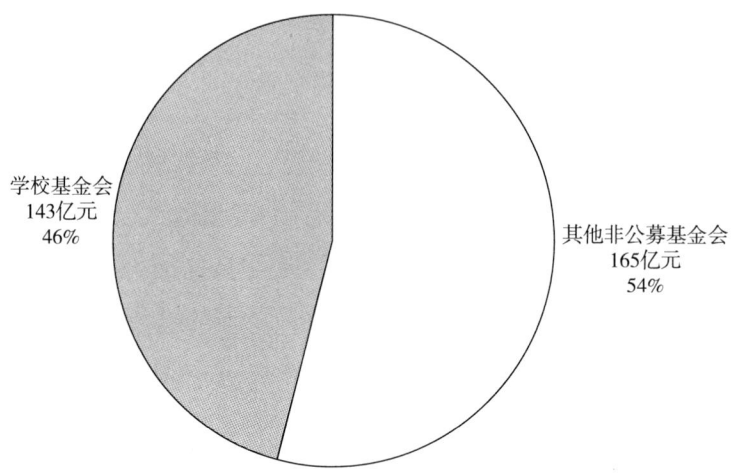

图14　2011年非公募基金会净资产分布

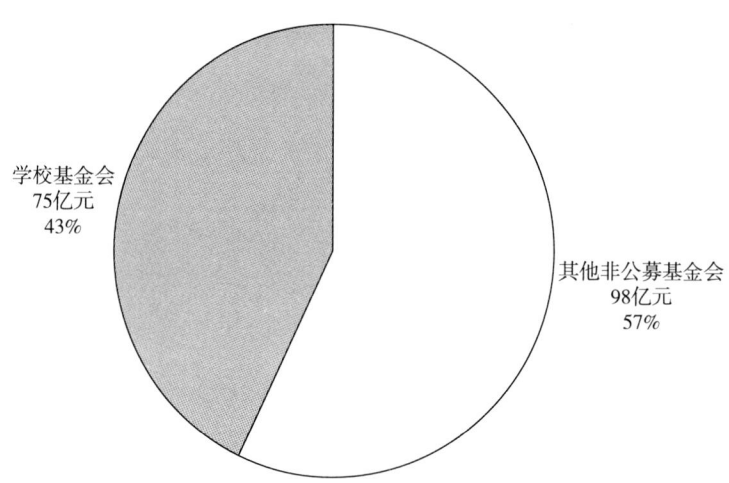

图15　2011年非公募基金会捐赠收入分布

表9　2011年非公募基金会净资产、捐赠收入、公益支出分布

基金会	净资产(元)	净资产占比(%)	捐赠收入(元)	捐赠收入占比(%)	公益支出(元)	公益支出占比(%)
学校基金会	14288460843.71	46.42	7471294647.37	43.06	3871916624.07	55.39
其他非公募基金会	16489676808.74	53.58	9881341550.96	56.94	3118013040.74	44.61
合　计	30778137652.45	100.00	17352636198.33	100.00	6989929664.81	100.00

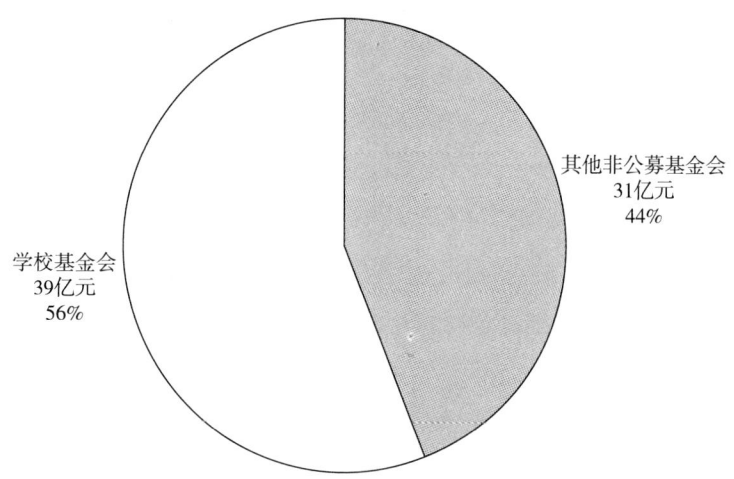

图16 2011年非公募基金会公益支出分布

2011年度，1116家非公募基金会净资产总量接近308亿元，其中324家学校基金会的净资产总量接近143亿元，占非公募基金会净资产总量的46%。231家本科层次的大学基金会净资产占学校基金会净资产的92%，清华大学教育基金会和北京大学教育基金会分别以2018761630.62元和1482432414.76元位列学校基金会净资产前2位，而48家专科高校基金会和45家中小学基金会的净资产均占学校基金会净资产的4%。可见，学校基金会资源主要集中在本科层次的大学基金会手中。

2011年度，学校基金会捐赠收入接近75亿元，占非公募基金会捐赠收入的43%，其中本科层次的大学基金会捐赠收入为70亿元，占学校基金会捐赠收入总额的94%。清华大学教育基金会和北京大学教育基金会分别以1047011399.06元和618194642.24元位列学校基金会捐赠收入前2位，而专科高校基金会和中小学基金会的捐赠收入总量只占学校基金会捐赠收入总额的6%（见图18）。

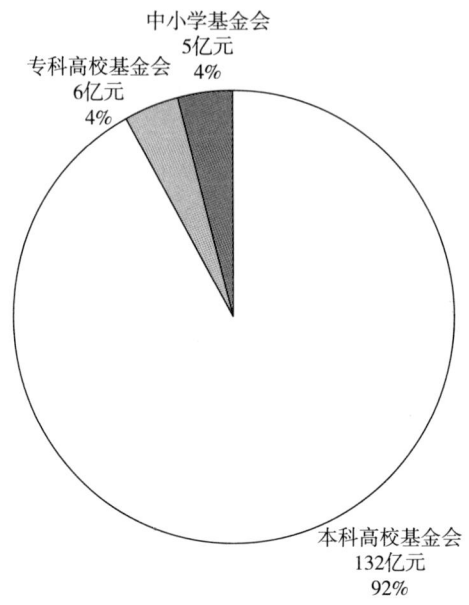

图 17　2011 年学校基金会净资产分布

表 10　2011 年学校基金会净资产 Top10

排名	基金会名称	成立年份	原始基金(元)	地域	登记部门	净资产(元)
1	清华大学教育基金会	1994	20000000	北京	民政部	2018761630.62
2	北京大学教育基金会	1995	20000000	北京	民政部	1482432414.76
3	浙江大学教育基金会	2006	50000000	浙江	民政部	805597294.25
4	南京大学教育发展基金会	2005	50000000	江苏	省级民政部门	631530880.90
5	上海交通大学教育发展基金会	2005	10000000	上海	省级民政部门	500329124.62
6	东南大学教育基金会	2005	80000000	江苏	省级民政部门	340579222.30
7	苏州大学教育发展基金会	2006	21110000	江苏	省级民政部门	320815612.09
8	北京师范大学教育基金会	2007	4000000	北京	省级民政部门	238922776.83
9	南京航空航天大学教育发展基金会	2006	5000000	江苏	省级民政部门	219120120.76
10	南京林业大学教育发展基金会	2008	5000000	江苏	省级民政部门	197695637.31

2011 年度，学校基金会公益支出接近 39 亿元，占非公募基金会公益事业支出总额的 55.39%，其中本科层次的大学基金会公益支出

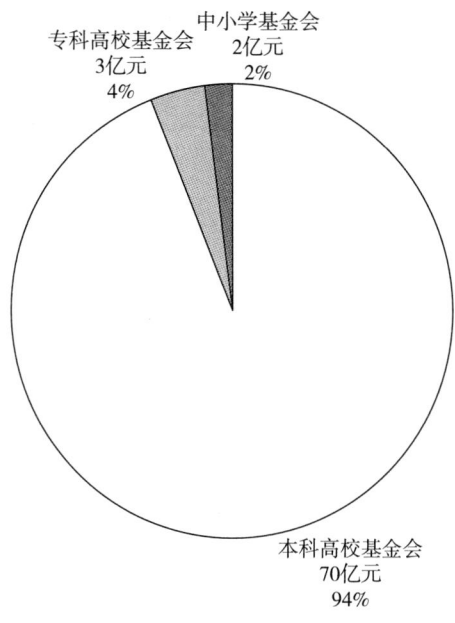

图 18　2011 年学校基金会捐赠收入分布

总量接近 37 亿元，占据学校基金会公益事业支出总额的 94%。清华大学教育基金会和北京大学教育基金会分别以 577424243.88 元和 282008922.94 元位列学校基金会公益支出前 2 位。相比之下，专科高校基金会和中小学基金会的公益支出总量只占学校基金会公益事业支出总额的 6%（见图 19）。

综上所述，2011 年度，学校基金会中的 231 家大学基金会占非公募基金会资源的一半左右，而 792 家其他非公募基金会在净资产、捐赠收入和公益支出等方面占非公募基金会资源比例均只有 5 成左右。可见，大学基金会在总体资产规模上与其他非公募基金会呈现分庭抗礼之势。

然而，大学基金会本身具有一定的限定性，大学基金会主要从事的业务活动只针对本校的教育事业，极少涉及其他社会活动领域，而

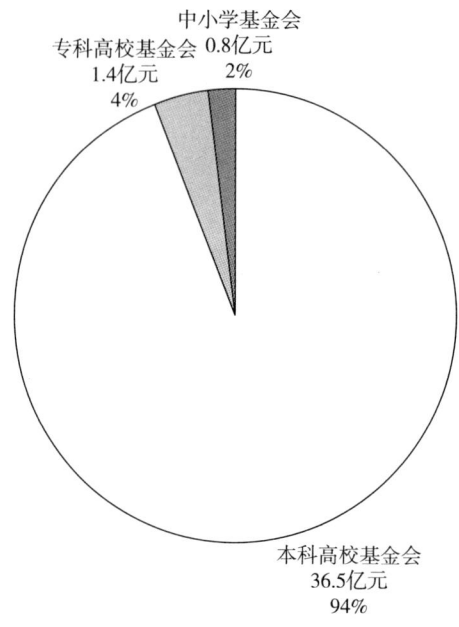

图 19　2011 年学校基金会公益支出分布

受益的群体多为本校师生，资金的流向主要集中在校园基础建设、设施更新以及奖助学金。可见，大学基金会服务群体仅仅限定于大学本身，而对其他社会群体的资助则是微乎其微。而这恰恰是我国非公募基金会领域发展的现状，即发展最快的、体量最大的其实还是体制内的基金会，而非民间的草根组织。并且，由于高校基金会本身的特点十分突出，收入来源通常为"不限定"的校友捐赠，因此其更偏向于公募基金会，而非非公募基金会，所以，是否应该将之归入非公募基金会依旧是存在疑问的。

我们在下个章节中讨论的小型非公募基金会和大型非公募基金会针对的是除了学校基金会之外的非公募基金会，下文中我们所说的"非公募基金会"仅指学校基金会之外的非公募基金会，在此特别说明。

小型非公募基金会的发展与挑战

二 小型非公募基金会发展现状

（1）小型非公募基金会发展现状概述

如上所述，自2004年基金会管理条例颁布以来，非公募基金会的数量和资产规模都取得了长足的发展，从基金会行业中的一个弱小群体摇身一变，成为了行业的领军者。

然而，透过现象看本质，我们可以发现，非公募基金会繁荣的背后隐藏着诸多问题。首先，大学基金会占非公募基金会资源的一半以上，而大学基金会本身具有一定的限定性，与典型意义上的非公募基金会存在差距。

其次，据统计显示，除学校之外的其他非公募基金会资产分布呈现严重的两极分化趋势，少量的大型非公募基金会占有着大部分的资源，而多数的小型非公募基金会则仅能在少量的资源面前近身肉搏。这更能反映目前非公募基金会所面临的严峻挑战。[①] 因此，在下面的章节中，我们分别关注小型非公募基金会和大型非公募基金会的状况。

总的来说，小型非公募基金会呈现出如下特点：

第一，小型非公募基金会项目规模较小，与其开展的项目数量不成正比。

第二，小型非公募基金会数量众多，但规模很小，占比大但影响力有限。706家小型非公募基金会占"非公募基金会"数量的89%，

---

① 定义：2011年度，"非公募基金会"净资产总量为12891518809元，而净资产在3000万元以上的非公募基金会有84家，其净资产总量为9113228886元，占"非公募基金会"净资产总量的70.69%。因此，我们取3000万元为节点，将净资产分布在3000万元以上的84家"非公募基金会"视作大型非公募基金会，而将净资产分布在3000万元以下的706家"非公募基金会"视作小型非公募基金会。

而其净资产总量为 3778289923 元,只占"非公募基金会"净资产总额的 23%,平均每家小型非公募基金会的净资产为 5351685 元,和全国平均水平 3275 万元的净资产差了接近 5 倍。可见,虽然小型非公募基金会的数量占据着绝对优势,但其净资产规模很小,不足以撼动大型非公募基金会的主导地位。

第三,小型非公募基金会主要依靠捐赠。小型非公募基金会的捐赠依赖度高达 91%,而全国基金会的捐赠依赖度为 87%,在没有公募资格的情况下,小型非公募基金会有如此高的捐赠依赖度意味着其背后隐藏着诸多问题。首先,小型非公募基金会在社会影响力和社会贡献度方面处于劣势,而且不具有公募资格,因此,仅依靠捐赠收入来维持基金会的运作是非常不合理的现象。其次,小型非公募基金会捐赠依赖度高意味着其他收入来源渠道的匮乏,尤其是资金管理水平亟待提高。

第四,小型非公募基金会投资收益少。2011 年度,小型非公募基金会总收入为 2143723186.87 元,而投资收益只有 19970613 元,只占小型非公募基金会总收入的 0.93%,其中投资收益不为 0 的小型非公募基金会数量为 122 家,108 家的投资收益为正,另外有 14 家基金会的投资收入出现亏损。

(2)小型非公募基金会项目规模较小

2011 年度,499 家小型非公募基金会运作项目数量为 2167 个,项目支出总额为 1196195522 元,平均每个项目支出为 552005 元,而全国非公募基金会 3551 个项目支出总额为 4584213190 元,平均每个项目支出为 1290964 元。可见,小型非公募基金会项目平均规模较小。

小型非公募基金会项目活动领域涉及最多的依然是教育领域,涉及教育领域的支出金额为 335264387 元,占小型非公募基金会项目支出总额的 28%,涉及其他活动领域的项目数量较多的依次为扶贫、医疗救助、文化和公共事业等领域,而医疗救助、文化和扶贫领域所涉及的项目支出均在 1 亿元之上。此外，志愿服务领域的项目数量超过了 100 个，而其所涉及的项目支出金额却不足 1000 万元。

如图 20 所示，小型非公募基金会项目呈现出如下特点：

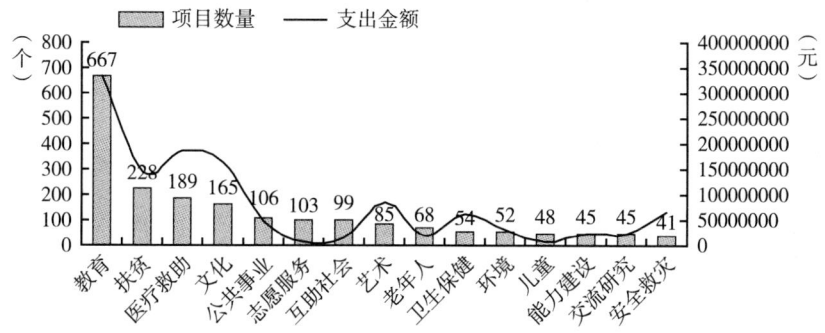

图 20　2011 年小型非公募基金会项目活动领域分布 Top15

- 首先，小型非公募基金会项目活动领域依然是以教育为主，而且规模大多不大。
- 其次，涉及教育领域的项目支出金额最多，占小型非公募基金会项目支出总额的近 3 成，而涉及其他活动领域的项目支出金额差异化比较显著，项目数量和项目支出金额亦呈现不吻合的趋向。

（3）小型非公募基金会数量众多，但规模很小，占比大但影响力有限

706 家小型非公募基金会占"非公募基金会"数量的 89%，而其净资产总量为 3778289923 元，只占"非公募基金会"净资产总额的 23%，平均每家小型非公募基金会的净资产为 5351685 元，和全国平均水平 3275 万元的净资产差了将近 5 倍。可见，虽然小型非公募基金会的数量占据着绝对优势，但其净资产规模较小，不足以撼动大型非公募基金会的主导地位。

- 净资产规模在 3000 万元以下的小型非公募基金会中，其净资产

规模超过1000万元的基金会有114家,占小型非公募基金会数量的16%,而其净资产总量为19亿元,占小型非公募基金会净资产的51%,其余将近600家的小型非公募基金会的净资产均在1000万元以下。

- 净资产规模在500万~1000万元的小型非公募基金会数量占比为15%,其净资产总量占比为20%,净资产规模分布在200万~500万元的小型非公募基金会数量最多,达到329家,占小型非公募基金会数量的47%,而其净资产总量只占小型非公募基金会净资产总量的25%。

- 另外有156家小型非公募基金会的净资产规模在200万元以下,小于其注册资金,在此规模的小型非公募基金会净资产总量只占小型非公募基金会净资产总量的5%。

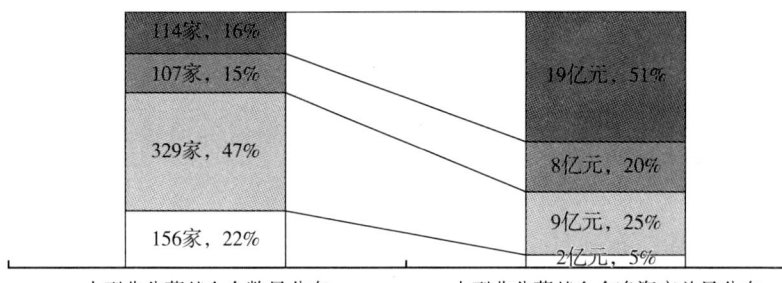

图21　2011年小型非公募基金会净资产规模分布

表11　2011年小型非公募基金会净资产规模分布

净资产规模	基金会数量(家)	比例(%)	总量(元)	比例(%)
净资产≥1000万元	114	16	2532765205.02	50.65
500万元≤净资产<1000万元	107	15	535647474.58	19.91
200万元≤净资产<500万元	329	47	699624366.40	24.73
净资产<200万元	156	22	196187249.82	4.71
合计	706	100	3778289922.51	100.00

小型非公募基金会净资产分布最多的地区是北京市,其中 16 家是在民政部注册成立的非公募基金会,净资产排名第 2 位至第 5 位的省市分别为江苏省、广东省、浙江省和上海市。同时,各地的小型非公募基金会净资产均值亦呈现不同程度的差异,其中山东省、湖南省、北京市和上海市的小型非公募基金会净资产均值较高,而山东省和湖南省的小型非公募基金会数量较小,属于非典型现象。总体来看,小型非公募基金会的净资产规模及平均规模都比较小。

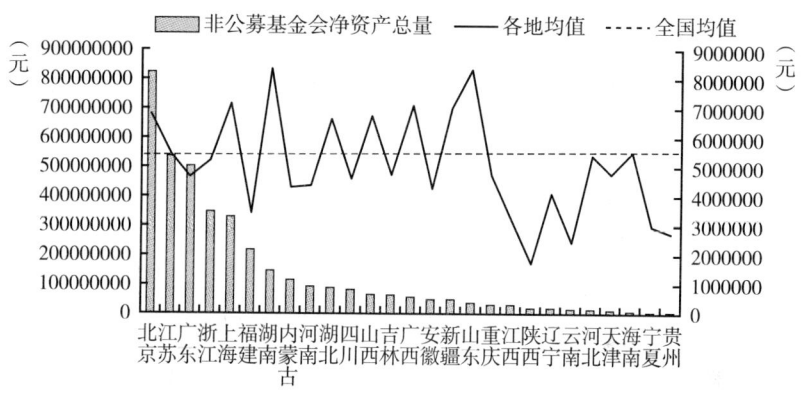

图 22　2011 年小型非公募基金会净资产地域分布

(4) 小型非公募基金会主要依靠捐赠

2011 年度,小型非公募基金会总收入为 214 3723186.87 元,其中捐赠收入为 1941104437.88 元,占小型非公募基金会总收入的 90.55%,政府补助性收入和提供服务收入分别占小型非公募基金会总收入的 2.53% 和 2.20%,而投资收益只有 19970613 元,只占小型非公募基金会总收入的 0.93%。

小型非公募基金会的捐赠依赖度高达 90.55%,而全国基金会的捐赠依赖度为 87%,在没有公募资格的情况下,小型非公募基金会有如此高的捐赠依赖度意味着其背后隐藏着诸多问题。

- 首先，小型非公募基金会在社会影响力和社会贡献度方面处于劣势，而且不具有公募资格，因此，仅依靠捐赠收入来维持基金会的运作是非常不合理的现象。
- 其次，小型非公募基金会捐赠依赖度高意味着其他收入来源渠道的匮乏，尤其是资金管理水平亟待提高。

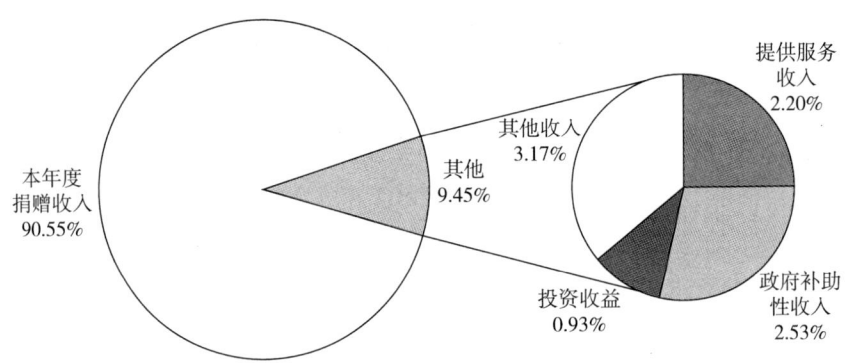

图23　2011年小型非公募基金会总收入构成

2011年度，小型非公募基金会的捐赠收入为1941104437.88元，从其规模分布我们可以看出：

- 数量占比仅有7%的52家小型非公募基金会的捐赠收入总量占了其捐赠收入总额的近一半，其捐赠收入均在1000万元以上。
- 捐赠收入分布在500万~1000万元的小型非公募基金会数量为62家，数量占比为9%，而其捐赠收入总量为4.2亿元，占小型非公募基金会捐赠收入总额的22%。
- 捐赠收入分布在200万~500万元规模的小型非公募基金会数量占比为19%，而其捐赠收入总量占比亦为19%，说明这一规模代表着小型非公募基金会捐赠收入的现状，小型非公募基金会平均捐赠收入规模在200万~500万元。
- 而捐赠收入规模分布在200万元以下的小型非公募基金会有

462家,占小型非公募基金会总数的65%,而其捐赠收入总量却不到2亿元,只占到小型非公募基金会捐赠收入总额的10%,在捐赠收入小于200万元的462家小型非公募基金会中有165家的捐赠收入为0。

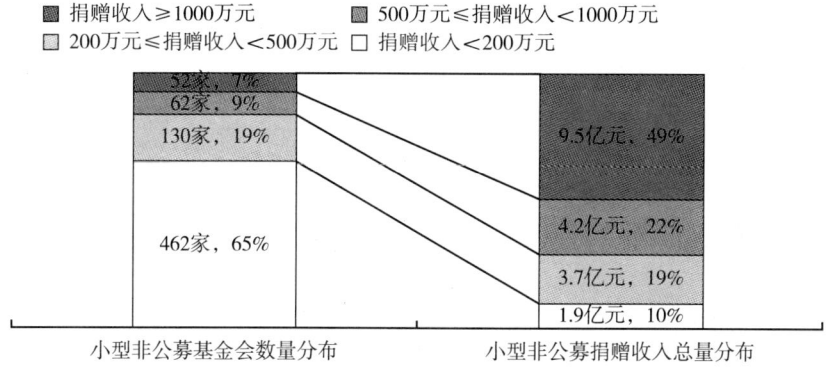

图24 2011年小型非公募基金会捐赠收入规模分布

表12 2011年小型非公募基金会捐赠收入规模分布

捐赠收入规模	基金会数量(家)	比例(%)	总量(元)	比例(%)
捐赠收入≥1000万元	52	7.37	955598216.67	49.23
500万元≤捐赠收入<1000万元	62	8.78	424148935.08	21.85
200万元≤捐赠收入<500万元	130	18.41	370253618.12	19.07
捐赠收入<200万元	462	65.44	191103668.01	9.85
合计	706	100	1941104437.88	100.00

(5)小型非公募基金会投资收益少

2011年度,小型非公募基金会总收入为2143723187元,而投资收益只有19970613元,只占小型非公募基金会总收入的0.93%,其中投资收益不为0的小型非公募基金会数量只有122家,其中又有108家的投资收益为正,另外有14家基金会的投资收入出现亏损。

表13 2011年小型非公募基金会捐赠收入Top10

排名	基金会名称	成立年份	原始基金（元）	地域	登记部门	捐赠收入（元）
1	江西省庐山东林净土文化基金会	2006	2000000	江西	省级民政部门	47260000.00
2	北京医学奖励基金会	2002	2000000	北京	省级民政部门	42614704.00
3	北京市长江科技扶贫基金会	2010	2000000	北京	省级民政部门	41467805.45
4	新疆维吾尔自治区新勇教育基金会	2011	15000000	新疆	省级民政部门	40000000.00
5	上海真爱梦想公益基金会	2008	2000000	上海	省级民政部门	30911456.61
6	北京市黄胄美术基金会	1989	2000000	北京	省级民政部门	30093654.00
7	北京华彬文化基金会	2011	2000000	北京	省级民政部门	30093654.00
8	山西省汾酒集团公益基金会	2010	2000000	山西	省级民政部门	28445000.00
9	福建省青少年发展基金会	1993	2000000	福建	省级民政部门	28355197.67
10	如东县教育发展基金会	2008	4000000	江苏	省级民政部门	24979000.00

• 投资收益为正的108家小型非公募基金会的投资收益总额为40755544元，而另外14家小型非公募基金会的投资亏损总额为20784931元。

• 其中投资收益在100万元以上的小型非公募基金会只有11家，其投资收益总额接近2000万元，其中投资收益最多的是广东省大成慈善基金会，其投资收益超过了555万元。

• 而投资收益规模在50万~100万元的小型非公募基金会只有9家，其投资收益总量接近600万元；而投资收益规模分布在10万~50万元的小型非公募基金会数量最多，在此规模的58家小型非公募基金会投资收益为13617545元。

• 投资收益在1万~10万元的小型非公募基金会数量有30家，其投资收益总量只有100多万元；14家投资亏损的小型非公募基金会的亏损总额为2000多万元，其中亏损最大的是山西省晋驹科教基金会，其亏损总量达到了14933133元。

小型非公募基金会投资收益在其总收入中所扮演的角色太过微小，在没有公募资格的前提下，小型非公募基金会的投资收益所占比例有些出乎意料地小，投资收益理应顺理成章地成为小型非公募基金会的主要资金来源渠道，而造成目前这一非常规现象的因素有如下几点：

- 首先，小型非公募基金会资产规模较小，并无足够的资源进行投资行为。
- 其次，小型非公募基金会缺乏专业人才，对资金的管理水平有限。

表14 2011年小型非公募基金会投资收益规模分布

投资收益规模	基金会数量	投资总量（元）
投资收益≥100万元	11	19988532
50万元≤投资收益<100万元	9	5895898
10万元≤投资收益<50万元	58	13617545
1万元≤投资收益<10万元	30	1253568
投资收益<1万元	14	-20784931
合计	122	19970613

表15 2011年小型非公募基金会投资收益Top10

排名	基金会名称	成立年份	原始基金（元）	地域	登记部门	投资收益（元）
1	广东省大成慈善基金会	2009	5000000	广东	省级民政部门	5550587.57
2	浙江福泰隆慈善基金会	2010	10000000	浙江	省级民政部门	2026300.00
3	内蒙古来喜公益基金会	2010	2920000	内蒙古	省级民政部门	1788000.00
4	桂林市仁济慈善基金会	2007	8006600	广西	省级民政部门	1784708.33
5	上海浦发公益基金会	2008	19000000	上海	省级民政部门	1452145.40
6	湖北省兴发之星教师奖励基金会	2009	4000000	湖北	省级民政部门	1432101.11
7	武汉闻一多基金会	1991	2800000	湖北	省级民政部门	1344000.00
8	上海市奉贤建设工程科学技术发展基金会	2005	20000000	上海	省级民政部门	1265000.00
9	河南省宋河老子国学教育基金会	2010	2000000	河南	省级民政部门	1177750.00
10	芜湖市爱心助学基金会	2009	4000000	安徽	市级民政部门	1167940.00

三 原因分析

相比公募基金会大小规模的格局分布,促使非公募基金会中的小型基金会形成现有格局的原因大概在于如下几点:

1. 受现有民办非企业组织注册规则严格的影响。如上所述,我国现有的中小型非公募基金会很多都不是真正意义上的基金会,其大都专注于项目运作,而非资助。这与国外的基金会大都关注资金资助截然不同。因此,这些基金会并非实质意义上的私有基金会,而更多地偏向于公益组织,即民办非企业组织。而之所以会如此,是因为我国对民非注册的要求十分之高,而对基金会的注册要求稍微简单,且又可按照民非的形式运行,因此很多民非避重就轻,注册成了基金会。我国现有的民非注册规则见于 20 世纪 90 年代颁发的两部行政规章,即《民办非企业单位登记管理暂行条例》和《民办非企业单位登记暂行办法》。这两部行政规章除了规定了极为详细的民非设立程序性规则以外,还规定了下述条款:"在同一行政区域内已有业务范围相同或者相似的民办非企业单位,没有必要成立的",不予批准设立。而且,在实践中,行政机关对设立民非的管控要远远高于基金会,搞得很多跑过民非注册手续的人"痛不欲生"。而相比之下,基金会的注册就要简单一些,而且在实际运行中,行政机关的管控也要稍微少一些。更为关键的是,基金会不仅能募款,还能做项目,除了不能分红,其余样样都能。由此,很多民非的领导人索性就改弦更张,将自己原本打算设立的民非改成了非公募基金会。既然原本希望设立的不是基金会,而是民非,自然做出来的就不是基金会的样子,就更别提搞成成规模的大型非公募基金会了。

2. 非公募基金会运作方便,且具备税务优势。除了注册方面以外，非公募基金会在运作和税务方面也具备一定的优势。在运作方面，非公募基金会除了不能分红，其余的都可以干。虽然目前政府有逐渐收紧口袋、加强管理的趋势，但在这一切真的实现以前，非公募基金会依旧是非营利领域的"多面手"。在税务方面，由于《基金会管理条例》明确规定基金会是公益性质的，因此其自然就符合《关于非营利组织免税资格认定管理有关问题的通知》中的"非营利组织"认定，以及《财政部国家税务总局民政部关于公益性捐赠税前扣除有关问题的通知》中的"公益性认定"。而相比之下，民非经常是提供有偿服务，并可以是营利性的。因此，政府在审查民非的免税和抵扣税资格时，通常要比在审查非公募基金会时小心得多。这也就是导致很多民非的领导人思虑再三，终于决定抛弃民非而去投奔基金会的怀抱的原因所在了。

3. 我国对非公募基金会运作项目并未作出限制。根据西方国家的经验，基金会应将主业放在"投资"和"资助"两项上来。一旦其背离自己的主业，就将遭到政府的"处罚"。比如，美国将私有基金会分为三类，其中两类主要的基金会是运作型基金会和非运作型基金会。针对非运作型基金会，政府以一般的规则对待之，并未加以特别的苛责，而对运作型基金会，政府要求其每年支出净收入的85%，且应将其资产的65%用于指定目的，此外还有很多极为严格的规则。总之，政府对运作型基金会的要求是十分严格的。另外，政府对公共慈善组织的态度又是亲善的，并且鼓励运作型基金会转为公共慈善组织。由此，很多基金会，甚至包括社区基金会这种偏向于资助型基金会的组织也都纷纷变身为公共慈善组织。与西方国家不同，我国在非公募基金会监管方面，还依旧处于"摸着石头过河"的阶段，对具体该如何监管非公募基金会没有经验。这也就导致了非公募基金会可以做项目，与民非的身份除了在法律界定上不同以外，在实践当中则是混同的。

四 结论

根据上述分析，我们可以得出如下结论：

小型非公募基金会主要为运作型基金会，并非现代意义上的基金会。由上述可知，我国的中小型非公募基金会重点关注的是运作项目，而非"投资"和"资助"。因此，其都属于运作型基金会，而非现代意义上的私有基金会。这也就是说，虽然我国这几年非公募基金会的发展速度很快，数量高速增长，资产规模不断扩大，但实际上非公募基金会领域的发展阶段还依旧停留在乱象丛生、尚未走向规范化的时期。我国的非公募基金会领域并不符合现代化的基金会行业的标准，甚至在有的情况下连基金会都算不上。这就是在表面光鲜背后的真实图景！

那么，什么样的基金会是现代公益基金会呢？总的来说，现代公益基金会应注重资金运作和项目资助，而不应独立开展项目运作；现代公益基金会应大量引入专业人士，由专业人士掌舵公益；现代公益基金会应关注社会问题，应大量投资，对社会问题进行深入的研究，找到诱发社会问题的根源并提出解决之道，而非停留在单纯的救济贫苦、涂抹眼泪之上；现代公益基金会应注重规范化运作，恪守公开透明之义务，以社会公信为己任。要想达到上述标准，我国的中小型非公募基金会还有很长的一段路要走。

G.3
大型非公募基金会的发展与挑战

一 概述

近年来,我国非公募基金会的发展态势良好。根据现有数据分析,我们可以看到,虽然非公募基金会发展极为迅速,而大量的非公募基金会资产规模和社会贡献度都不尽如人意,引领非公募基金会行业快速发展的仍是大型非公募基金会,大型非公募基金会在发展过程中具有资金的优势,然而也有自身的不足,2011年度,大型非公募基金会整体呈现如下特点。

第一,大型非公募基金会数量分布不均匀。大型非公募基金会是指净资产规模在3000万元以上的除学校基金会之外的非公募基金会,总计只有86家,数量仅占792家"非公募基金会"的11%。在近年来非公募基金会蓬勃发展的背后可以发现,大型非公募基金会数量目前依然很少,而所谓的非公募基金会发展迅猛更多指的是小型非公募基金会表象上的繁荣。

第二,大型非公募基金会开始走向资助之道。以心平公益基金会和腾讯公益慈善基金会为代表的大型非公募基金会慢慢转向资助之道,其对草根NGO及小型非公募基金会的发展也非常重视,对推动社会组织的发展有着倡导性的作用。随着行业资源的日益丰富,未来资助型项目也许会成为项目运作模式的主流。目前,在资助型道路上走在最前端的当属南都公益基金会。

第三,大型非公募基金会数量较少,但规模较大且影响力巨大。

大型非公募基金会数量为 86 家，占"非公募基金会"数量的 11%，而其净资产总量达到了 12711386886 元，占"非公募基金会"净资产总量的 77%，平均每家大型非公募基金会净资产为 147806824 元，平均规模已超过 1 亿元，是小型非公募基金会平均净资产规模的 27 倍之多。

第四，大型非公募基金会捐赠依赖度居高不下。2011 年度，大型非公募基金会总收入为 8694678529 元，其中捐赠收入为 7940237113 元，占大型非公募基金会总收入的 91.32%。大型非公募基金会的捐赠依赖度高达 91%，高出全国平均水平，甚至比小型非公募基金会的捐赠依赖度更高。

第五，大型非公募基金会投资收益甚微。2011 年度，大型非公募基金会总收入为 8694678529 元，而投资收益只有 97162350 元，只占大型非公募基金会总收入的 1.12%，虽然在此方面的表现稍好于小型非公募基金会，但其总体投资收益规模仍不甚理想。

二　大型非公募基金会发展现状

（1）大型非公募基金会数量分布不均

从大型非公募基金会的成立时间分布上，我们可以看出，86 家大型非公募基金会的成立时间主要分布在 2005～2011 年。

此外，从 86 家大型非公募基金会的地域分布来看，其地域分布整体呈现东多西少的特点，分布在东部省市的大型非公募基金会数量为 77 个，占了大型非公募基金会总数的 90%，而中西部地区的山西、内蒙古、四川、云南分别只有 1 家或 2 家大型非公募基金会，其地域分布失衡比较严重。

86 家大型非公募基金会中有 35 家是在民政部登记注册的，其余

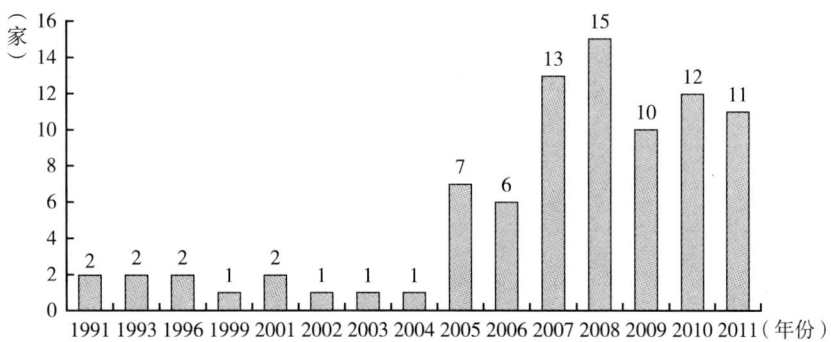

图1　大型非公募基金会成立时间分布

51家在各地省级民政部门登记注册。

分布在北京市的大型非公募基金会数量为31个，占了全国大型非公募基金会数量的4成，其中有24家大型非公募基金会是在民政部注册成立的，而北京市地方成立的大型非公募基金会只有7家。此外，广东省和上海市的大型非公募基金会数量均超过了10家。

（2）大型非公募基金会专业人员较多

根据统计显示，2011年度，公布全职员工数量的81家大型非公募基金会的全职员工总数为437人，平均每家大型非公募基金会全职员工多于5人，是小型非公募基金会平均数量的2倍之多。

81家大型非公募基金会中全职员工数量为0的有17家，占总数的21%，而在全职员工数量为0的17家大型非公募基金会中有11家是企业型基金会，如前文中所说，企业基金会相关人员多为基金会发起企业内部人员。

全职员工数量分布在1~4人的大型非公募基金会数量占比最大，有40%的大型非公募基金会的全职员工数量分布在此规模。

全职员工数量分布在5~9人的大型非公募基金会有19家，占总数的23%。

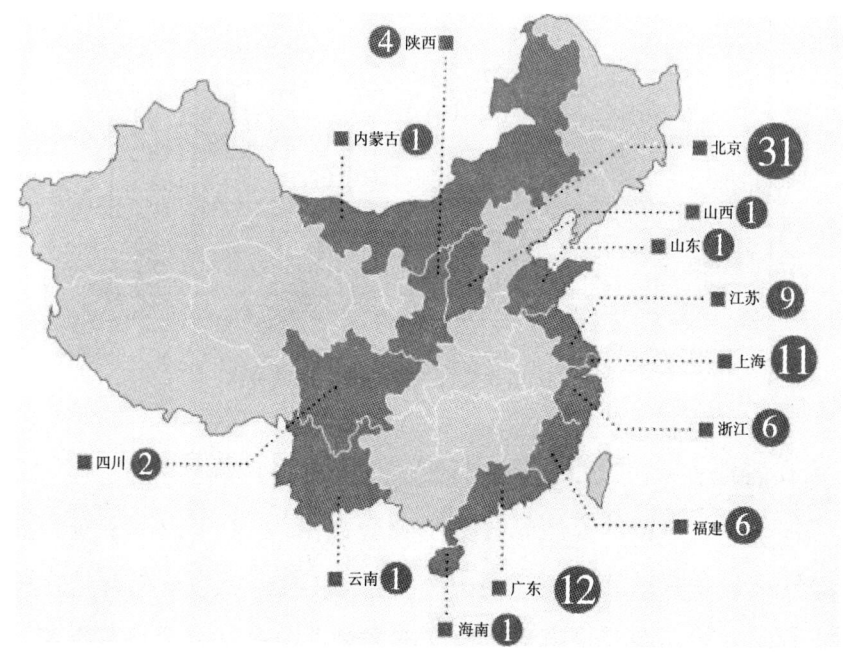

图 2　2011 年大型非公募基金会地域分布

全职员工数量超过 10 人的大型非公募基金会数量有 13 家，占总数的 16%，这一比例远远高于小型非公募基金会。

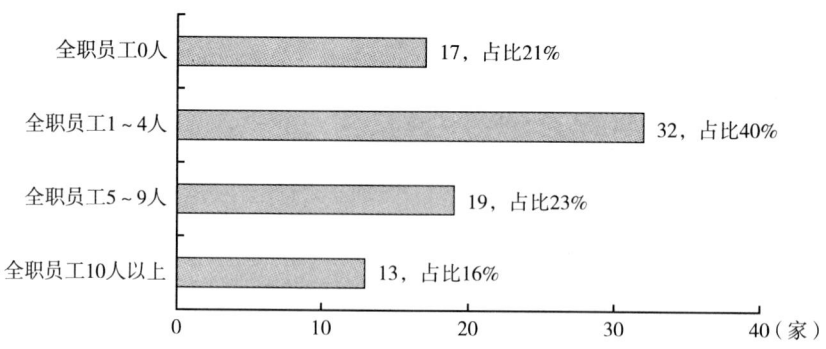

图 3　2011 年大型非公募基金会全职员工数量的规模分布

表1　2011年大型非公募基金会全职员工数量Top10

排名	基金会名称	成立年份	原始基金（元）	地域	登记部门	全职员工数量
1	友成企业家扶贫基金会	2007	20000000	北京	民政部	41
2	海南三亚南山功德基金会	2005	5000000	海南	省级民政部门	33
3	浙江省新华爱心教育基金会	2007	2000000	浙江	省级民政部门	22
4	慈济慈善事业基金会	2008	100000000	江苏	民政部	21
5	华民慈善基金会	2008	200000000	北京	民政部	19
6	瀛公益基金会	2010	20000000	北京	民政部	13
7	上海增爱基金会	2008	4000000	上海	省级民政部门	12
8	天诺慈善基金会	2008	100000000	北京	民政部	12
9	北京詹天佑土木工程科学技术发展基金会	2006	2000000	北京	省级民政部门	12
10	吴阶平医学基金会	2002	20000000	北京	民政部	10

（3）大型非公募基金会开始走向资助之道

2011年度，59家大型非公募基金会执行项目数量达到400个，项目支出总额为1156388275元，平均每个项目支出金额接近300万元，而499家小型非公募基金会运作项目数量为2167个，项目支出总额为1196195522元，平均每个项目支出仅为552005元。

虽然大型非公募基金会的数量和小型非公募基金会存在着较大的差距，但是其项目支出总额却占了"非公募基金会"项目支出总额的半壁江山。同时，大型非公募基金会平均项目支出规模是小型非公募基金会的5倍之多。可见，大型非公募基金会在社会贡献度和影响力方面均引领着非公募基金会的快速发展。

从大型非公募基金会的项目活动领域可以看出：大型非公募基金会执行项目所涉及的活动领域依然是以教育为主，其中有133个项目涉及教育领域；不过，与小型非公募基金会项目活动领域相比，大型非公募基金会项目所涉及的其他活动领域和教育领域的差距有着很大程度的缩减，大型非公募基金会项目所涉及的社会领域呈现明显的多样化发展趋势；大型非公募基金会在自然科学、能力建设和环境领域比小型非公募基金会付出了更多的资金与精力。可见，大型非公募基金会在解决社会问题能力和引领社会进步方向等方面更具有影响力和前瞻性。

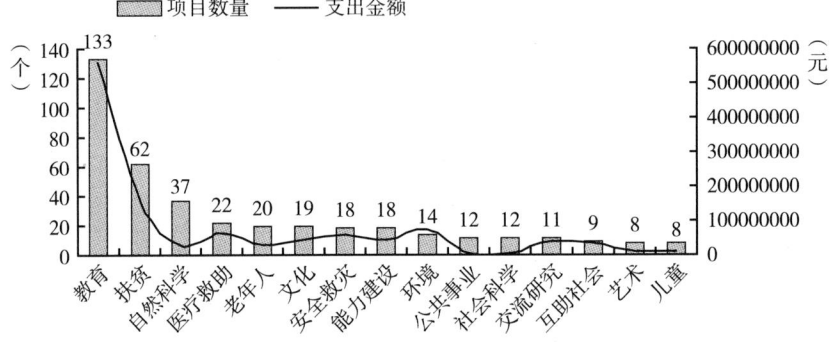

图4　2011年大型非公募基金会活动领域分布Top15

从大型非公募基金会项目支出Top20中可以看出：

大型非公募基金会项目支出Top20中集结了大量的企业基金会项目，其中13个项目是由神华公益基金会、威盛信望爱公益基金会和腾讯公益慈善基金会等7家企业基金会负责执行的。可见，企业基金会在"非公募基金会"中扮演着主力军的角色。

其中以心平公益基金会和腾讯公益慈善基金会为代表的大型非公募基金会慢慢转向资助之路，其对草根NGO及小型非公募基金会的发展也非常重视，对推动社会组织的发展有着倡导性的作用，随着行业资源的日益丰富，未来资助型项目也许会成为项目运作模式的主流。目前，在资助型道路上走在最前端的当属南都公益基金会。

此外，大型非公募基金会项目支出Top20也反映出基金会关注的社会领域呈现多样化的发展趋势，而不仅仅局限于教育领域。

表2 2011年大型非公募基金会项目支出Top20

排名	项目名称	基金会名称	项目支出(元)
1	贵州盛华职业学院筹建捐赠项目	威盛信望爱公益基金会	128974567.00
2	阳光计划学校援建项目	福建新华都慈善基金会	66825000.00
3	四川环保项目	慈济慈善事业基金会	48976878.00
4	新疆、宁夏、内蒙古、陕西、河北等地区扶贫捐助	神华公益基金会	42000000.00
5	大学生村官创业项目	神华公益基金会	36000000.00
6	西藏聂荣县牧民安居、群众文化、扶贫助学金等10项工程	神华公益基金会	35684300.00
7	救助14周岁以下贫困家庭白血病和先心病患儿1236名	神华公益基金会	34018328.00
8	捡回珍珠计划(高中段)	浙江省新华爱心教育基金会	29546448.00
9	福建南平上风大爱村专案	慈济慈善事业基金会	22852045.00
10	大学生就业扶助项目	华民慈善基金会	22765945.00
11	晚期肺癌,转移性直肠癌临床治疗情况调查研究基金(上海罗氏)	吴阶平医学基金会	22196984.00
12	爱心学校项目	神华公益基金会	20000000.00
13	清华大学凯风人文社科图书馆	凯风公益基金会	20000000.00
14	守护藏区文化项目	天诺慈善基金会	19332565.00
15	基础教育发展项目	腾讯公益慈善基金会	19139669.00
16	冬令发放生活必需品	慈济慈善事业基金会	17517720.00
17	盈江、日本、玉树、四川地震的灾后重建以及西南旱灾的持续救助	腾讯公益慈善基金会	17105839.00
18	心平图书捐赠项目	心平公益基金会	16927300.00
19	爱心书屋项目	神华公益基金会	15000000.00
20	留隍镇购买农村养老保险	广东省紫琳慈善基金会	14625420.00

(4) 大型非公募基金会数量较少,但规模较大且影响力巨大

大型非公募基金会数量较少,但规模较大且影响力巨大。大型非公募基金会数量为86家,占"非公募基金会"数量的11%,而其净

资产总量达到了12711386886.23元，占"非公募基金会"净资产总量的77%，平均每家大型非公募基金会净资产为147806824.26元，平均规模已超1亿元，是小型非公募基金会平均净资产规模的27倍之多。

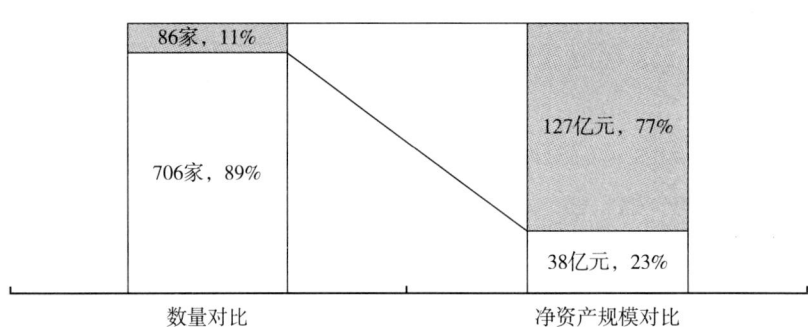

图5　2011年大型非公募基金会与小型非公募基金会数量及净资产规模对比

此外，虽然大型非公募基金会平均资产规模在亿元以上，但86家大型非公募基金会净资产在1亿元以上的只有30家，占总数的35%。其中，河仁慈善基金会、陕西省神木县民生慈善基金会和老

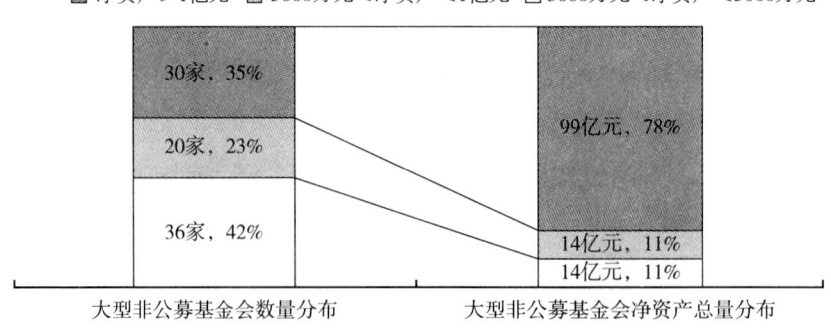

图6　2011年大型非公基金会净资产规模分布

牛基金会位列大型非公募基金会前三甲，其净资产数额均超过10亿元。

表3 2011年大型非公募基金会净资产规模分布

净资产规模	基金会数量（家）	比例（%）	总量（元）	比例（%）
净资产≥1亿元	30	34.88	9931234936	78.13
5000万元≤净资产＜1亿元	20	23.26	1418639289	11.16
3000万元≤净资产＜5000万元	36	41.86	1361512661	10.71
合　　计	86	100	12711386886	100.00

30家净资产大于1亿元的大型非公募基金会呈现如下特点。

其地域分布在全国8个省份，其中有17家大型非公募基金会是在民政部登记注册，另外13家在省级民政部门登记注册。

只有3家大型非公募基金会的成立时间在2004年以前，其余27家均在2004年以后成立，大型非公募基金会代表着现代慈善。

净资产排名前3位的大型非公募基金会分别为河仁慈善基金会、陕西省神木县民生慈善基金会和老牛基金会，其净资产总量均超过了10亿元。

其中有14家是企业基金会，占总数的近一半，企业基金会占据着大型非公募基金会的半壁江山。典型意义上的企业基金会一般具备如下特征：第一，基金会与设立企业密不可分，其工作人员与企业员工混同，甚至直接使用企业的员工来运作基金会的项目；第二，作为企业价值链的延伸而存在，与企业的发展战略趋同，为企业的发展提供支持。通过对比可知，上述14家企业基金会也符合典型的企业基金会的特征。

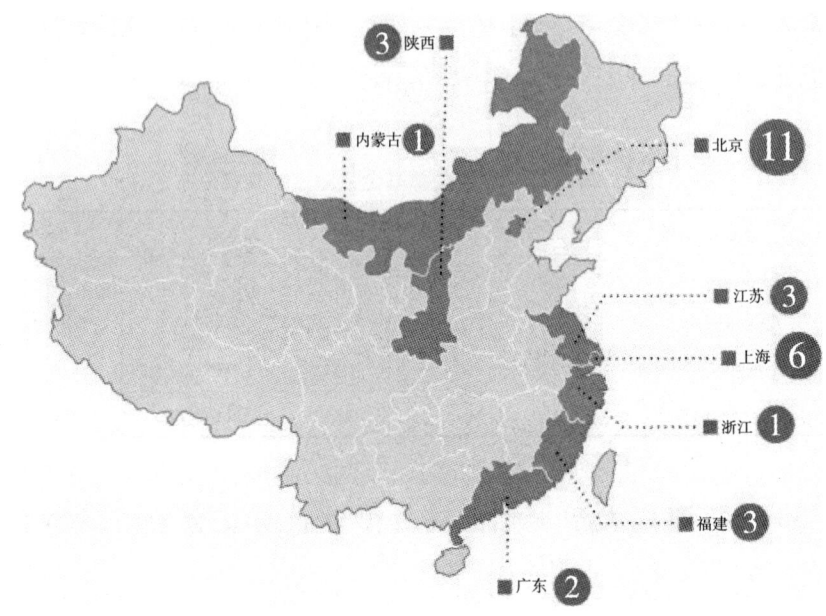

图7 2011年大型非公募基金会净资产大于1亿元的地域分布

表4 2011年大型非公募基金会净资产Top30（亿元以上）

排名	基金会名称	成立年份	地域	登记部门	原始基金（元）	净资产（元）
1	河仁慈善基金会	2010	福建	民政部	20000000	2371121500.00
2	陕西省神木县民生慈善基金会	2011	陕西	省级民政部门	500000000	1227036500.00
3	老牛基金会	2004	内蒙古	省级民政部门	2000000	1029227895.91
4	神华公益基金会	2010	北京	民政部	200000000	824644315.10
5	上海汽车工业科技发展基金会	1996	上海	省级民政部门	60000000	329005833.25
6	南京金陵文化保护发展基金会	2010	江苏	省级民政部门	4000000	305293904.86
7	中国和平发展基金会	2011	北京	民政部	301000000	303804804.00
8	瀛公益基金会	2010	北京	民政部	20000000	299355981.81
9	中远慈善基金会	2005	北京	民政部	100000000	292062455.85
10	上海民生艺术基金会	2010	上海	省级民政部门	2000000	232872949.78
11	泛海公益基金会	2010	北京	民政部	200000000	201707058.18
12	上海工商界爱国建设特种基金会	1993	上海	省级民政部门	100000000	198071283.62

续表

排名	基金会名称	成立年份	地域	登记部门	原始基金（元）	净资产（元）
13	友成企业家扶贫基金会	2007	北京	民政部	20000000	185800816.20
14	上海唐君远教育基金会	1999	上海	省级民政部门	40000000	169480940.52
15	陕西省府谷县教育基金会	2010	陕西	省级民政部门	160000000	163384567.63
16	慈济慈善事业基金会	2008	江苏	民政部	100000000	161836188.87
17	华阳慈善基金会	2009	福建	民政部	20000000	154424335.54
18	福建新华都慈善基金会	2009	福建	省级民政部门	100000000	132408721.08
19	腾讯公益慈善基金会	2007	广东	民政部	20000000	130223317.64
20	华民慈善基金会	2008	北京	民政部	200000000	126579706.11
21	中国人寿慈善基金会	2007	北京	民政部	50000000	124697143.57
22	宝钢教育基金会	2005	上海	民政部	50000000	122737431.77
23	榆林市胡星元慈善基金会	2006	陕西	省级民政部门	2750000	115726104.70
24	上海增爱基金会	2008	上海	省级民政部门	4000000	112322700.60
25	国家电网公益基金会	2009	北京	民政部	100000000	109487333.98
26	江苏海澜教育发展基金会	2008	江苏	省级民政部门	100000000	103465027.35
27	中国移动慈善基金会	2009	北京	民政部	100000000	102506796.79
28	南都公益基金会	2007	北京	民政部	100000000	100799173.31
29	桃源居公益事业发展基金会	2008	广东	民政部	100000000	100789835.50
30	宁波鄞州银行公益基金会	2011	浙江	省级民政部门	100000000	100360312.28

（5）大型非公募基金会捐赠依赖度居高不下

2011年度，大型非公募基金会总收入为8694678529元，其中捐赠收入为7940237113元，占大型非公募基金会总收入的91.32%，政府补助性收入和投资收益分别占大型非公募基金会总收入的4.65%和1.12%。

大型非公募基金会的捐赠依赖度高达91.32%，高出全国平均水平，甚至比小型非公募基金会的捐赠依赖度更高，而大型非公募基金会多为企业型基金会,往往由相关企业直接注资给基金会,因而导致大型非公募基金会的捐赠依赖度如此之高。

但是大型非公募基金会如此高的捐赠依赖度从侧面反映出其资金管理能力的缺陷,与小型非公募基金会不同,大型非公募基金会有着丰富的资金资源,而其投资收益却只占总收入的1.12%,可见大型非公募基金会也面临着和小型非公募基金会同样的问题,这也是目前全国基金会行业的一个通病。

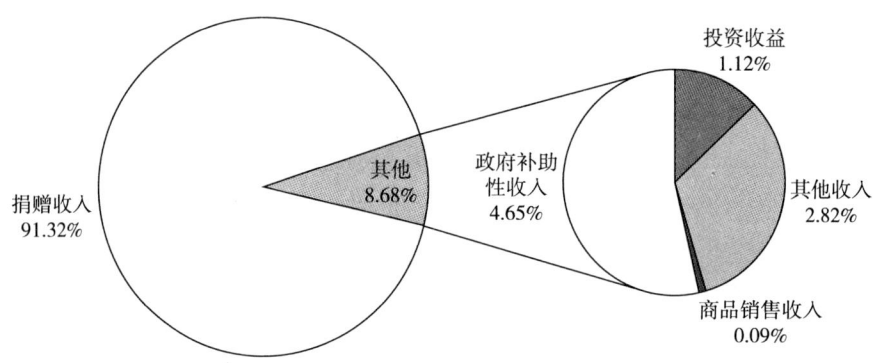

图8　2011年大型非公募基金会总收入构成

2011年度,大型非公募基金会的捐赠收入为7940237113元,从其规模分布我们可以看出:

捐赠收入在5000万元以上的大型非公募基金会有19家,而其捐赠收入总额占了大型非公募基金会捐赠收入总量的90%,捐赠收入在1亿元以上的大型非公募基金会有14家,其中河仁慈善基金会的捐赠收入高达35.5亿元,此一家基金会的捐赠收入占了大型非公募基金会捐赠收入的45%,曹德旺先生的捐股事件也成为2011年度慈善行业的热点话题。

其余的67家大型非公募基金会的捐赠收入均在5000万元以下,

而37家大型非公募基金会的捐赠收入更是在1000万元以下，在此类基金会中有15家大型非公募基金会的捐赠收入为0。

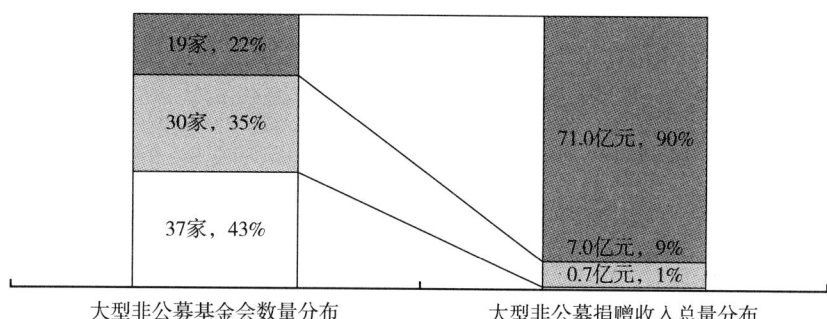

图9 2011年大型非公募基金会捐赠收入规模分布

表5 2011年大型非公募基金会捐赠收入规模分布

净资产规模	基金会数量（家）	比例（%）	总量（元）	比例（%）
捐赠收入≥5000万元	19	22.09	7132485358.88	89.83
1000万元≤捐赠收入＜5000万元	30	34.88	734748437.46	9.25
捐赠收入＜1000万元	37	43.02	73003316.74	0.92
合计	86	100	7940237113.08	100.00

从图10的大型非公募基金会和小型非公募基金会的捐赠收入对比可以看出，仅占"非公募基金会"数量11%的大型非公募基金会的捐赠收入总额占了"非公募基金会"捐赠收入总量的80%，大型非公募基金会的平均捐赠收入超过9200万元，而小型非公募基金会的平均捐赠收入不到300万元，差距悬殊。可见，慈善资源集中流向大型非公募基金会，大型非公募基金会主导着非公募基金会领域的资源渠道。

（6）大型非公募基金会投资收益甚微

2011年度，大型非公募基金会总收入为8694678529.26元，而

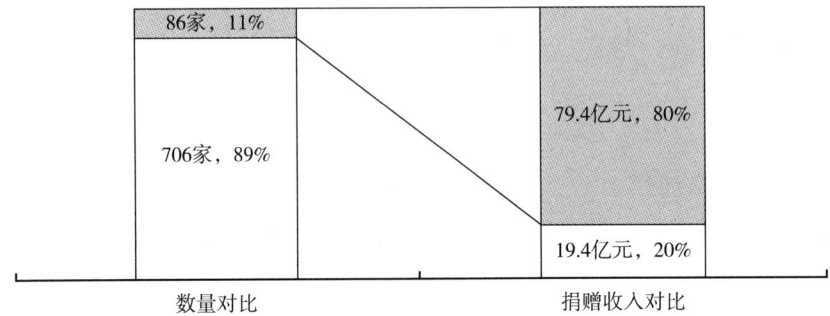

图10　2011年大型非公募基金会和小型非公募基金会捐赠收入对比

投资收益只有97162350.33元，只占大型非公募基金会总收入的1.12%，虽然在此方面的表现稍好于小型非公募基金会，但其总体投资收益规模仍不甚理想。

其中投资收益不为0的小型非公募基金会数量只有48家，说明57%的大型非公募基金会对资金的投资是比较重视的，其中有45家的投资收益为正，有3家基金会的投资收入出现亏损。

• 投资收益为正的45家大型非公募基金会的投资收益总额为126401903元，而另外3家大型非公募基金会的投资亏损总额为29239533元。

• 其中投资收益在500万元以上的小型非公募基金会只有8家，其投资收益总额超过7000万元，其中投资收益最多的是中远慈善基金会，其投资收益超过了2000万元。

• 而投资收益规模在100万~500万元的大型非公募基金会有21家，其投资收益总量超过5000万元；而投资收益规模分布在100万元以下的大型非公募基金会共19家。

• 3家投资亏损的大型非公募基金会的亏损总额接近3000万元，其中友成企业家扶贫基金会和宝钢教育基金会的投资亏损均超过了

1000万元。

和小型非公募基金会投资收益相比,大型非公募基金会投资收益在其总收入中所扮演的角色依旧微不足道,虽然其资产规模非常庞大,而投资收益甚微,造成目前这一非常规现象的因素有如下几点:

- 首先,与行业常态类似,大型非公募基金会对资金投资没有足够的重视。
- 其次,大型非公募基金会和小型非公募基金会面临着同样的问题,缺乏资金管理的专业人才。

表6 2011年大型非公募基金会投资收益规模分布

投资收益规模	基金会数量	投资总量(元)
投资收益≥500万元	8	70622297
100万元≤投资收益<500万元	21	50363398
10万元≤投资收益<100万元	15	5368471
1万元≤投资收益<10万元	1	58738
投资收益<1万元	3	-29239533
合　计	122	97162350

(7)大型非公募基金会公益事业支出

2011年度,大型非公募基金会总支出金额超过了18亿元,平均每家大型非公募基金会支出超过了2000万元,远远领先于小型非公募基金会。其中公益事业支出为1764215456.42元,占大型非公募基金会总支出的96.44%,而工作人员福利支出和行政办公支出不到3%,符合基金会管理条例的10%的规定。

然而,从图11可以看出,工作人员工资福利支出只占总支出的1.31%,全职员工平均年薪只有5万多元,从而也导致了大型非公募基金会专业人员的匮乏。不过值得注意的是，与大型非公募基金会相比，小型非公募基金会的人才匮乏问题显得更为严重。

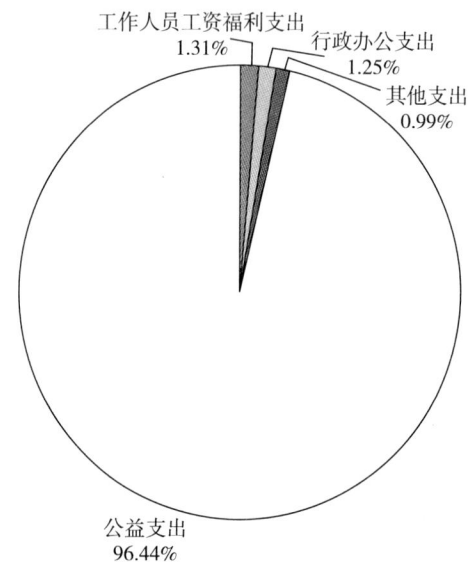

图 11　2011 年大型非公募基金会总支出构成

2011 年度，大型非公募基金会公益事业支出占总支出的 96.44%，公益事业支出金额达到 1764215456.42 元，而公益支出在 5000 万元以上的大型非公募基金会只有 9 家，其公益事业支出总额超过 10 亿元，占大型非公募基金会公益事业支出总量的 57%；而公益事业支出分布在 1000 万~5000 万元的大型非公募基金会数量占比与其公益支出规模占比基本保持一致；超过 6 成的大型非公募基金会的公益事业支出小于 1000 万元，其公益支出总额仅占大型非公募基金会公益事业支出的总量的 1 成，其中有 2 家大型非公募基金会的公益事业支出为 0。

2011 年度，84 家大型非公募基金会的公益支出总额占"非公募基金会"公益事业支出总额的57%，数量占"非公募基金会"89%的小型非公募基金会的公益事业支出总额仅占"非公募基金会"公益支出总量的43%。

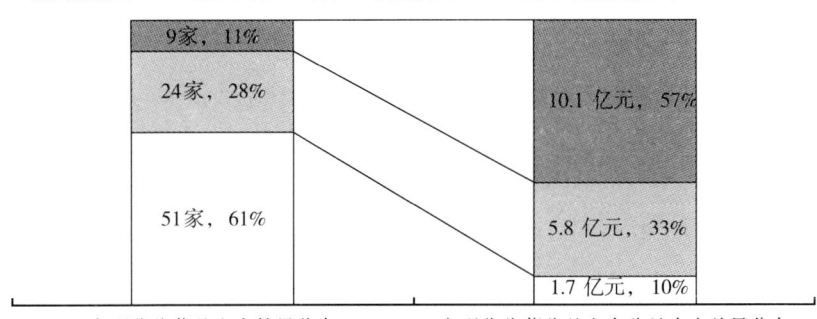

图12　2011年大型非公募基金会公益事业支出规模分布

表7　2011年大型非公募基金会公益事业支出规模分布

净资产规模	基金会数量	比例（%）	总量（元）	比例（%）
净资产≥1亿元	28	33.33	6333076936	69.49
5000万元≤净资产<1亿元	20	23.81	1418639289	15.57
3000万元≤净资产<5000万元	36	42.86	1361512661	14.94
合　计	84	100	9113228886	100.00

84家大型非公募基金会的公益事业支出均值超过了2100万元，而706家小型非公募基金会的平均公益事业支出却不到200万元，和大型非公募基金会均值差了10倍之多。

可见，大型非公募基金会在社会资源和社会贡献等方面均处于遥遥领先的地位，尽管小型非公募基金会的发展极为迅速，而真正引领"非公募基金会"发展的依然是大型非公募基金会。

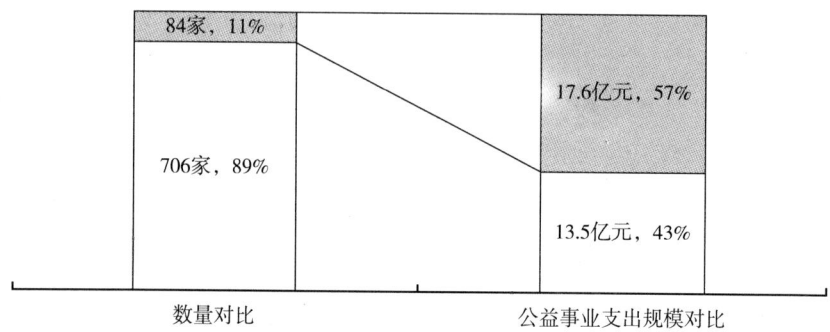

图13　2011年大型非公募基金会和小型非公募
基金会公益事业支出对比

三　现状分析

毋庸置疑，大型非公募基金会代表着我国基金会领域的未来走向。这一种走向也符合世界基金会行业的潮流，那就是由富人主导的私有基金会。这一类型基金会的特点就是作为"管道"而存在。这一功能定位符合私有基金会创立之初衷。私有基金会从来都不是以直接的社会服务为己任的，而是富人缓和社会情绪的工具。因此，其应做的就是将富人手中多余的钱通过二次分配的形式转移到NGO手中，再通过NGO为众多的弱势群体提供服务。从目前来看，我国大型基金会的现状已经具备这一走向之雏形，并且正在逐步清晰化的进程之中。

1. 大型非公募基金会重视资助。如上所述，私有基金会的重要职能是资助，而非直接开展项目。所谓术业有专攻，基金会应该将更多的精力放在研究申报项目的优劣、项目监管和项目评估之上，而非直接投身于项目运作之中。只有这样，项目的质量才能提高，而私有基金会才能发挥更大的社会价值。另外，值得注意的是，私有基金会在发放项目之前，还应注重对社会问题的研究，即不仅研究社会问题的现状，还应探索造成社会问题的根源所在。如此，才能做到有的放矢，对症下药。这种做法是科学慈善精神之所需，是现代慈善的题中之义。很显然，我国的大型非公募基金会已经初步具备了上述特征，但在实践中距离现代慈善的要求还是差得很远。因此，我国的大型非公募基金会要想成为现代性的私有基金会，还有很长的路要走。

2. 大型非公募基金会发展不足。虽然我国的大型非公募基金会已经具备了现代私有基金会的雏形，但是在很多方面还存在发展严重滞后的情况。其中，两个突出的问题是：①数量过少，无法形成规模效应。如上所述，在除去官办或准官办性质的学校基金会以后，实质意义上的大型非公募基金会仅为84家，数量严重不足。这与我国号称世界第二的经济总量相比，实在不成比例，无法在社会上发挥较大作用。②投资能力过低。诚如上述，我国的大型非公募基金会的投资收入仅占其全部收入的2.46%。与之相比，美国的私有基金会的投资收入常年保持在30%左右。之所以私有基金会的投资收入如此之高，是因为基金会作为一个财产的集合，其本身应承担的职能包括两项：第一，资助公益项目；第二，投资，令资产保值增值。所以，美国的私有基金会大都聘请了专业的投资顾问，或者将资产委托给专业的投资公司开展消极投资（Passive Investment）。而我国的大型非公募基金会显然在资产保值增值方面并不擅长，这使得我国基金会的资产扩大全靠大额捐赠，而非投资收入。这一点也是我国大型非公募基金会发展不足的一个外在表现。

四 原因分析

造成我国大型非公募基金会具备现代私有基金会雏形而又未能充分发展的原因是多方面的，具体而言，包括如下几点。

第一，社会福利领域以政府主导的社会保障为主，而对私人慈善的空间挤压过多。毫无疑问，我国的社会福利领域主要还是为由政府主导的社会保障体系所占据，而非私人慈善。这导致我国的私人慈善的空间被大量挤占。并且，我国有数量众多的公募基金会，且大都具备非民间背景。这些非民间背景的公募基金会在吸收富人慈善资源方面实力强劲。上述两点原因共同导致了我国的私人慈善一直处于低端发展的状态之下，无法形成规模效应。

但是，历史证明，长期依靠政府主导的社会保障体系会造成很多问题。其中，最为明显的一个问题是政府过于关注社会一般公众的需求，而忽视了小众团体的需求。这种一般化与多样性之间的矛盾是政府本身所无法克服的。因此，及早发展私人慈善是避免这一矛盾集中爆发的一项预防措施。

第二，资本市场过于混乱，海外投资市场遇到政策壁垒。熟悉我国资本市场的人应该知道，我国的资本市场，无论是二板市场还是三板市场，都是投机性质的，而且存在很多的关联交易、内幕交易等。另外，股票市盈率虚高、老鼠仓等事件比比皆是。这令大量手持善款的基金会不敢贸然下海，以免无法向捐赠者交差。同时，受到近两年商务部颁布的多项海外投资限制性规章的影响，如著名的10号文，要想开展海外投资，除了设计复杂的离岸借壳方案以外，如在开曼注册壳公司，是无法通过外汇局的审批将资金成功汇出去的。而借壳生蛋的做法又面临相当的法律风险，涉及洗钱犯罪的问题，这显然非公益性质的大型非公募基金会所能为。

第三，我国对投资所得并无任何的优惠措施，除了购买国库券生利以外，其余的投资依旧要征收高额的所得税。上述原因共同导致了我国大型非公募基金会在投资方面一直处于低水平发展的状态。很多基金会每年只需跑几趟银行，把钱存进去就可以了，甚至连高端的金融人才都无需聘请。这种事情在西方的基金会领域是闻所未闻的。

正是因为上述原因，我国的大型非公募基金会虽具备现代私有基金会雏形，但未能充分发展。未来要想充分发挥第三部门的作用，抛开基金会这一中间管道其实是毫无可能的。因此，我国应及早推动非公募基金会领域的发展，令这一领域尽快走上高速发展的快车道。

非公募基金会案例——南都公益基金会（资助型）

关于南都

南都公益基金会（以下简称"南都基金会"）于2007年5月11日成立，是在民政部注册的非公募基金会。基金会以"支持民间公益"为使命，关注转型期的中国社会问题，资助优秀公益项目，推动民间组织的社会创新，促进社会平等和谐。

运作理念

南都基金会定位为资助型基金会，在整个公益行业的生态链中，是一个资金和资源提供者，扮演"种子基金"的角色。南都基金会通过资金支持来推动优秀公益项目和公益组织，带动民间的社会创新，实现支持民间公益的使命。

治理结构

南都基金会第二届理事会由12位理事组成，男女理事比例为

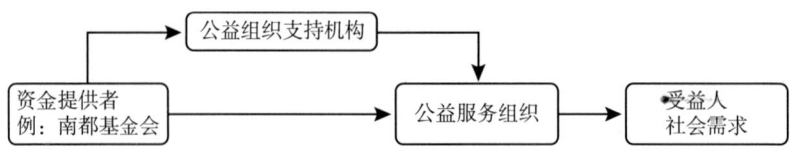

南都基金会运作理念

资料来源：南都基金会官网。

5∶1，监事会共有 3 位监事。

理事会设理事长 1 名，由原团中央组织部部长、"希望工程"创始人徐永光先生担任；设执行副理事长 1 名，由芝加哥大学博士、麦肯锡独立顾问程玉女士担任。

执行团队

南都基金会理事会下设秘书处，秘书处设专职秘书长 1 名，由香港中文大学社会福利专业博士刘洲鸿先生担任。秘书处下设 4 个部门。

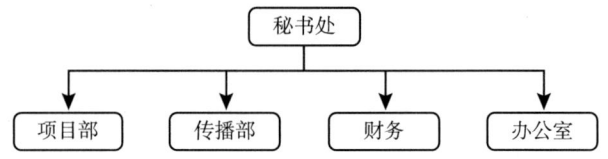

南都基金会执行部门设置

资料来源：南都基金会官网。

南都基金会财务情况

原始基金

南都基金会原始基金 1 亿元人民币，来源于上海南都集团有限公司。

财务概览

南都基金会成立 5 年以来，净资产情况变化不大，收入和支出基本上在逐年递增。

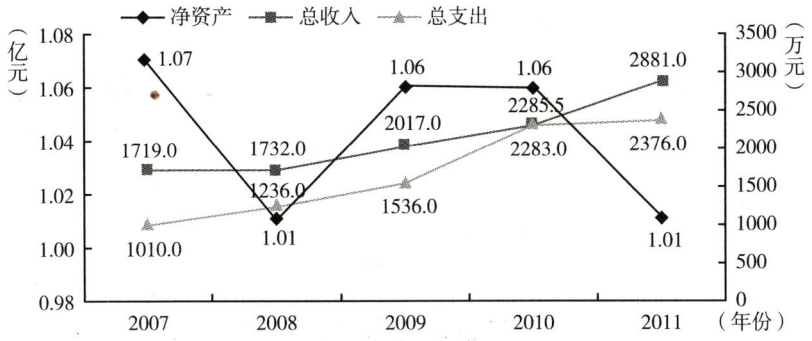

2007～2011年南都基金会净资产、总收入、总支出

资料来源：基金会中心网数据中心，截止日期2011年12月31日。

收入构成

根据基金会中心网的观测，2009～2011年，南都基金会的收入来源于捐赠收入、投资收益、其他收入三个方面。3年间，捐赠收入都在收入构成中占了最大的比重，且每年都高于1200万元；投资收益是南都基金会收入的第二大构成，3年的投资收益都在400万元以上，其中2010年，南都基金会投资收益超过1000万元，占当年总收入的45%。

2009～2011年南都基金会收入构成

单位：元

收入构成＼年份	2009	2010	2011
捐赠收入	14210000.00	12402548.59	19378316.46
投资收益	5847639.44	10351901.08	4287298.21
其他收入	116388.03	79063.78	95414.48
合　计	20174027.47	22833513.45	23761029.15

资料来源：基金会中心网数据中心，截止日期2011年12月31日。

支出情况

2009～2011年，南都基金会的公益支出占上年基金余额的比例在逐年递增,且相关支出比例远高于民政部的相关规定;3年间,工资福利和行政办公支出总和占当年总支出的比例都小于10%。(《基金会管理条例》第29条规定:非公募基金会每年用于从事章程规定的公益事业支出,不得低于上一年基金余额的8%,非公募基金会每年用于从事章程规定的公益事业支出,不得低于上一年基金余额的8%。)

2009～2011年南都基金会支出情况

支出情况　　　　　　　　年份	2009	2010	2011
公益支出占上年度基金余额比例(%)	14.17	20.38	25.56
工资福利和行政办公支出总和占总支出比例(%)	6.74	5.56	8.22

资料来源:基金会中心网数据中心,截止日期2011年12月31日。

南都基金会资助情况

资助方向

南都基金会的资助方向是:发起、支持行业发展的宏观性项目,资助支持性机构、引领性机构和优秀公益人才的战略性项目,资助农民工子女教育、灾害救援等特定公益领域的项目,同时开展指导资助方向的战略性、政策性研究。

资助项目特例分析——资助战略性项目

银杏伙伴胸怀天下脚踏实地共同成长携手创未来,机构伙伴高山仰止景行行止筚路蓝缕戮力启山林。

银杏伙伴成长计划

"银杏伙伴成长计划"是一个资助青年人去突破成长上的瓶颈,

大型非公募基金会的发展与挑战

```
                    使命：支持民间公益
                    愿景：人人怀有希望
```

支持宏观性项目	资助战略性项目	特定公益领域
·通过会议交流与能力建设，推动基金会行业发展 ·引导资方倾斜性支持，推动草根组织资源对接 ·积极回应行业热点话题，营造良好公益文化环境	·银杏伙伴成长计划 资助青年人突破成长瓶颈，成为推动某一公益领域发展的领袖型人才标准：优秀的个人（胸怀天下、脚踏实地、富有潜力）、合适的成长阶段、发挥较大的杠杆作用 ·机构伙伴景行计划 资助满足草根NGO发展瓶颈性要求的支持性服务，促进行业生态链的提升完善 资助对转型期社会的问题有深层次解析及系统性、结构性解决方案的机构，发挥深远影响力，对同行有导向、示范作用 根据机构关键需求，量身定制支持方式	·新公民计划（农民工子女教育） 新公民学校 新公民计划公益项目（新公民社工、新公民教育支持计划、新公民社区教育项目） ·灾害救援：1000万元常设灾害救援和灾后重建基金 弥补社会损失角度资助NGO救灾项目群 推动民间自组织解决问题为核心，不单纯以解决灾区问题为终极目的 发挥资金"杠杆"作用，着力支持NGO开展服务的人力成本和技术成本

研究
行业研究：指导宏观行业支持的方向，并通过适当渠道对行业产生导向性的影响
领域研究：指导某具体领域的资助方向，支持第三部门创新，并通过适当渠道起到对政府、政策、企业、社会的引导、倡导、推动的作用

南都基金会资助领域

资料来源：南都基金会2011年报。

成为推动某一公益领域发展的领袖型人才的长期计划。其主要资助对象为草根机构的领导人或创始人，也不排除学者、媒体人、个体行动者和未来的NGO领导人。该计划同时倡导社会各界一起支持公益人才、搭建人才成长的支持体系。

基本流程

银杏伙伴必备条件

- 20~40岁的中国公民；
- 在当前的工作领域有2年以上的公益实践。

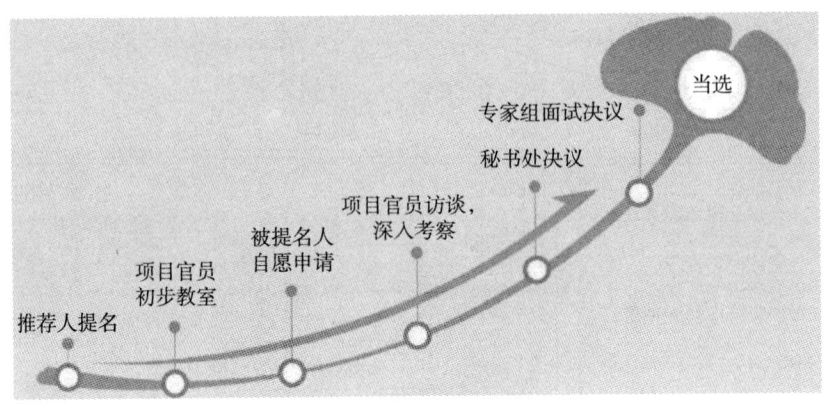

银杏伙伴成长计划基本流程

资料来源：南都基金会官网。

推荐人的资质要求

● 在 NGO、学术、媒体、商业等领域有 10 年以上工作经验，有一定影响力的社会人士；

● 对被推荐人的道德、品质、能力和潜力有较深入的了解；

● 能如实提供自己与被推荐人的基本信息和推荐理由，并能接受通过电话或面谈等方式了解、调查被推荐人的情况。

资助成果

项目自 2010 年在 3 个省试点评选，3 年来共选出 37 位银杏伙伴，其中 2010 年 5 位，2011 年、2012 年各 16 位。在当选银杏伙伴之后的 3 年中，他们每人每年将获得 10 万元、总计 30 万元的个人成长资金，作为个人生活、学习及考察的费用；获得定期的海外考察、伙伴协作、专家资源等多方面支持。

机构伙伴景行计划

"机构伙伴景行计划"是以创新的资助模式对具备支持性或引领

性的民间公益组织进行资助的长期计划。旨在通过支持能起到"方向引领""能力提升"作用的机构，促进行业的结构性提升和生态系统发育，壮大民间公益组织的非资金支持系统。同时，倡导资助行业，形成多元化的资金投入方向，完善民间公益组织的资金支持系统，以推动民间公益组织支持系统的整体改善。

（1）资助对象

组织特性

具备以下特性之一的民间组织都有可能成为资助对象，同一组织可能同时具备支持性和引领性，也可能仅具备其中之一。

支持性：能够提供满足草根 NGO 发展瓶颈性需求的支持性服务。主要包括：

- 领域性支持，如教育、劳工等；
- 专业性支持，如财务、咨询等；
- 行业性支持，如孵化器、信息平台等。

引领性：对转型期社会问题有深远的影响力和对于同行有导向和示范作用。主要包括：

- 深层次解析社会问题，并提供系统性、结构性的解决方案；
- 建立行业标准或示范；
- 服务或管理模式、政策法规的创新、倡导和推广；
- 发现被忽视或新的社会问题，引来社会关注或倡导政策出台。

发展阶段

基于南都整体战略的考虑，景行计划所资助的组织基本处在如下阶段：组织自身已较为成熟，正向影响行业的阶段过渡。

（2）资助模式

- 资助重要业务
  - 具备前瞻性、行业标准、示范性的业务

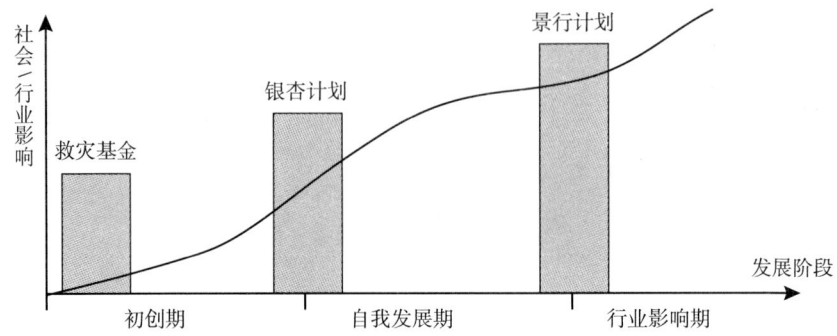

南都基金会资助发展阶段

资料来源：南都基金会官网。

- 机构转型期的关键业务探索及研发
- 充足的运营管理费用
  - 管理人员成本
  - 机构管理提升及制度建设
  - 员工学习成长
  - 服务购买（如战略规划、评估、咨询等）
- 退出机制
  - 协助建立可持续资金渠道
  - 影响力评估
  - 财务透明建设
- 其他软性配套支持
  - 推介信息或资源、行业认同

（3）项目阶段

2011年是景行计划的策略开发和试点年。通过对草根NGO、资助方、学者等的调研，立足南都使命和战略，吸收已资助的NPI、基金会中心网、妇源汇公民社会部、惠泽人专业志愿者发展项目等经验，经过与理事会的讨论，完成了景行计划的策略框架，并在框架指导下与3家机构达成了资助意向。

2012~2014年是景行计划的实验期，其间将每年新增资助机构3~4家，每家机构资助3~5年。实验期将采取邀约的方式邀请候选伙伴，不公开招标，但接受他人推荐和自荐。

G.4
公募基金会发展状况

一 概述

在2004年以前,全国的基金会以公募基金会为主,占总数80%以上。随着《基金会管理条例》的出台,非公募基金会的身份得到承认,其数量也呈现较快的增长态势。2005年以后非公募基金会的年增长率都在30%以上,而同期的公募基金会的年增长率则在10%左右。

尽管公募基金会在数量增长方面和非公募基金会相比处于下风,但是公募基金会在资产、收入和支出等方面则全面超越非公募基金会,公募基金会至今依然占据着中国基金会行业发展中的主力地位。公募基金会虽然占有资金资源和政策的优势,但其所面临的问题与挑战却很严峻,我国公募基金会整体发展呈现如下特征:

第一,公募基金会"地方多,中央少"。从公募基金会的注册地分布情况可以看出,在省级民政部门注册成立的地方性公募基金会占公募基金会数量的93%;而在民政部注册成立的全国性公募基金会多为我国基金会萌芽时期成立的,在2010~2012年成立的全国性公募基金会共计5家。可见,我国公募基金会的快速发展得益于地方性公募基金会的发展;同期,在市级管理部门登记注册的公募基金会有6家。

第二,公募基金会行业领域分布特点是"一枝独秀、整体多样"。一枝独秀是指教育领域，531家公募基金会涉及教育领域，远远高于对其他行业领域的关注度。整体多样是指公募基金会关注众多领域。虽然公募基金会关注领域集中在教育，但其对其他领域的关注度和教育领域的差距没有非公募基金会表现出的差异大。

第三，公募基金会人才问题依然严峻。众所周知，人才匮乏问题是基金会行业面临的主要问题之一。当然，公募基金会也不例外，根据统计显示，2011年度，2184家基金会的全职员工总数为8107人，平均每家基金会全职员工数量接近4人，其中1048家公募基金会的全职员工总数为5058人，平均每家公募基金会全职员工数量接近5人，仅从此点来看，公募基金会人才状况好于全国平均水平，更是高于非公募基金会平均水平。虽然公募基金会的人力资源要领先于非公募基金会，但从综合因素考虑，公募基金会所面临的人才匮乏问题依旧不容忽视。

第四，公募基金会净资产两极分化。净资产规模分布在5000万~1亿元的公募基金会有72家，占公募基金会总数的8%，其净资产总额超过了50亿元，占公募基金会净资产总额的14%。根据统计显示，净资产规模分布在5000万元以上的公募基金会数量占比为15%，而其净资产总额却占公募基金会净资产总额的73%。可见，公募基金会的净资产规模分布也基本符合"二八原则"，即大量的资源集中在少量的公募基金会手中。

第五，公募基金会捐赠收入分布不均。根据统计显示，2011年度，公募基金会的捐赠收入规模特点和非公募基金会规模特点基本雷同，亦符合"二八原则"。

捐赠收入规模在5000万元以上的公募基金会只有60家，占公募基金会总数的6.7%，而其捐赠收入总量却占公募基金会捐赠收入总额的61.88%；而捐赠收入规模分布在1000万元以下的公募

基金会数量庞大，达到651家，占公募基金会总数的72.74%，而其捐赠收入总量只占公募基金会捐赠收入总额的9.63%，根据统计显示，70%以上的公募基金会的捐赠收入总量只占公募基金会捐赠收入总额的不到10%，和少量的大型非公募基金会对比非常显著。

此外，需要说明的是，根据基金会2011年度工作报告披露的大额捐赠信息统计，全国基金会接受基金会的捐赠收入总量达到638674397元，其中公募基金会接受基金会的捐赠收入总量为298122617元。可见，公募基金会乃至全国基金会行业面临着重复捐赠的问题。

第六，大型公募基金会主导公募基金会的资源流向。895家公募基金会的公益事业支出规模分布和捐赠收入规模分布类似，2011年度，公募基金会公益事业支出总额为13347593527元，其中51家公募基金会的公益事业支出在5000万元以上，此类基金会的公益事业支出总量为8332135073元，占公募基金会公益事业支出总额的62.42%，其平均公益支出超过了1亿元，达到了163375198元，此部分基金会主导着公募基金会资源的流向。

第七，公募基金会项目特点多样。首先，公募基金会正在向资助型方向转变，在民政部注册的58家全国性公募基金会执行项目数量达到559个，项目支出总额为4508655394元，占公募基金会项目支出总额的41%，此类基金会项目支出规模亦比较大，平均项目支出规模高达8065573元，引领着公募基金会的项目资源流向，以中国扶贫基金会、中国红十字基金会和中国青少年发展基金会为代表的此类大型公募基金会亦开始走向资助之道，每年支出大量资金来促进民间公益组织发展。积极发挥自身优势，整合社会资源进行再分配是公募基金会走向资助之路的一种转变。

其次，公募基金会多在本地执行项目。2011年度，分布在各地的公募基金会项目多为本地公募基金会执行，其中分布在江苏、上海、北京、浙江和吉林的本地项目数量占比均超过了90%，即外地公募基金会对这5个地区的资助倾向性很小。而分布在西藏和青海等西部地区的项目多为外地公募基金会执行，其一是由于大型公募基金会对西部贫困地区的资助倾向性更高，其二是因为这些地区的基金会行业的发展较为滞后，基金会项目运作水平有待提高，因此才会出现分布在西部较多地区的公募基金会项目多为外地公募基金会执行的情况。

二 公募基金会发展现状

（1）公募基金会"地方多，中央少"

中国公募基金会的发展分为3个阶段，基本上也代表着中国基金会的总体发展特征。1981～1995年是公募基金会发展的萌芽期，在这时期，公募基金会从无到有，整体发展较为缓慢。1995年，中国人民银行下发了《关于进一步加强基金会管理的通知》，这一通知确立了对基金会从严审批和严格管理的政策，由此，1995年至2003年，我国的基金会发展几乎处于停滞状态。2004年3月9日国务院399号令公布了《基金会管理条例》，并于同年6月1日起实施，中国基金会迎来了新的历史发展阶段。虽然非公募基金会由此进入了高速发展阶段，但公募基金会的发展速度不容忽视，也迎来了自己的快速发展阶段，公募基金会从2004年度的565家增长到2012年度的1313家，在此8年间公募基金会数量增长了132%。

在2004年《基金会管理条例》放开对基金会注册的限制，以

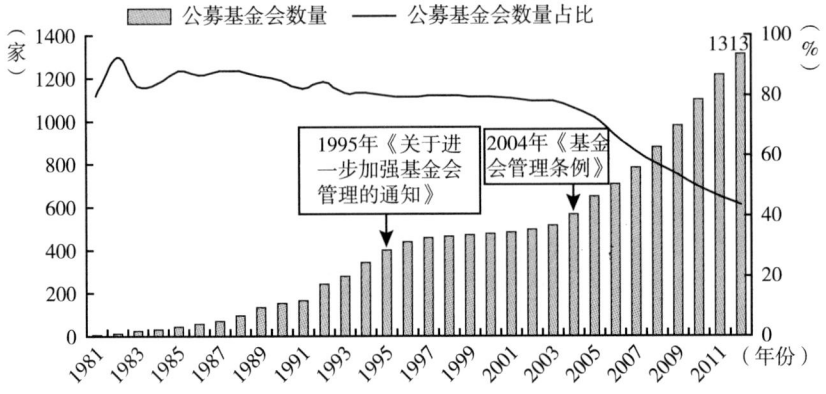

图 1 公募基金会数量发展概况

及体制改革的不断深入等诸多因素的持续影响下,各地已逐渐开始放开基金会登记管理权限。从公募基金会的注册地分布情况可以看出,在省级民政部门注册成立的地方性公募基金会占公募基金会数量的93%;而在民政部注册成立的全国性公募基金会多为我国基金会萌芽时期成立的,在2010~2012年成立的全国性公募基金会共计5家。可见,我国公募基金会的快速发展得益于地方性公募基金会的发展;同期,在市级管理部门登记注册的公募基金会有6家。

基于这一情况,我们可以看到,由于《基金会管理条例》将原始基金的门槛抬得过高,导致众多的基金会仅能在本地申请注册,并在本地开展业务;而其一旦到外地开展活动,就会遇到重重困难。因此,由我国《基金会管理条例》所导致的公募基金会"地方多,中央少"的情况显然是不利于行业整体发展的,有待进一步的改革。

值得注意的是,我国第一家在县级管理部门登记注册的基金会已经诞生,由北流市政协、市委宣传部、市委统战部、市政法委、市公安局和北流市在外商家促进会发起的北流见义勇为慈善基金会于2012年8月15日在北流市民政局登记注册成立，成为全国第一家在县级部门登记注册的基金会，同时也是第一家在县级管理部门注册成立的公募基金会。

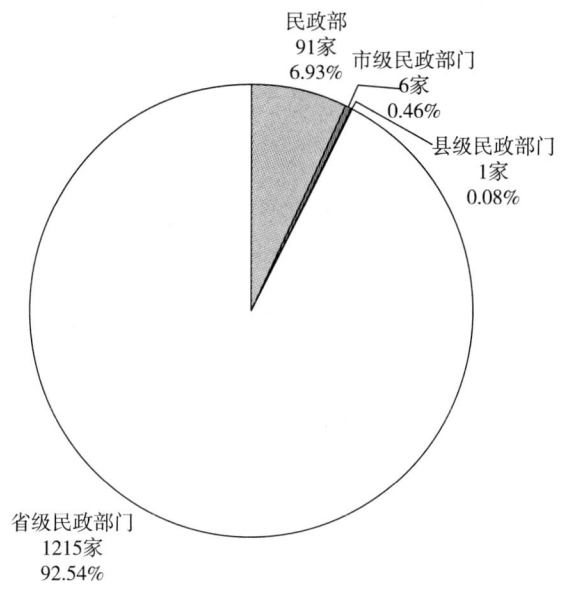

图2 公募基金会注册地分布

从整体地域分布来看，公募基金会的地域分布较非公募基金会的分布略显均衡，但依然可以明显看出分布在江苏、北京、浙江和广东等经济发达地区的公募基金会数量较多。

从各省市的公募基金会所占当地基金会总数的比例来看，各地公募基金会占比差异化较为显著，其中贵州、西藏、甘肃和云南等地的公募基金会发展明显快于非公募基金会，其数量占比均超过了75％；而公募基金会数量占比最低的是福建省，福建省的141家基金会中只有22家是公募基金会，其数量远远落后于非公募基金会。

此外，公募基金会排名前3位的省市则各有特点。

其一，分布在江苏省的公募基金会数量达到182家，远远领先于其他省市。需要注意的是，至2012年12月31日，江苏省的见义勇为系统的基金会达99家，占了全省公募基金会数量的一半以上，而同期全国的见义勇为系统基金会数量为194家。江苏省的见义勇为基金会亦占据了全国见义勇为系统基金会的半壁江山。

其二，分布在北京市的公募基金会数量为125家。众所周知，在民政部注册成立的全国性公募基金会主要集中在北京市，而北京市的125家公募基金会中有85家全国性的公募基金会，在北京市级民政部门登记注册的公募基金会只有40家。

其三，分布在浙江省的公募基金会数量亦有125家（见图3）。但和北京市不同的是，浙江省各市县的人民教育基金会数量达到67家，占了浙江省公募基金会数量的一半以上。此种情况和江苏省相同，人民教育系统基金会和见义勇为系统基金会数量分别占了浙江省和江苏省公募基金会数量的一半以上。

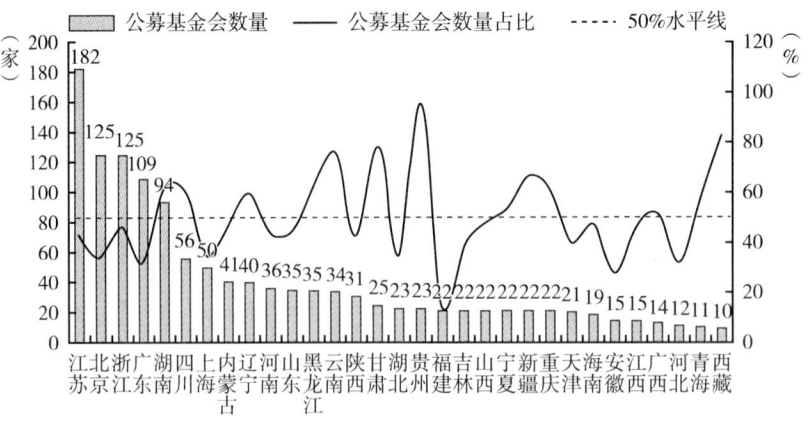

图3　公募基金会地域分布

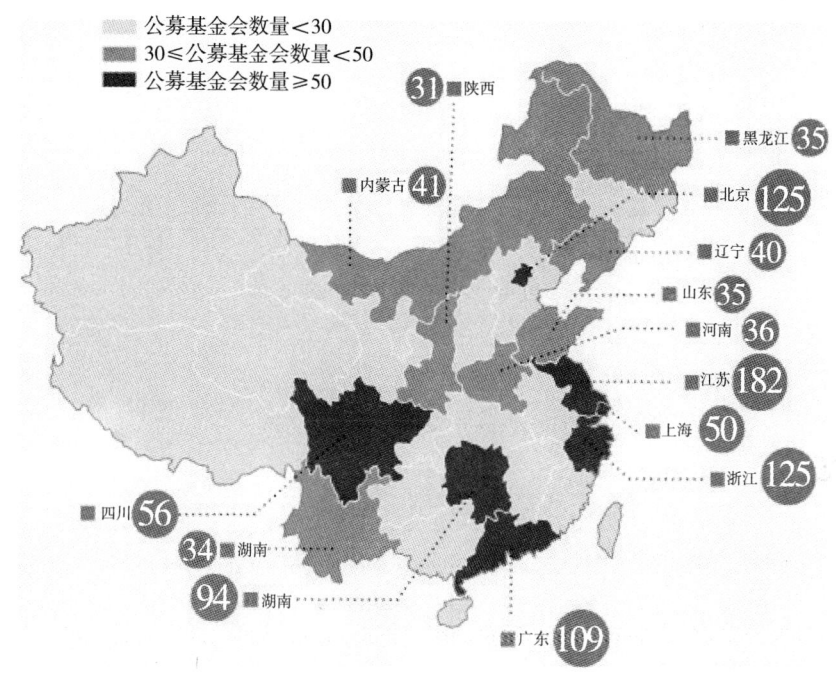

图4 公募基金会地域分布

（2）公募基金会行业领域分布特点是一枝独秀、整体多样

一枝独秀是指教育领域，531家公募基金会涉及教育领域，远远高于对其他行业领域的关注度。整体多样指的是虽然公募基金会关注领域集中在教育，但其对其他领域的关注度和教育领域的差距没有非公募基金会表现出的差异大。

公募基金会的行业领域分布也呈现多样化的发展趋势。除教育领域之外，公募基金会对见义勇为、医疗救助、文化和扶贫助困等传统领域也有着比较高的关注度。此外，和非公募基金会类似，公募基金会对动物保护、少数民族和心理健康等领域的关注度依旧不高。可见，公募基金会关注领域多样化发展的背后也隐藏着行业领域发展相对失衡的现状。

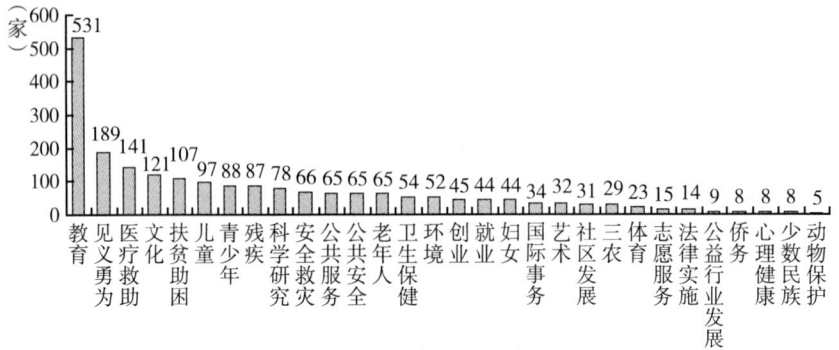

图5 公募基金会行业领域分布

(3) 公募基金会人才匮乏问题依然严峻

众所周知，人才匮乏问题是基金会行业面临的主要问题之一，当然，公募基金会也不例外。根据统计显示，2011年度，2184家基金会的全职员工总数为8107人，平均每家基金会全职员工数量接近4人，其中1048家公募基金会的全职员工总数为5058人，平均每家公募基金会全职员工数量接近5人，仅从此点来看，公募基金会人才状况好于全国平均水平，更是高于非公募基金会平均水平。

全职员工数量在10人以上的公募基金会有109家，仅占公募基金会总数的10%；全职员工数量规模分布在4～9人的公募基金会数量为359家，占公募基金会总数的34%；而全职员工数量规模分布在1～3人的公募基金会数量最多，达到395家，数量占比达到38%；全职员工数量为0的公募基金会有185家，占公募基金会数量的18%。可见，超过5成的公募基金会的全职员工数量规模在3人以下，公募基金会面临的人才匮乏问题依然严峻。

虽然公募基金会的人力资源要领先于非公募基金会，但从综合因素考虑，公募基金会所面临的人才匮乏问题依旧不容忽视，原因如下。

首先，企业基金会和学校基金会占了非公募基金会总数的一半，而此两类基金会的运作人员多为相关企业和学校人员兼职，从而造成非公募基金会专职人员表面上的短缺。

其次，尽管公募基金会数量落后于非公募基金会，但其掌控的资金资源却占了基金会资金资源的一半以上。根据统计显示，2011年度，895家公募基金会的净资产总额为35076724151.16元，平均每家公募基金会净资产为39191870.56元。同期，1114家非公募基金会的净资产总额为27179979652.45元，比公募基金会净资产总额低了近30%，而其平均净资产规模为24398545.47元。

由此可见，公募基金会乃至整个基金会行业所面临的人才匮乏问题亟待解决。

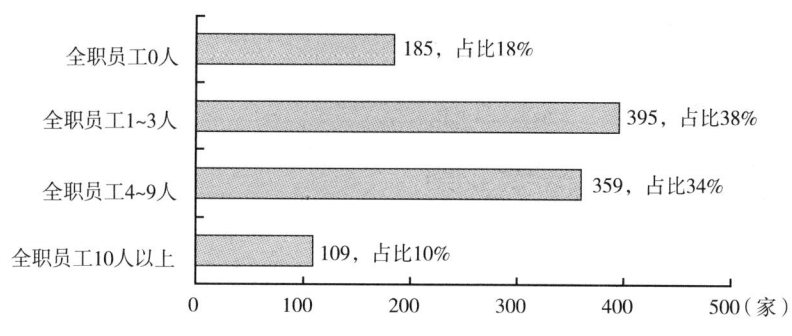

图6　2011年公募基金会全职员工规模分布

（4）公募基金会净资产两极分化

根据统计显示，2011年度，全国2011家基金会的净资产总额达到65854861803.61元，平均每家基金会的净资产规模为32747320.64元，而895家公募基金会的净资产总额为35076724151.16元，平均每家公募基金会净资产为39191870.56元，高出全国平均水平。

表1 2011年公募基金会全职员工数量排名Top15

排名	基金会名称	成立年份	原始基金（元）	地域	登记部门	全职员工数量(人)
1	中国扶贫基金会	1989	10000000	北京	民政部	135
2	爱德基金会	1985	25000000	江苏	省级民政部门	66
3	四川省扶贫基金会	1992	8000000	四川	省级民政部门	63
4	上海市慈善基金会	1994	460000000	上海	省级民政部门	62
5	中国青少年发展基金会	1989	8000000	北京	民政部	61
6	中国光华科技基金会	1993	8000000	北京	民政部	59
7	中国残疾人福利基金会	1984	506210000	北京	民政部	56
8	中国宋庆龄基金会	1982	8000000	北京	民政部	50
9	河南省宋庆龄基金会	1992	4000000	河南	省级民政部门	47
10	中国红十字基金会	1994	8000000	北京	民政部	40
11	湖南省长沙市芙蓉区人民教育基金会	1996	4000000	湖南	省级民政部门	40
12	深圳壹基金公益基金会	2010	50000000	广东	市级民政部门	38
13	中国发展研究基金会	1997	40000000	北京	民政部	36
14	中国儿童少年基金会	1981	8000000	北京	民政部	34
15	中华文学基金会	1986	2100000	北京	民政部	33

2011年，净资产规模在1亿元以上的公募基金会数量为62家，占公募基金会总数的7%，而其净资产总量接近206亿元，占公募基金会净资产总额的近6成。其中，河南省宋庆龄基金会净资产达到了3064916347.89元，连续多年雄踞全国基金会净资产榜首。

净资产规模在5000万~1亿元之间的公募基金会有72家，占公募基金会总数的8%，其净资产总额超过了50亿元，占公募基金会净资产总额的14%；净资产规模在5000万元以上的公募基金会数量占比为15%，其净资产总额占公募基金会净资产总额的73%。可见，公募基金会的净资产规模分布也基本符合"二八原则"，即大量的资源集中在少量的公募基金会手中。

净资产规模在1000万~5000万元的基金会数量有325家，占公募基金会总数的36%，而其净资产总额仅占公募基金会净资产总额的20%；净资产规模在1000万元以下的公募基金会数量为436家，接近公募基金会总数的一半，而其净资产总额约为24亿元，仅占公募基金会净资产总额的7%。根据统计显示，85%的公募基金会仅掌控了公募基金会27%的资源。

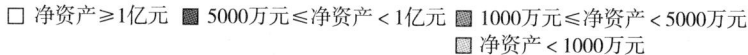

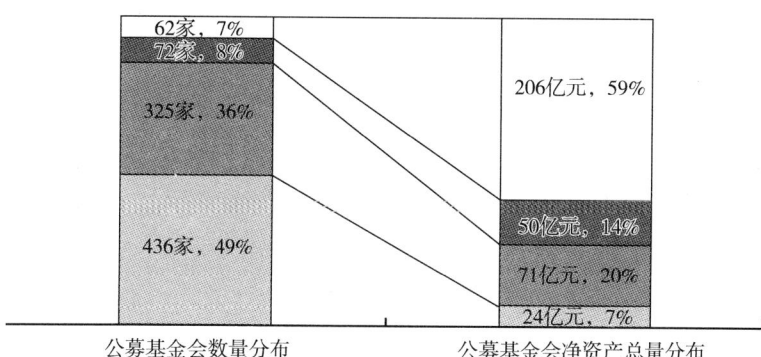

图7　2011年公募基金会净资产规模分布

表2　2011年公募基金会净资产规模分布

净资产规模	基金会数量（家）	比例（%）	总量（元）	比例（%）
净资产≥1亿元	62	6.93	20577775982.21	58.67
5000万元≤净资产<1亿元	72	8.04	5035095838.39	14.35
1000万元≤净资产<5000万元	325	36.31	7104478428.73	20.25
净资产<1000万元	436	48.72	2359373901.83	6.73
合　计	895	100	35076724151.16	100.00

2011年，公募基金会净资产总量为35076724151.16元，均值为39191870.56元，只有北京市、上海市、广东省和河南省的公募基金会净资产均值在全国平均水平以上。因此，其总体特点是各地分布不

均,东西部之间差距较大。

公募基金会净资产地域分布显示,各地公募基金会净资产分布呈现不同程度的差异性,公募基金会净资产总量排名前5位的省市依次为北京市、上海市、广东省、河南省和江苏省,其净资产总量占非公募基金会净资产总量的比例分别为30%、16%、12%、9%和7%。

此外,值得注意的是,河南省的公募基金会净资产总额排在全国第4位,而其净资产均值位列全国所有省市之首,其均值达到了149457342.82元。导致这一现象的原因,是河南省宋庆龄基金会的净资产规模超过了30亿元,从而使河南省的公募基金会净资产平均规模提升较多。

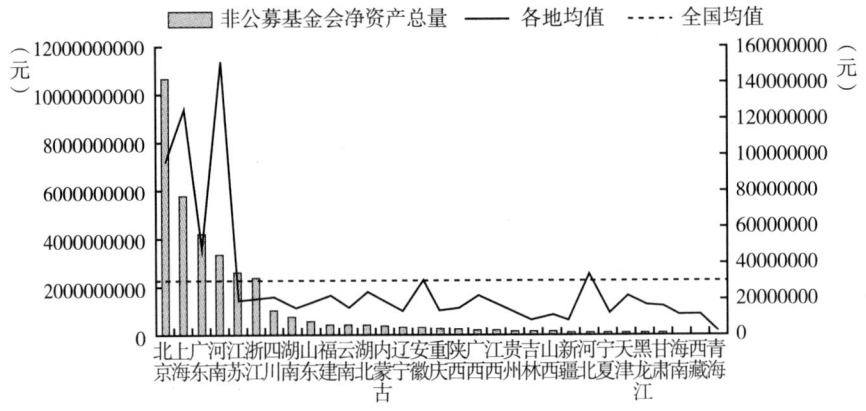

图8 2011年公募基金会净资产地域分布

表3 2011年公募基金会净资产地域分布 Top5

地域	净资产总量(元)	各地占比(%)	总量排名	均值(元)	均值排名
北京	10589620676.64	30	1	95401988.08	3
上海	5723987295.11	16	2	124434506.42	2
广东	4116506855.78	12	3	47866358.79	4
河南	3288061541.97	9	4	149457342.82	1
江苏	2564757264.18	7	5	18998201.96	13
全国	35076724151.16	100	—	39191870.56	—

净资产规模在 1 亿元以上的公募基金会的总体特点：

净资产规模在 1 亿元以上的公募基金会有 62 家，其中在民政部注册成立的全国性公募基金会有 24 家。

从成立时间分布来看，62 家净资产规模在亿元以上的大型公募基金会多数为在 2004 年以前成立的，2004 年之后成立的公募基金会只有 14 家。

净资产在亿元以上的大型公募基金会分布较为集中，分布在北京、广东和上海的大型公募基金会分别有 24 家、14 家和 10 家，其他 9 个省市的大型公募基金会数量均在 3 家及以下。

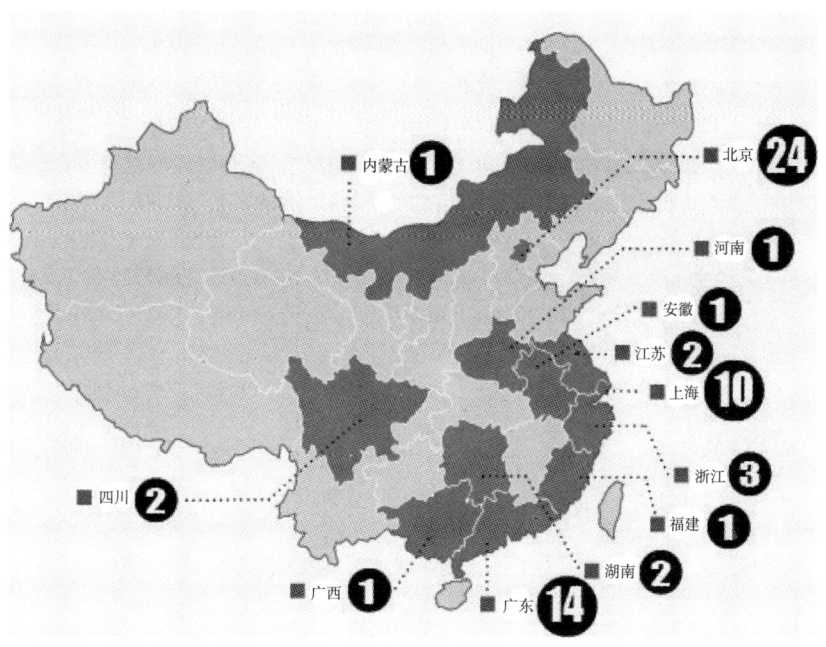

图 9　2011 年净资产规模在 1 亿元以上的公募基金会地域分布

表4 规模在1亿元以上的公募基金会净资产排名，2011年

排名	基金会名称	成立年份	地域	登记部门	原始基金（元）	净资产（元）
1	河南省宋庆龄基金会	1992	河南	省级民政部门	4000000	3064916347.89
2	上海市慈善基金会	1994	上海	省级民政部门	460000000	1713759165.89
3	中国教育发展基金会	2003	北京	民政部	50000000	986390882.05
4	中国残疾人福利基金会	1984	北京	民政部	506210000	745700362.49
5	中华全国体育基金会	1994	北京	民政部	8000000	744436875.79
6	上海市大学生科技创业基金会	2006	上海	省级民政部门	20000000	710639987.10
7	中国红十字基金会	1994	北京	民政部	8000000	641364208.91
8	中国青少年发展基金会	1989	北京	民政部	8000000	570917077.82
9	上海市拥军优属基金会	1995	上海	省级民政部门	40000000	568140415.14
10	上海宋庆龄基金会	1993	上海	省级民政部门	4000000	486569108.72
11	中国光华科技基金会	1993	北京	民政部	8000000	483541877.27
12	中国扶贫基金会	1989	北京	民政部	10000000	482164645.70
13	上海市体育发展基金会	1992	上海	省级民政部门	4200000	417537034.85
14	中国儿童少年基金会	1981	北京	民政部	8000000	404533447.70
15	四川省青少年发展基金会	1988	四川	省级民政部门	8000000	401317624.74
16	广东省扶贫基金会	1994	广东	省级民政部门	22110000	395248780.92
17	中国妇女发展基金会	1988	北京	民政部	10000000	371857233.18
18	中国癌症基金会	1984	北京	民政部	8000000	336313923.95
19	上海市老年基金会	1992	上海	省级民政部门	30000000	334651554.52
20	中国宋庆龄基金会	1982	北京	民政部	8000000	281256542.04
21	中国绿化基金会	1985	北京	民政部	8000000	246417366.24
22	上海市教育发展基金会	1994	上海	省级民政部门	144000000	239889944.81
23	广州市番禺区教育基金会	1993	广东	省级民政部门	130400000	235891466.92
24	爱德基金会	1985	江苏	省级民政部门	25000000	219211395.35
25	广州市教育基金会	1989	广东	省级民政部门	173780000	214195243.19
26	中国光彩事业基金会	2005	北京	民政部	30500000	212376234.14
27	中国青年创业就业基金会	2006	北京	民政部	240000000	212299530.11
28	中国科学技术大学教育基金会	1996	安徽	省级民政部门	5800000	201042408.48
29	深圳大运留学基金会	2011	广东	市级民政部门	200000000	200196089.79
30	瑞安市人民教育基金会	2005	浙江	省级民政部门	4000000	191716577.56

续表

排名	基金会名称	成立年份	地域	登记部门	原始基金（元）	净资产（元）
31	中国公安民警英烈基金会	2003	北京	民政部	8000000	188610982.59
32	深圳市警察基金会	1995	广东	省级民政部门	26400000	178149254.24
33	广东省公安民警医疗救助基金会	2005	广东	省级民政部门	5000000	175524676.95
34	中国发展研究基金会	1997	北京	民政部	40000000	171004436.91
35	广州市交通建设管理基金会	1993	广东	省级民政部门	62000000	170861278.76
36	上海文化发展基金会	1992	上海	省级民政部门	55000000	152570428.17
37	中国法律援助基金会	1997	北京	民政部	10000000	151897936.11
38	佛山市顺德区教育基金会	1994	广东	省级民政部门	106530000	150704216.08
39	厦门市教育基金会	1988	福建	省级民政部门	4000000	148869148.65
40	伊金霍洛旗人民教育基金会	2009	内蒙古	省级民政部门	4000000	144822790.82
41	常州市见义勇为基金会	1995	江苏	省级民政部门	4000000	144073017.04
42	四川省教育基金会	1992	四川	省级民政部门	17000000	137521597.26
43	中国医药卫生事业发展基金会	2005	北京	民政部	8000000	133129991.42
44	上海公安金盾基金会	2010	上海	省级民政部门	110000000	130170910.77
45	中华环境保护基金会	1993	北京	民政部	8000000	125952836.70
46	广州市职工济难基金会	1995	广东	省级民政部门	14500000	125807394.36
47	中山市教育基金会	2009	广东	省级民政部门	28410000	125387828.34
48	中国友好和平发展基金会	1996	北京	民政部	8000000	124224981.88
49	东莞市医疗救济基金会	1996	广东	省级民政部门	4000000	124151073.66
50	中国绿色碳汇基金会	2010	北京	民政部	50000000	123322848.15
51	广东省见义勇为基金会	1993	广东	省级民政部门	125270000	122661818.88
52	广东省繁荣粤剧基金会	2006	广东	省级民政部门	5000000	120696610.86
53	广西民族教育发展基金会	2009	广西	省级民政部门	8000000	118412197.72
54	中国博士后科学基金会	1990	北京	民政部	20000000	118180413.04
55	湖南省公安民警基金会	1996	湖南	省级民政部门	55600000	112134836.16
56	湖南省教育基金会	1990	湖南	省级民政部门	65800000	110962912.11
57	杭州市送温暖工程基金会	1998	浙江	省级民政部门	4000000	108425390.39
58	广州市科技进步基金会	1992	广东	省级民政部门	17400000	106264463.98
59	上海市帮困互助基金会	2003	上海	省级民政部门	30000000	105960593.53
60	中国检察官教育基金会	1993	北京	民政部	8000000	104893791.49
61	中国志愿服务基金会	2009	北京	民政部	50000000	104016211.97
62	浙江省农业技术推广基金会	1995	浙江	省级民政部门	4000000	103915760.02

(5) 公募基金会捐赠收入不均

2011年度，895家公募基金会的总收入为18254765798.85元，平均每家公募基金会总收入为20396386.37元，较2010年度平均规模18789828.18元增长了8.55%，其中捐赠收入为14803921170.73元，占公募基金会总收入的81%，公募基金会的捐赠依赖度低于非公募基金会的捐赠依赖度10个百分点以上。但公募基金会接受政府补助性收入占比高达13%，远远高于非公募基金会的3%。此外，公募基金会的投资收益只占总收入的2.52%，和非公募基金会投资收益占比基本持平，这说明基金会行业的理财能力有待提高。

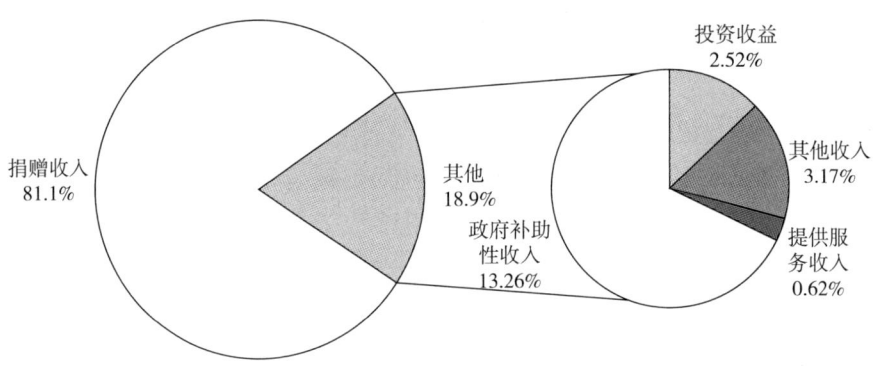

图10　2011年公募基金会总收入构成

根据统计显示，2011年度，公募基金会的捐赠收入规模特点和非公募基金会规模特点基本相同，符合"二八原则"。

捐赠收入规模在5000万元以上的公募基金会只有60家，占公募基金会总数的7%，而其捐赠收入总量却占了公募基金会捐赠收入总额的62%，其中捐赠收入在1亿元以上的公募基金会有20家，上海市慈善基金会捐赠收入达到734791067.25元，位列公募基金会捐赠收入首位。

捐赠收入规模分布在 1000 万~5000 万元的公募基金会有 184 家，占公募基金会总量的 20%，其捐赠收入总量占公募基金会捐赠收入总额的 28%。

而捐赠收入规模分布在 1000 万元以下的公募基金会数量庞大，达到 651 家，占公募基金会总数的 73%，而其捐赠收入总量只占公募基金会捐赠收入总额的 10%。

此外，需要说明的是，根据基金会 2011 年度工作报告披露的大额捐赠信息统计，全国基金会接受其他基金会的捐赠收入总量达到 638674397 元，其中公募基金会接受其他基金会的捐赠收入总量为 298122617 元。可见，公募基金会乃至全国基金会行业面临着重复捐赠的问题。

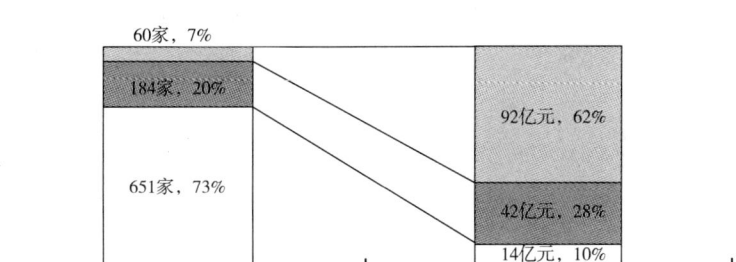

图 11　2011 年公募基金会捐赠收入规模分布

表 5　2011 年公募基金会捐赠收入规模分布

捐赠收入规模	基金会数量(家)	比例(%)	总量(元)	比例(%)
捐赠收入≥5000 万元	60	6.70	9160931444.21	61.88
1000 万元≤捐赠收入<5000 万元	184	20.56	4217611824.80	28.49
捐赠收入<1000 万元	651	72.74	1425377901.72	9.63
合　计	895	100	14803921170.73	100.00

公募基金会捐赠收入 Top15 特点：

15 家公募基金会的捐赠收入均在 1 亿元以上，捐赠收入平均规模为 385490742.50 元，其中上海市慈善基金会以 734791067.25 元排名首位。

11 家公募基金会是在民政部注册成立的全国性公募基金会，只有 4 家是在省级民政部门注册成立的地方性公募基金会，而此 4 家地方性公募基金会的捐赠收入排名均在前 6 名。

15 家公募基金会分布在全国 4 省市，分别是北京市、上海市、广东省和河南省，其中分布在北京市的公募基金会有 11 家，均是全国性公募基金会，而上海市、广东省和河南省均只有 1 家或 2 家。可见，行业捐赠资源为全国性公募基金会所掌控。

表6　2011年公募基金会捐赠收入 Top15

排名	基金会名称	成立年份	原始基金(元)	地域	登记部门	捐赠收入(元)
1	上海市慈善基金会	1994	460000000	上海	省级民政部门	734791067.25
2	中国癌症基金会	1984	8000000	北京	民政部	691819071.89
3	中国光华科技基金会	1993	8000000	北京	民政部	566659246.07
4	广东省扶贫基金会	1994	22110000	广东	省级民政部门	455756431.67
5	上海宋庆龄基金会	1993	4000000	上海	省级民政部门	445094825.45
6	河南省宋庆龄基金会	1992	4000000	河南	省级民政部门	393949513.81
7	中国教育发展基金会	2003	50000000	北京	民政部	347675174.42
8	中国儿童少年基金会	1981	8000000	北京	民政部	338664225.46
9	中国残疾人福利基金会	1984	506210000	北京	民政部	334834445.53
10	中国妇女发展基金会	1988	10000000	北京	民政部	323609604.17
11	中国绿化基金会	1985	8000000	北京	民政部	314610927.70
12	中国青少年发展基金会	1989	8000000	北京	民政部	258928234.95
13	中国扶贫基金会	1989	10000000	北京	民政部	239463622.03
14	中国宋庆龄基金会	1982	8000000	北京	民政部	169828434.60
15	中国红十字基金会	1994	8000000	北京	民政部	166676312.44

公募基金会发展状况

2011年度,234家公募基金会的政府补助性收入总量为2419224616.42元,占了公募基金会总收入的13%以上,远远高于非公募基金会的政府补助性收入,其中中国教育发展基金会的政府补助性收入高达828000000.00元,位列首位。

接受政府补助的公募基金会地域分布过于集中,排名前5位的省市分别是北京市、上海市、广东省、江苏省和浙江省,占公募基金会政府补助性收入的92.5%。其中,分布在北京市的公募基金会政府补助性收入总量为1581775616.00元,占公募基金会政府补助性收入总量的65.34%。此外,分布在北京市的公募基金会政府补助性收入总额的98%流向了在民政部注册的全国性公募基金会。

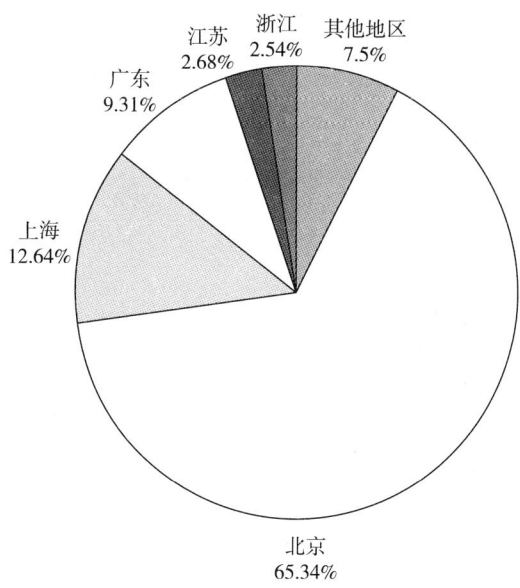

图12 2011年政府补助性收入排名前五的地区占比

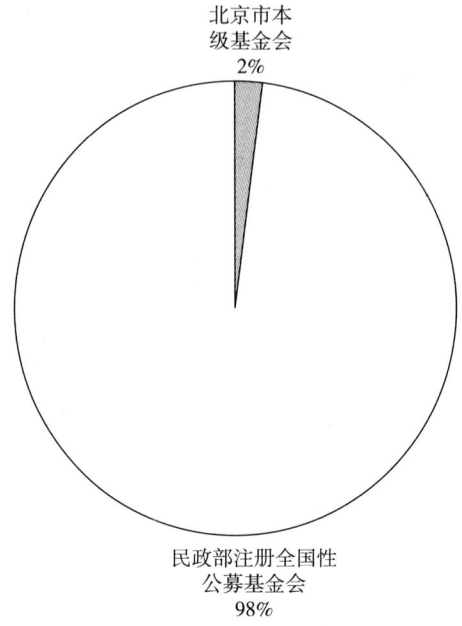

图 13　2011 年北京市基金会政府补助性收入情况

表 7　2011 年公募基金会政府补助性收入地域分布 Top5

地域	政府补助性收入总量(元)	各地占比(%)	总量排名
北京	1581775616.00	65.34	1
上海	305919635.38	12.64	2
广东	225350348.05	9.31	3
江苏	64866870.15	2.68	4
浙江	61442306.60	2.54	5
全　国	2419224616.42	100.00	—

根据统计显示，公募基金会政府补助性收入 Top10 中有 5 家基金会是在民政部注册的全国性公募基金会，4 家是在省级民政部门注册的地方性公募基金会，在市级民政部门注册的地方性公募基金会只有 1 家。

从成立时间分布来看，在 2004 年之后成立的公募基金会只有 2

家，说明政府更倾向于传统型的全国性公募基金会，此类基金会主要集中在北京。

表8 2011年公募基金会政府补助性收入Top10

排名	基金会名称	成立年份	原始基金（元）	地域	登记部门	政府补助性收入（元）
1	中国教育发展基金会	2003	50000000	北京	民政部	828000000.00
2	中国博士后科学基金会	1990	20000000	北京	民政部	460680000.00
3	深圳大运留学基金会	2011	200000000	广东	市级民政部门	200000000.00
4	上海市大学生科技创业基金会	2006	20000000	上海	省级民政部门	156680000.00
5	中国法律援助基金会	1997	10000000	北京	民政部	101861200.00
6	中国文学艺术基金会	1994	8970000	北京	民政部	80000000.00
7	上海文化发展基金会	1992	55000000	上海	省级民政部门	77090106.20
8	中国红十字基金会	1994	8000000	北京	民政部	41433700.00
9	杭州市送温暖工程基金会	1998	4000000	浙江	省级民政部门	30000000.00
10	上海市职工帮困基金会	1992	10000000	上海	省级民政部门	27582000.00

2011年，268家公募基金会的投资收益总量为459729012元，只占公募基金会总收入的2.52%，其中258家基金会的投资收益为正，另外10家公募基金会投资出现亏损。

投资收益规模在1000万元以上的公募基金会只有12家，其投资收益总量为214824136元，其中上海市慈善基金会的投资收益达到38663501元，位列公募基金会投资收益首位；投资收益规模在500万~1000万元的公募基金会只有9家，而投资收益规模分布在100万~500万元的公募基金会有71家。大部分公募基金会的投资收益仍然不足100万元，共有166家。所以，公募基金会乃至整个基金会行业都需要提高理财水平。

此外，从公募基金会投资收益Top10中可以看出，在民政部注册的全国性公募基金会只有3家，因此全国性公募基金会在投资收益方面并没有其在资产方面的优势明显。在投资收益方面,上海市的公募基金会表现较为突出,公募基金会投资收益Top10中有6家公募基金会是在上海市注册的地方性公募基金会。

表9 2011年公募基金会投资收益规模分布

投资收益规模	基金会数量(家)	投资总量(元)
投资收益≥1000万元	12	214824136
500万元≤投资收益<1000万元	9	63805025
100万元≤投资收益<500万元	71	136082063
0万元≤投资收益<100万元	166	50091798
投资收益<0万元	10	-5074010
合 计	268	459729012

表10 2011年公募基金会投资收益Top10

排名	基金会名称	成立年份	原始基金(元)	地域	登记部门	投资收益(元)
1	上海市慈善基金会	2009	460000000	上海	省级民政部门	38663501.19
2	中国扶贫基金会	2010	10000000	北京	民政部	27640162.41
3	上海市拥军优属基金会	2010	40000000	上海	省级民政部门	27218358.58
4	上海市教育发展基金会	2007	144000000	上海	省级民政部门	20912870.09
5	上海宋庆龄基金会	2008	4000000	上海	省级民政部门	18111708.81
6	中国青少年发展基金会	2009	8000000	北京	民政部	14850160.67
7	上海市大学生科技创业基金会	1991	2000000	上海	省级民政部门	14278330.71
8	中国宋庆龄基金会	2005	8000000	北京	民政部	11237536.76
9	广州市番禺区教育基金会	2010	130400000	广东	省级民政部门	10646633.11
10	上海科技发展基金会	2009	15000000	上海	省级民政部门	10620144.84

(6)大型公募基金会主导公募基金会资源流向

2011年,895家公募基金会总支出为14033223355.46元,平均每家基金会总支出为15679579.17元,较2010年的平均规模13917639.54元增长了12.66%。其中,公益事业支出为

13347593527.46元，占公募基金会总支出的95%，而工作人员工资福利支出和行政办公支出占3%。

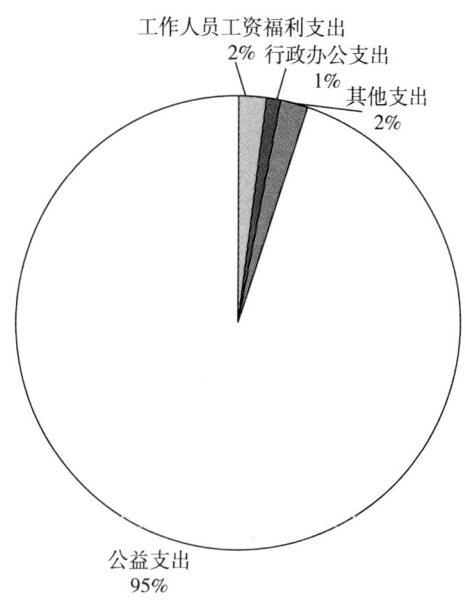

图14　2011年公募基金会总支出构成

895家公募基金会的公益事业支出规模分布和捐赠收入规模分布类似，2011年度，公募基金会公益事业支出总额为13347593527.46元，平均每家公募基金会的公益事业支出为14913512.32元，较2010年度的平均公益事业支出13369981.11元增长了11.54%。

其中51家公募基金会的公益事业支出在5000万元以上，此类基金会的公益事业支出总量为8332135073.26元，占公募基金会公益事业支出总额的62%，其平均公益支出超过了1亿元，达到了163375197.51元，此部分基金会主导着公募基金会资源的流向。

公益事业支出规模分布在1000万～5000万元的公募基金会有160家，占公募基金会总数的18%，其公益事业支出总量占公募基金会公益事业支出总额的27%;而占公募基金会总数76%的大多数公募基金会却只掌握着11%的公益资源流向。

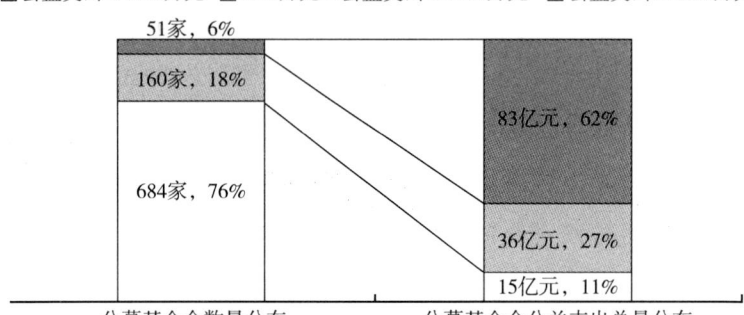

图15 2011年公募基金会公益事业支出规模分布

表11 2011年公募基金会公益事业支出规模分布

公益支出规模	基金会数量（家）	比例（%）	总量（元）	比例（%）
公益支出≥5000万元	51	6	8332135073.26	62.42
1000万元≤公益支出<5000万元	160	18	3554301178.51	26.63
500万元≤公益支出<1000万元	684	76	1461157275.69	10.95
合　计	895	100	13347593527.46	100.00

此外,从公募基金会公益事业支出Top10中可以看出,公益事业支出排名前10位的公募基金会的公益事业支出总额占公募基金会公益事业支出总量的33%,其中中国教育发展基金会以950802939.32元的公益事业支出排名首位。

其中7家公募基金会是在民政部注册的全国性公募基金会,均分布在北京,上海、河南和广东均只有1家在省级民政部门注册成立的地方性公募基金会。

表12 2011年公募基金会公益事业支出Top10

排名	基金会名称	成立年份	原始基金(元)	地域	登记部门	公益事业支出(元)
1	中国教育发展基金会	2003	50000000	北京	民政部	950802939.32
2	中国光华科技基金会	1993	8000000	北京	民政部	545904365.64
3	上海市慈善基金会	1994	460000000	上海	省级民政部门	502162455.68
4	中国癌症基金会	1984	8000000	北京	民政部	477956658.44
5	中国博士后科学基金会	1990	20000000	北京	民政部	460560000.00
6	中国残疾人福利基金会	1984	506210000	北京	民政部	315216804.97
7	中国红十字基金会	1994	8000000	北京	民政部	309091877.70
8	河南省宋庆龄基金会	1992	4000000	河南	省级民政部门	299392638.87
9	广东省扶贫基金会	1994	22110000	广东	省级民政部门	284219909.88
10	中国青少年发展基金会	1989	8000000	北京	民政部	265926663.18

北京市公募基金会的公益事业支出总量接近全国公募基金会公益事业支出总量的一半，浙江、上海、广东和江苏的公募基金会公益事业支出分别占全国公募基金会公益事业支出总额的14%、6%、4%和7%，其他地区的公募基金会公益事业支出总量只占公募基金会公益事业支出总额的19%。北京市的公募基金会公益事业支出均值亦排名全国第一，广东和江苏的公募基金会公益事业支出总量虽然比较大，而其均值却只是全国均值的中下游水平。

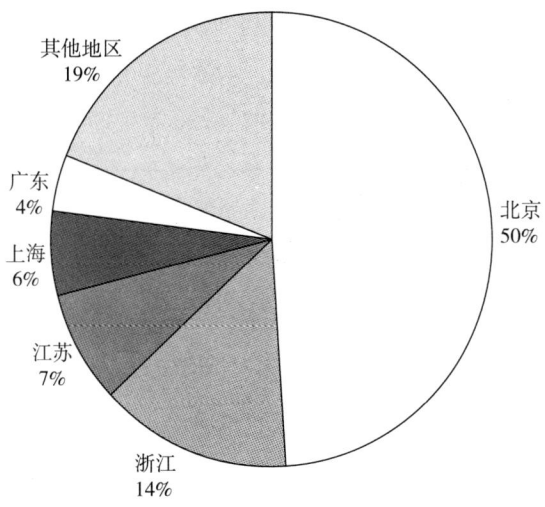

图16 基金会公益支出总量占比最高的前五个地区

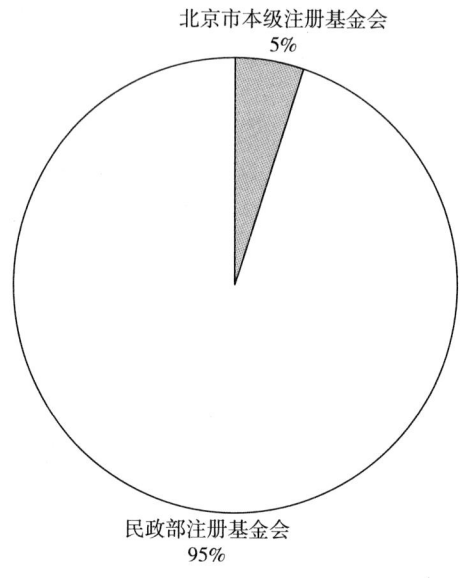

图17 2011年北京市基金会公益支出情况

表13 2011年公募基金会公益事业支出地域分布Top5

地域	支出总量（元）	各地占比（%）	总量排名	均值（元）	均值排名
北京	6635914617.11	49.72	1	59783014.57	1
浙江	1834202837.30	13.74	2	15949589.89	4
上海	1012534387.00	7.59	3	22011617.11	2
广东	777425522.94	5.82	4	9039831.66	12
江苏	507624991.10	3.80	5	3760185.12	24
全 国	13347593527.46	100	—	14913512.32	—

（7）公募基金会项目特点

根据项目信息披露情况统计，2011年度，714家公募基金会执行项目数量总计为3816个，项目支出总额达到11954125414元，占全国基金会项目支出总额的76%，公募基金会项目支出均值为3132632元，远远高于非公募基金会项目平均支出。

北京市的公募基金会执行项目最多，达到698个，上海、广东、浙江和江苏的公募基金会执行项目数量分别为 528 个、375 个、363 个和 342 个，这五个地区的公募基金会执行项目数量总计为 2306 个，占公募基金会项目数量的 60%。此外，从公募基金会执行项目数量占当地基金会执行项目总数的比例来看，各地公募基金会执行项目数量占比差异化较为显著，西部地区公募基金会执行项目在当地占据着主导地位，而东部地区的公募基金会执行项目数量和非公募执行项目数量基本平分秋色。

另外，在民政部注册的 58 家全国性公募基金会执行项目数量达到 562 个，项目支出总额为 5459458333 元，占公募基金会项目支出总额的 49%，此类基金会项目支出规模亦比较大，平均项目支出规模高达 9714338.67 元，引领着公募基金会的项目资源流向。以中国扶贫基金会、中国红十字基金会和中国青少年发展基金会为代表的此类大型公募基金会已开始走向资助之道，每年支出大量资金来促进民间公益组织发展。积极发挥自身优势，整合社会资源进行再分配是公募基金会走向资助之路的一种转变。

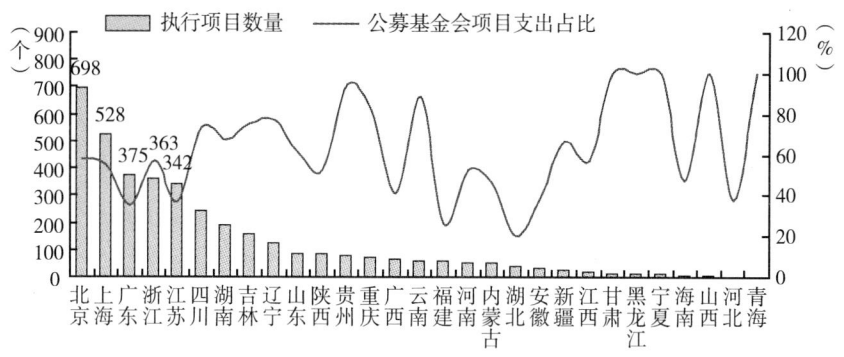

图 18　2011 年各省市公募基金会执行项目数量概况

从项目地点分布来看，公募基金会执行项目数量分布最多的 5 个省市分别是北京、上海、浙江、四川和江苏，主要集中在经济发达地区;公募基金会项目数量分布表现出的总体特点为东多西少,说明公募基金会对西部贫困地区的资助力度仍有待加强。

如图19所示,2011年度,分布在各地的公募基金会项目多为本地公募基金会执行,其中分布在江苏、上海、北京、浙江和吉林的本地项目数量占比均超过了90%,即外地公募基金会对这5个地区的资助倾向性很小;而分布在西藏和青海等西部地区的项目多为外地公募基金会执行,其一是由于大型公募基金会对西部贫困地区的资助倾向性更高,其二是因为这些地区的基金会行业的发展较为滞后,基金会项目运作水平有待提高,因此才会导致分布在西部较多地区公募基金会项目多为外地公募基金会执行。

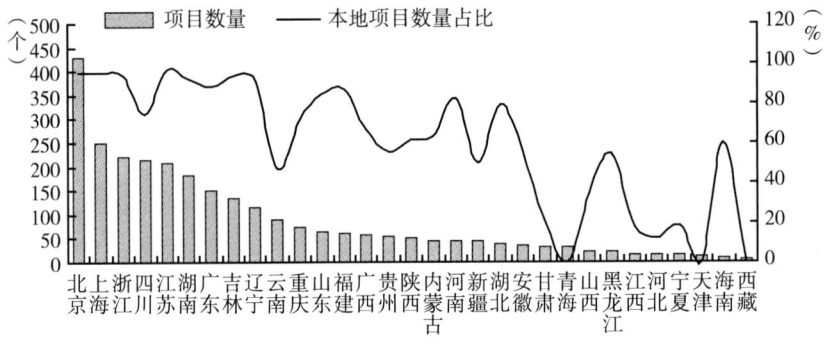

图19　2011年公募基金会项目地点分布

表14　2011年本地公募基金会项目数量占比Top5

地域	项目分布数量	本地项目占比(%)	占比排名
江苏	209	96.65	1
上海	251	95.62	2
北京	429	95.34	3
浙江	221	94.12	4
吉林	135	94.07	5

公募基金会发展状况

2011年度，公募基金会执行项目涉及活动领域较为集中，34%的公募基金会项目涉及教育领域，虽然公募基金会项目所涉及的其他活动领域呈现多样化的发展趋势，但以目前项目活动领域分布来看，教育领域依然是一枝独秀。

除教育领域之外，公募基金会项目所涉及的其他主要活动领域分别是扶贫、文化、医疗、公共安全、残障等传统领域，而对能力建设等软实力活动领域的关注度仍显不足。

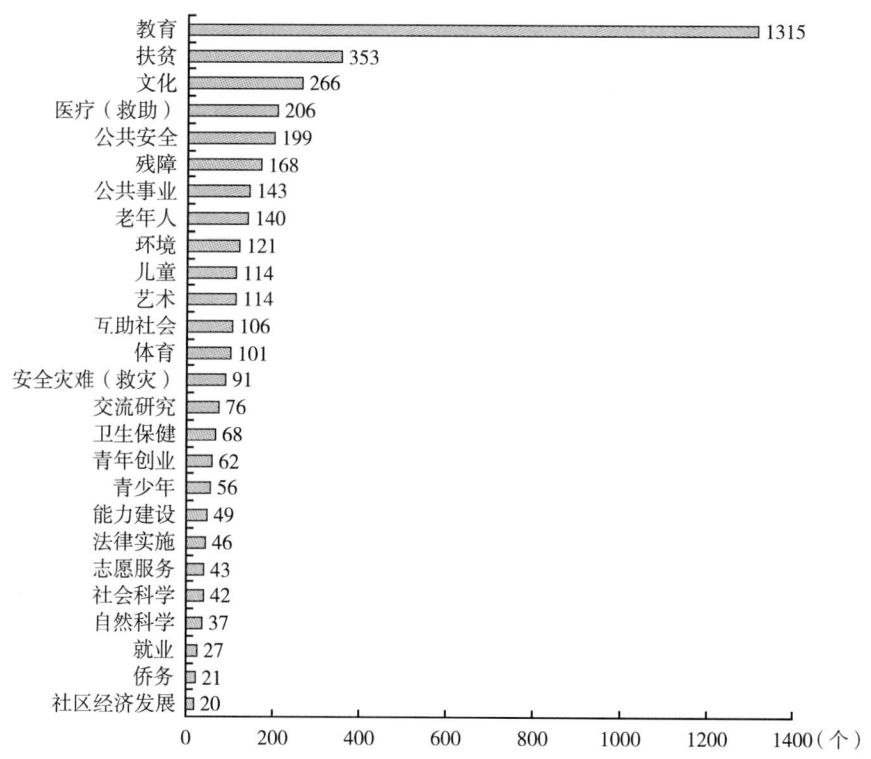

图20 2011年公募基金会项目活动领域分布

2011年度，公募基金会项目支出总额最多的5个地区分别是北京、浙江、上海、广东和四川，其中北京市公募基金会的项目支出总额高达5533613081元，占了公募基金会项目支出总额的49%，项目支出排名前5位地区的公募基金会项目支出总额占全国公募基金会项目支出总额的近85%，其他地区的公募基金会项目支出总量只占公募基金会项目支出总额的15%。

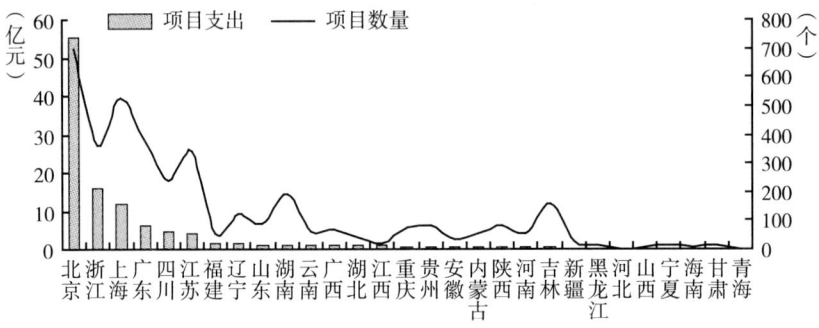

图21　2011年公募基金会项目数量及支出金额地域分布

表15　2011年公募基金会项目支出Top15

排名	项目名称	项目支出（元）	基金会名称	基金会地域
1	中央专项彩票公益金教育助学项目	513190014	中国教育发展基金会	北京
2	索坦患者援助项目	455073711	中国癌症基金会	北京
3	助教项目	402050153	中国教育发展基金会	北京
4	助医、助困等综合项目	401457256	上海市慈善基金会	上海
5	书海工程	298235934	中国光华科技基金会	北京
6	博士后日常经费	262500000	中国博士后科学基金会	北京
7	规划到户责任到人	241322251	广东省扶贫基金会	广东
8	旭日新航服务项目之"家有儿女"家庭辅导	201116000	上海市爱心帮教基金会	上海
9	博士后科学基金资助	191830000	中国博士后科学基金会	北京
10	红十字天使计划	139437457	中国红十字基金会	北京
11	捐物助困行动	119987029	中国光华科技基金会	北京
12	改善办学条件补助	119196572	温州市鹿城区人民教育基金会	浙江
13	综合公益项目	109496939	中国妇女发展基金会	北京
14	助困行动	107256145	中国残疾人福利基金会	北京
15	绿色大连基金	97242592	中国绿化基金会	北京

资助型项目案例——童缘项目

中华少年儿童慈善救助基金会是由国家民政部批准注册的全国性公募基金会（简称："中华儿慈会"）。在成立之初，中华儿慈会广泛学习和借鉴国内外基金会的先进理念和经验，坚持走"民间性、资助型、合作办、透明化"的道路，力求把基金会办成支持和推动民间公益组织开展儿童救助活动的"资助型"公募基金会。经过努力，2011年"童缘"成功走出"资助型"的第一步。中华儿慈会继2010年用300万元善款成功资助了北京、湖南、福建、甘肃、青海、西藏等省、市、自治区七个民间公益组织开展救助工作后，2011年7月，基金会再次推出以"童缘"命名的资助型项目，用2000万元善款资助社会公益慈善组织开展救助工作，传播公益理念，倡导慈善文化。

"童缘"资助项目每年将斥巨资支持民间公益慈善组织开展各种类型的弱势儿童救助活动，在短短的一年时间内，"童缘"项目进行了三期项目资助，资助民间NGO组织205余个项目。

中华儿慈会以"童缘"命名资助项目，取"与童有缘，与善结缘、与众共缘"之意，就是要团结全社会的民间公益慈善组织、社会团体、爱心企业和爱心人士，大家一起做公益，一起做慈善，"以助童之心，聚公益之力，为儿童造福"。

执行地点：全国

活动领域：弱势儿童救助

项目预算：每期1000万元，资助50个以上的公益组织开展儿童

救助项目

　　资金用途：资助民间公益慈善组织开展儿童救助项目

　　受益群体：困境儿童

　　受益人数：三期收益儿童约15万人

　　资助对象：无人监管抚养的孤儿、流浪儿、辍学学生、问题少年和其他有特殊困难的少年儿童

　　资助内容：在生存、医疗、心理、技能、成长等5个方面实施救助

　　"童缘"资助项目申请单位包括：具有法人资格、在民政部门注册的民非组织；在工商部门注册的以少年儿童教育为主体的公司；以少年儿童为服务对象的社会团体、校外教育机构、不具备法人资质但在社会上有较大影响的民间公益慈善团队，以及为少年儿童服务的社会群众组织等。

　　项目推进计划：每期资助50个以上的民间公益组织，其中，西部的占70%，县级以下的占70%，新资助的占70%。

　　社会贡献：培育民间公益慈善力量团结全社会的民间公益慈善组织、社会团体、爱心企业和爱心人士，大家一起做公益、一起做慈善，"以助童之心，聚公益之力，为儿童造福"。

三　现状分析

　　一直以来，我国的基金会都在为向何处去而感到焦虑。特别是大型公募基金会，一直都存在着定位尴尬、功能过杂的问题。这一现象在今的数据中显露无遗。

　　第一，公募基金会是样样精通，却也是样样稀松。我国的公募基金会就像是超大型的 NGO 组织，一手握着巨额的财富，一手抓着大量的项目，然后自己给自己输血，劳心费神地跑到一线去做各种项目。这些基金会不仅拥有募资的资格，还具备投资的职能，更要负责项目运作。于是，眉毛胡子一把抓，结果就是什么都抓不牢。其中一个典型的例子是投资收益。2013 年的报告明显地显露出公募基金会虽然资产量巨大，在投资收益方面却让人无法恭维。如果公募基金会能够收收手，专心做下投资，或许情况会有所改观。所以，如果不能做到术业有专攻，而是将摊子铺得太大的话，肯定是得不偿失的。

当然，这类公募基金会不做资助，而是着力自己做项目，也是有理由的。它们或者认为现在公益行业过于混乱，把资金放出去而不自己运作，可能出现监管不力的问题，或者认为现在的 NGO 组织过于羸弱，无力承接公募基金会放出的大额项目。总之，它们是不放心将项目交给其他组织做。

第二，公募基金会主要靠市场"垄断"利益生存。公募基金会的主要资金来源是两块，一块是公募善款，一块是政府补贴。这两块都属于市场"垄断"下的专有利益。公募基金会具备独立的公募资格，可以在庞大的慈善市场中轻松收取善款，公募基金会是政府掌中的宠儿，可以便捷地收到政府的大笔资助。所以，是"垄断"利益造就了公募基金会今天的成就。

但是，市场正在发生改变。政府已经决定要放开公益慈善类组织的登记注册，所以，在不久的将来，慈善市场将不是像现在这样空间巨大，一出手就可以捞到大鱼。届时肯定是满满的全是人，大家要拼命伸长胳臂去抢指缝里的小鱼。那么，那些现在还在靠"垄断"利益的公募基金会，你们真的准备好了吗？而且，政府的资助肯定不是无偿的，它肯定是有目的的，有导向性。跟着政府

走就代表着要改变自己的定位。所以,公募基金会需要作出明确的选择。

四 结论

坦率地说,我国的公募基金会自一开始出现就是人为的"怪胎"。人们给其加了太多的功能,导致其定位不准,功能过杂。环顾当今世界,像我国这样的全能的基金会实在是不多。基金会主要应该是做投资和资助。募捐和项目运作这两件事情应该是NGO组织来干的。

但是,既然我国已经形成了这一现状,再想改变也是很难的。所幸的是,我国的公募基金会正在悄悄地发生着转变。如上所述,以中国扶贫基金会、中国红十字基金会和中国青少年发展基金会为代表的此类大型公募基金会开始走向资助之道,每年支出大量资金来促进民间公益组织发展。这说明公募基金会已经认识到自身定位之尴尬,希图通过战略功能调整来提早实现自身的转变。这是正确的做法。市场大潮随时可能会打来,不提前做好准备,必然会被大潮打得七荤八素,最终黯然出局。所以,其他的公募基金会也应及时调整自己的战略,积极做好应对措施,以免届时陷入被动。

公募基金会案例——上海宋庆龄基金会

(一) 基金会简介

上海宋庆龄基金会是以宋庆龄名字命名的公募基金会,为继承和发扬宋庆龄女士关心妇女、热爱儿童的精神,由中国福利会发起,于1986年成立。

上海宋庆龄基金会致力于妇女儿童的医疗保健、文化教育事业，积极募集资金，坚持为贫困地区服务，开展文化教育扶贫工作；重视国际文化交流和学术研究，注重海峡两岸的人员交流与交往，广泛开展国际少年儿童文化艺术交流活动，并与加拿大、日本、匈牙利、菲律宾、意大利、澳大利亚、南非、新西兰等地的宋庆龄基金会建立了良好的关系，开展广泛的合作，为维护世界和平作出了积极贡献。

在信息披露方面，上海宋庆龄基金会在中基透明指数得到满分，基金会积极推动慈善透明，在网站建设方面增设了财务信息、项目信息和捐赠查询栏目，让大众能更为快捷地查找到基金会的相关信息。

（二）治理结构

上海宋庆龄基金会下设理事会，现任理事长是兼任中国福利会副主席的鲁平，基金会设立资产运营监督委员会和专家咨询委员会，基金会下设三个执行部门：宣传研究部、基金管理部和筹款项目部。

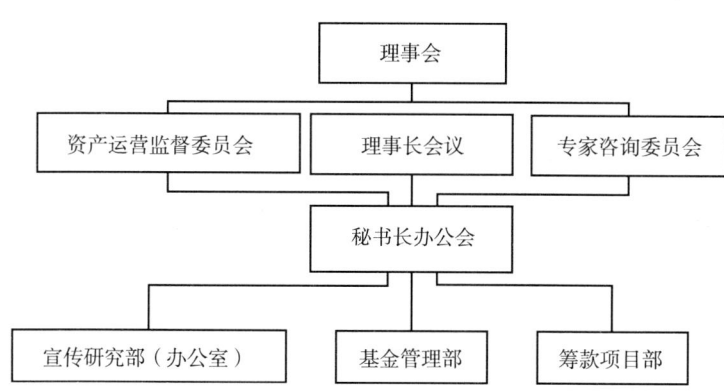

上海宋庆龄基金会治理结构

资料来源：上海宋庆龄基金会官方网站。

(三）基金会筹资

捐赠方式：作为公募基金会，上海宋庆龄基金会具有公开募捐的权利。

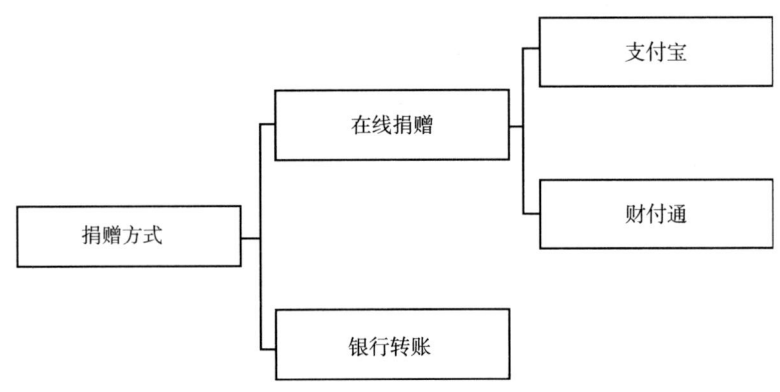

上海宋庆龄基金会捐赠方式

资料来源：上海宋庆龄基金会官方网站。

（四）财务状况

（1）财务总量分布

上海宋庆龄基金会的信息披露系统基本完善，在官网上可以详细查询到其财务信息。据基金会中心网信息统计，2006～2011年，上海宋庆龄基金会的资产规模在逐渐壮大。

净资产：上海宋庆龄基金会净资产从2006年的20896280.00元增长到2011年的486569108.72元，并且每年都保持增长。其中2011年末净资产较2010年末增长411948310.37元，增长了近5.5倍，2009～2011年，基金会净资产均在5000万元以上。

基金会收入：2006～2011年上海宋庆龄基金会的总收入均在1000万元以上，2007～2011年的总收入均保持在2000万元以上，其中2011年总收入达到了463652582.70元，为历年之最。

基金会支出：2009～2011年上海宋庆龄基金会的总支出逐年增加，其中2011年的总支出超过了3000万元。

上海宋庆龄基金会2006～2011年末净资产、总收入、总支出情况

单位：元

年末	净资产	总收入	总支出
2006	20896280.00	11334692.00	10924835.00
2007	32591557.18	20243214.18	9584266.03
2008	47186489.77	33363887.96	18768955.37
2009	55062467.65	26836040.79	18960062.91
2010	74620798.35	43124365.23	23566034.53
2011	486569108.72	463652582.70	31321934.81

资料来源：上海宋庆龄基金会年度工作报告。

（2）基金会收入构成

上海宋庆龄基金会的主要收入来源为捐赠收入和投资收入，而政府补助性收入和服务收入均为0。

捐赠收入：2008～2011年上海宋庆龄基金会的捐赠收入均占基金会总收入的95%以上，2009～2011年基金会捐赠收入都在2000万元以上，其中2011年基金会捐赠收入达到了445094825.45元，较2010年有显著提高；捐赠构成数据显示，基金会捐赠收入主要以境内机构为主，而境外捐赠所占比重较小。

投资收入：2006～2011年上海宋庆龄基金会的投资收入波动比较大，其中2010年度没有投资收益，而2011年度基金会投资收益达到了18111708.81元，为历年之最。

（3）基金会支出构成

上海宋庆龄基金会2008～2011年的公益支出逐年提高，其中2011年的公益支出为28709765.38元。

《基金会管理条例》规定，基金会工作人员工资福利和行政办公支出不得超过当年总支出的10%。上海宋庆龄基金会2007~2011年的工作人员工资福利和行政办公支出均小于当年总支出的10%。

2009~2011年上海宋庆龄基金会支出构成

支出 年份（元）	2009	2010	2011
公益支出	17915982.30	21401827.45	28709765.38
工资福利	171600.00	169736.40	505383.30
行政办公支出	587065.77	1428531.86	1716128.85
合计	18960062.91	23566034.53	31321934.81

资料来源：基金会中心网数据中心，截止日期2011年12月31日。

（五）基金会项目运作

上海宋庆龄基金会项目包括母婴平安爱心行动、爱心书屋、助学助教、东亚公益基金、风铃草、心灵教练、铺路石公益中心和其他项目。

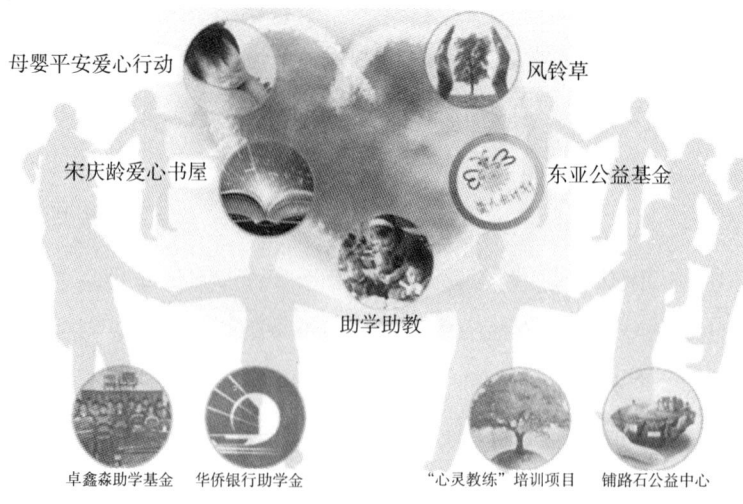

基金会网站提供项目查询和申请求助渠道，并且及时更新项目动态和反映项目活动情况，同时基金会官网开通了针对特定项目的捐赠渠道和捐赠查询栏目，以便让大众更为快捷地了解项目动态和捐赠用途。

其中铺路石公益中心项目是基金会走向资助道路的一个写照，上海宋庆龄基金会向铺路石公益中心提供资金援助，帮助其开展名为"车轮上的教室"的英语培训项目，主要帮助上海周边外来务工者子女和社区中心进行英语培训。

2001年，上海宋庆龄基金会发起以"母亲安全，儿童健康"为主题的"母婴平安"项目，项目覆盖贵州、云南、内蒙古、海南、四川、青海、福建、河北、甘肃、广西、湖南、河北等20个省、市、自治区的贫困地区。通过建立妇幼保健站、增添基本医疗设备、培训医护人员等措施，大力推广科学生育，有效降低了孕产妇及婴儿的死亡率。十年的坚持不懈，使"母婴平安"成为在边远山乡最受欢迎的品牌项目之一，更被西部百姓誉为"民心工程"。该项目累计捐赠救护车177辆，援建552个乡村妇幼保健站，添置医疗仪器设备3860件，资助1380名孕妇免费入院分娩，为1500名妇女免费体检义诊，免费发放《母婴平安保健手册》《母婴平安医护人员手册》100000册，资助8794名基层医护人员参加各类培训、进修。

母婴平安项目在2010年度和2011年度的公益支出分别为11358706元和10324944元，均超过了1000万元。2010年度，援助母婴平安项目点142个，捐赠医疗器材524件、救护车56台，举办三期西部妇幼保健院院长培训班，150位来自云南、海南、贵州、广西、河北的妇幼保健院院长来沪参加了培训。特别是青海玉树发生地震后，上海宋庆龄基金会积极赞助，迅速援助救护车，及时参与救援工作。海南文昌庆龄妇幼保健院遇到百年不遇的洪灾，上海宋庆龄基金

会立刻启动救援机制,第一时间援助救护车及医疗设备。由于上海宋庆龄基金会的及时救援,该院业务工作得以最快速度恢复,确保了当地妇女儿童生命的安全。母婴平安项目在云南西双版纳地区实施后,不但为当地的妇女提供援助,连周边老挝、越南、柬埔寨等地的妇女也纷纷受益。2011年度,上海宋庆龄基金会为广西、云南、贵州、陕西等地共援建77个项目点。

G.5
特别研究

——中国公益慈善专业人才

一 背景介绍

为全面了解中国公益慈善专业人才的发展现状及需求,并针对如何改善现阶段我国公益慈善专业人才培育体系进行研究,清华大学 NGO 研究所会同基金会中心网、明德公益研究中心等机构联合成立课题组对我国公益组织的从业人员进行调查。基金会中心网于 2013 年 1 月 23 日至 2 月 8 日,向全国基金会工作人员发放"中国

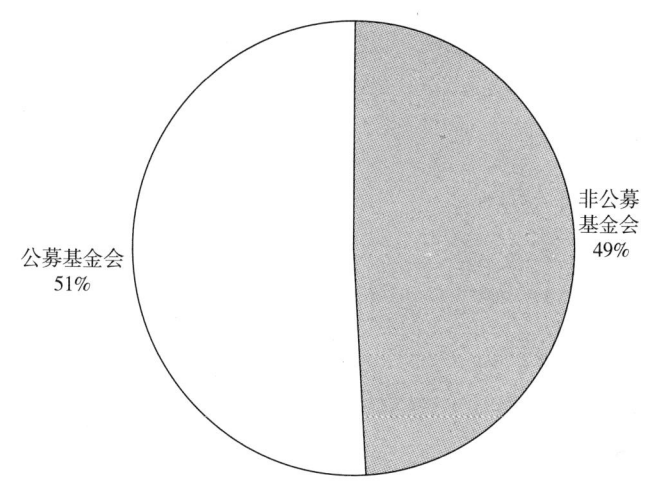

图 1 各类型基金会填写人数占比

公益慈善专业人才"调查问卷，共计收回有效问卷2063份。其中公募、非公募工作人员填写数量各占约一半。

样本所在的城市分布区域较广，涵盖全国各地。从填写数量上来看，北京填写人数最多，然后分别为上海、广东、江苏和浙江，其他城市所占比例较小，基本符合基金会的总体地域分布。

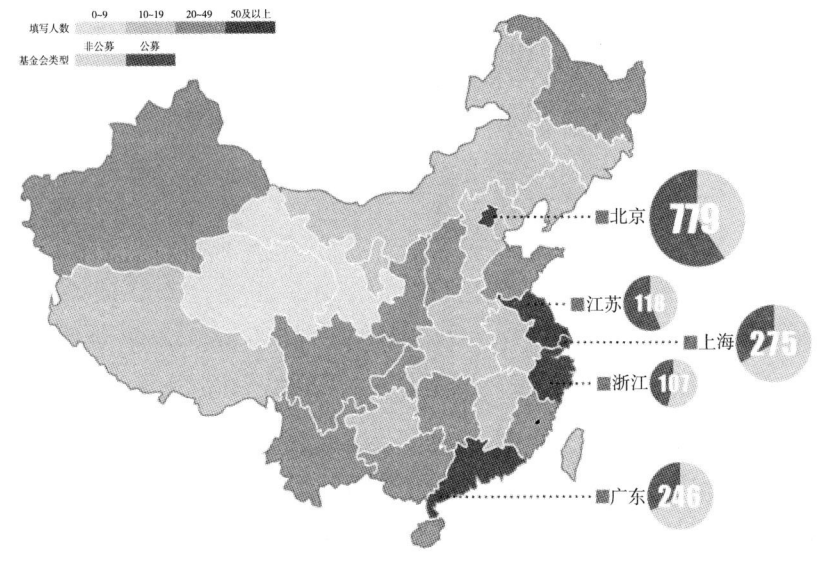

图2 填写人的地域分布

填写人所在基金会规模分布广泛，按基金会资产来分，小规模的基金会（0~200万元）占13%；中等规模的基金会（200万~2000万元）的占41%；大型的基金会（2000万~1亿元及1亿元以上）的占46%。从机构人员规模上来看，38%的基金会正式员工人数为4~10人；20人以上的位居其次，占29%；0~3人的最少，仅占15%。

填写人中性别占比分布均匀，男女各占约50%；各年龄段都有

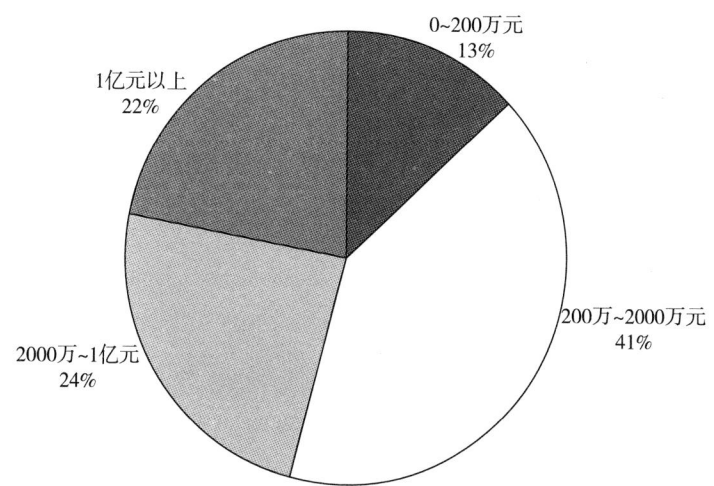

图3 填写人所在基金会资产规模分布

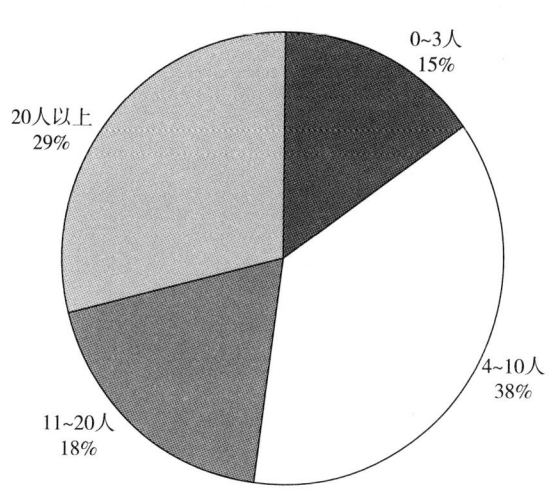

图4 填写人所在基金会全职人员规模分布

一定比例的人员填写，填写人以18～45岁为主，约占总数的84%，这也与目前基金会的人员年龄构成相符。

从填写人的职务分布来看，基本上可以涵盖基金会中的高、

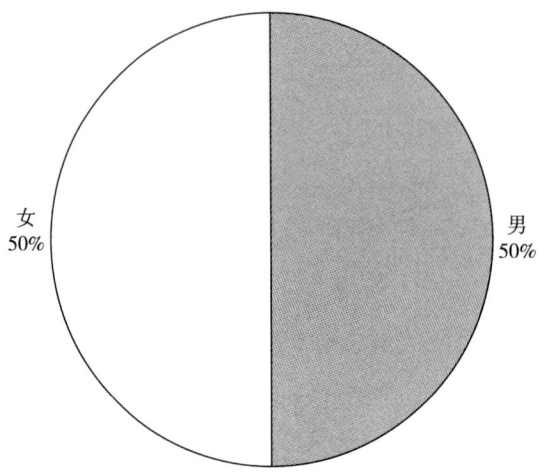

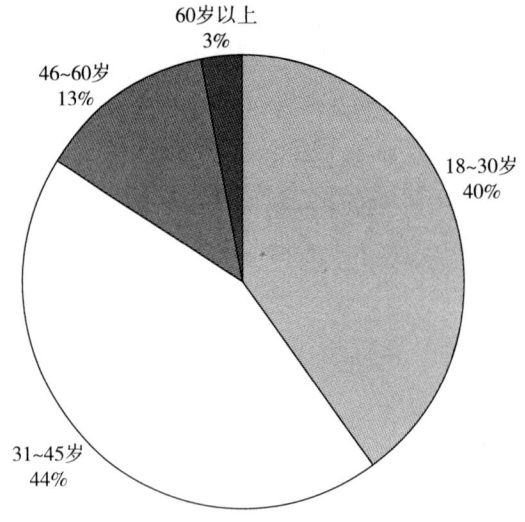

图 5　填写人性别和年龄分布

中、基三层人员，项目管理人员所占比例最大，约占总数的36%。

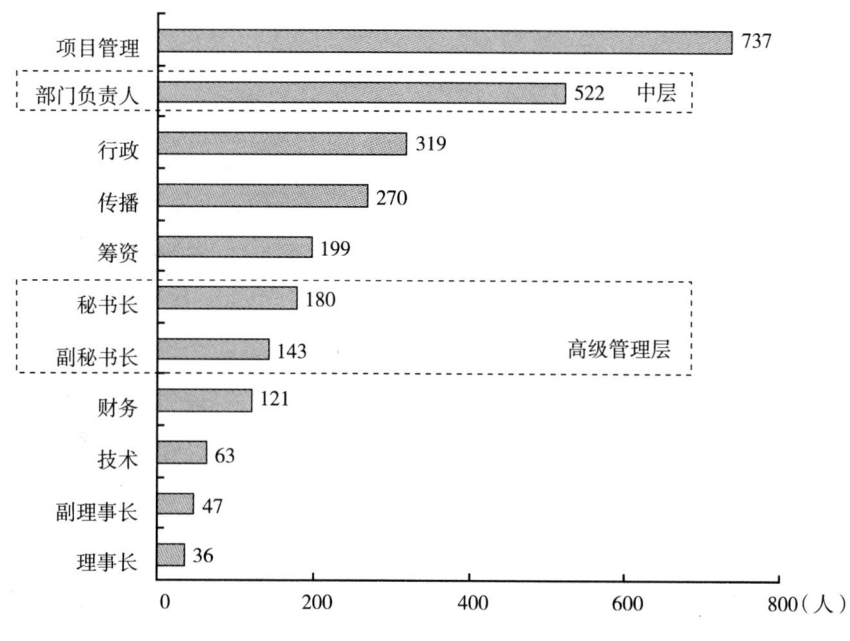

图 6 填写人职务分布

二 基金会行业人才需求分析

公募、非公募基金会的工作人员都认为机构最缺少募款专业人员，公募基金会需要公开募集资金，最需要募款人员无可厚非；非公募基金会并不能公开募集资金，也最需要募款人员，这也从侧面表明目前非公募基金会并非真正的"非公募"，其运作也依赖募捐。

除需要募款人员以外，公募基金会对公关人员的需求最大，公关与其募款是息息相关的；而非公募基金会则最缺项目管理人员。

基金会人员需求排名第三位的是项目管理人员需求。上述排名符合基金会的实际情况。筹款人员，公关宣传人员和项目人员都被认为是基金会的主要业务人员,其中筹款人员负责"找钱",公关宣传人员负责"打牌子",而项目人员负责"管项目"。

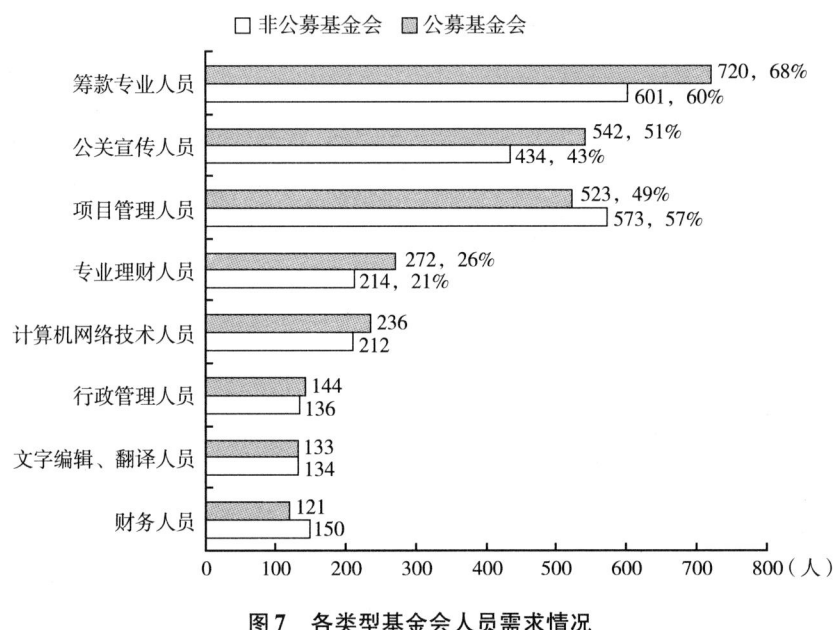

图 7　各类型基金会人员需求情况

(1) 各种规模的公募基金会的人才缺乏情况

从数据上来看,资产在 200 万~2000 万元的公募基金会最需要募款人员,这说明这些基金会有大量的慈善资源亟待转化;200 万元以上规模的基金会需要公关宣传人员,这符合基金会的发展规律,即小型基金会更关心生存问题,而中等规模基金会在生存不再成为问题时,便更为关心发展问题;资产规模小于 200 万元的公募基金会对专业理财人员的需求很小,这表明资产小于 200 万元的公募基金会很少有理财活动。以上规律也适用于收入规模不同的基金会。

另外,值得注意的是,多数基金会对高级管理人员没有需求。这点与业界一直认为的基金会领域最缺理事长的观点是相违背的。所以,基金会领域最缺的不是理事长,而是专业人才。

表1 各资产规模的公募基金会的人才缺乏情况

单位：%

人才类型＼资产规模	0~200万元	200万~2000万元	2000万~1亿元	1亿元以上
财务人员	15	14	9	10
筹款专业人员	47	80	61	63
公关宣传人员	33	51	53	53
行政管理人员	9	16	13	12
计算机网络技术人员	20	27	26	12
文字编辑、翻译人员	2	16	15	7
项目管理人员	42	54	45	49
专业理财人员	2	29	21	31
高级管理人员	0	0	1	0

表2 各收入规模的公募基金会的人才缺乏情况

单位：%

人才类型＼收入规模	0~50万元	50万~500万元	500万~5000万元	5000万元以上
财务人员	22	15	11	8
筹款专业人员	54	73	73	63
公关宣传人员	47	42	51	57
行政管理人员	23	16	18	6
计算机网络技术人员	32	21	28	15
文字编辑、翻译人员	20	12	12	12
项目管理人员	52	44	56	46
专业理财人员	19	20	29	27
高级管理人员	0	0	0	1

表3 各人员规模的公募基金会的人才缺乏情况

单位：%

人才类型＼人员规模	0~3人	4~10人	11~20人	20人以上
财务人员	13	12	6	14
筹款专业人员	75	74	67	63
公关宣传人员	44	52	52	51
行政管理人员	22	18	14	8
计算机网络技术人员	17	27	27	16
文字编辑、翻译人员	3	15	14	11
项目管理人员	57	51	54	44
专业理财人员	11	31	26	23
高级管理人员	0	0	0	1

（2）各种规模的非公募基金会的人才缺乏情况

资产在 200 万元以下的非公募基金会最需要募款人员，资产大于 200 万元的非公募基金会对项目管理人员的需求要大于募款人员，这也表明资产较小的非公募基金会更为关心生存问题，而规模较大的非公募基金会更为关心项目运作问题。

同理，非公募基金会对高级管理人员的需求也不高，而对专业人才的需求则十分迫切。

表 4　各资产规模的非公募基金会的人才缺乏情况

单位：%

人才类型＼资产规模	0～200 万元	200 万～2000 万元	2000 万～1 亿元	1 亿元以上
财务人员	20	14	11	14
筹款专业人员	73	59	46	62
公关宣传人员	49	44	37	40
行政管理人员	21	9	21	8
计算机网络技术人员	29	16	28	18
文字编辑、翻译人员	13	10	22	11
项目管理人员	47	61	51	67
专业理财人员	20	22	19	23
高级管理人员	0	1	0	1

表 5　各收入规模的非公募基金会的人才缺乏情况

单位：%

人才类型＼收入规模	0～50 万元	50 万～500 万元	500 万～5000 万元	5000 万元以上
财务人员	27	13	10	17
筹款专业人员	71	60	56	46
公关宣传人员	43	42	49	24
行政管理人员	14	11	15	14
计算机网络技术人员	21	18	26	15
文字编辑、翻译人员	22	9	15	8
项目管理人员	49	59	57	66
专业理财人员	17	24	20	25
高级管理人员	0	1	0	0

表6 各人员规模的非公募基金会的人才缺乏情况

单位：%

人才类型 \ 人员规模	0~3人	4~10人	11~20人	20人以上
财务人员	20	17	5	11
筹款专业人员	67	54	52	70
公关宣传人员	35	41	62	45
行政管理人员	10	14	12	17
计算机网络技术人员	7	24	17	33
文字编辑、翻译人员	11	12	17	16
项目管理人员	54	60	40	65
专业理财人员	18	28	17	15
高级管理人员	0	0	1	2

三 中国公益慈善专业人才现状分析

（一）学历教育情况

1. 工作人员学历整体情况

根据统计，本科以上的工作人员比例达87%，其中本科学历占57%，硕士及以上学历约占30%，另外大专学历占12%，高中及以下学历占1%。

公募、非公募基金会人员学历占比接近，本科学历均占58%左右，非公募基金会的硕士学历占比比公募基金会略高。这说明本科以上学历已经成为基金会领域对从业人员的基本要求。

2. 研究生学历占比情况

从各资产规模基金会的研究生学历占比来看，随着资产规模增大，从业人员的研究生（硕士学历及以上）比例增高；非公募基金会从业人员的研究生比例一般高于同等资产规模的公募基金会；超大规模（资产大于1亿元）的非公募基金会的研究生学历占比已超过60%。

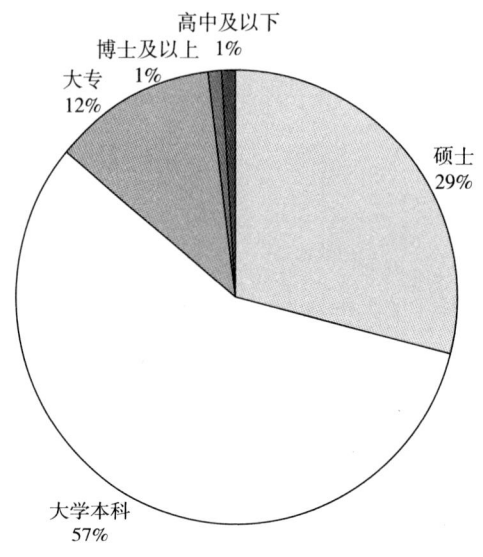

图 8 从业人员学历情况

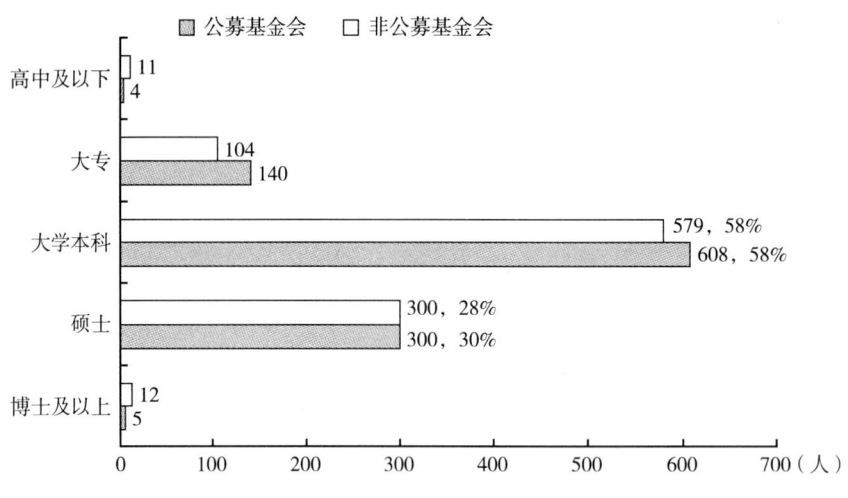

图 9 各类型基金会工作人员学历情况

目前，基金会对从业人员的学历要求已越来越高，想进入规模较大的基金会，研究生学历渐渐成为一道重要的门槛。

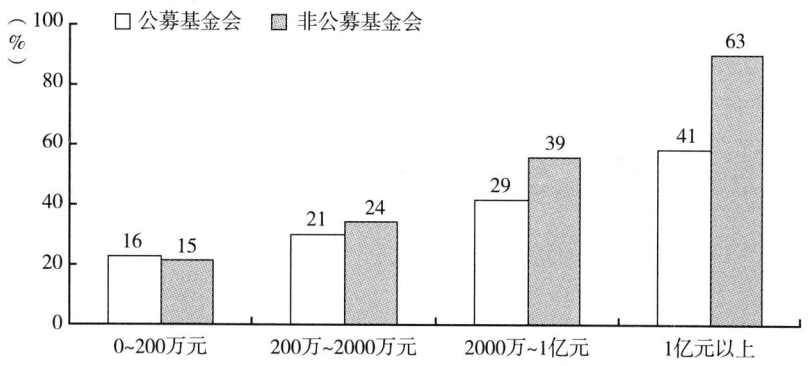

图10 各类型基金会从业人员研究生学历占比情况

从各职务级别的研究生学历占比情况来看，秘书长级别（秘书长、副秘书长）的研究生学历占比较低，中层、基层工作人员的研究生学历占比都已达到或超过30%。另外，从业者中拥有MPA（公共管理硕士）学位的人员非常少，尤其是高级管理人才缺乏MPA的专业背景（见图12）。这也反映出目前基金会的高层人员基本以实操型为主。

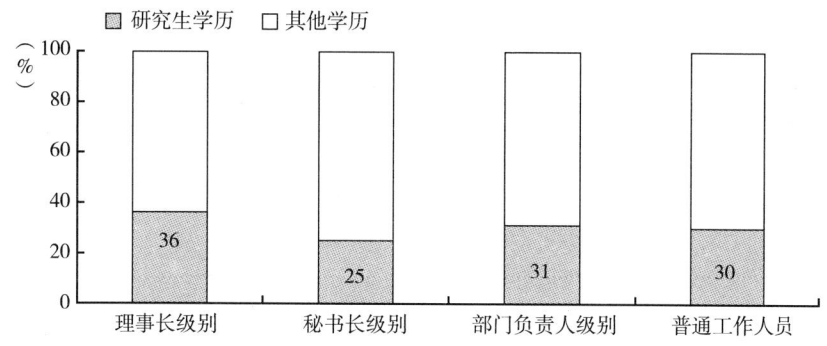

图11 各职务级别的研究生学历占比情况

3. 所学专业背景情况

基金会从业人员以学习管理学的最多，30%的工作人员有管理学

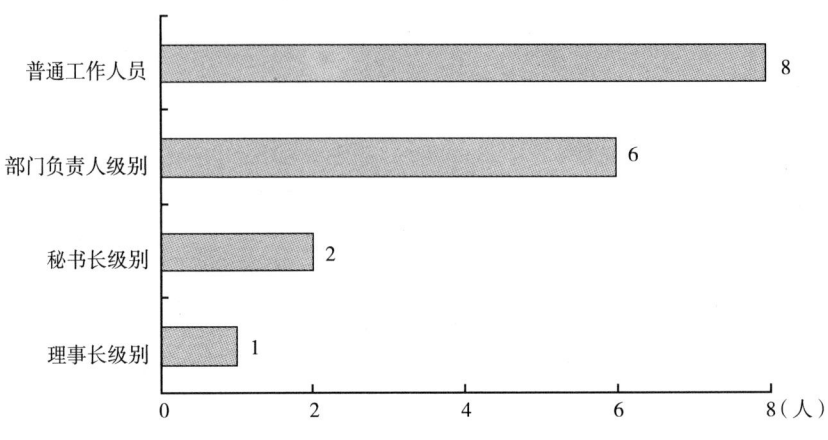

图12 各职务级别工作人员的MPA人数

专业背景；法学和文史哲专业各占20%以上；专业背景前三位的都是文科专业，而理工科背景（理学、工学）的仅占不足20%。因此，基金会领域是文科类的天下，而理工类等技术性较强的学科并不符合基金会的岗位技能需求。

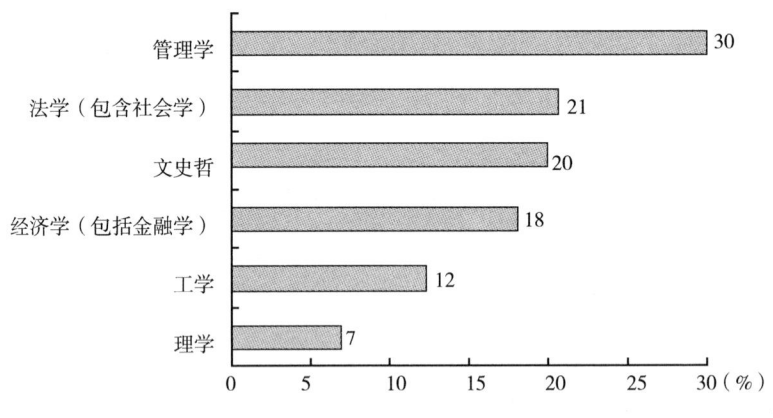

图13 基金会从业人员所学专业情况占比

从基金会的类型来看，公募、非公募基金会工作人员的各学科背景占比相差不大，非公募基金会文史哲学科背景的人员所占的比例较公募基金会高7%,而公募基金会从业人员专业为法学的占比比非公募基金会高4%。

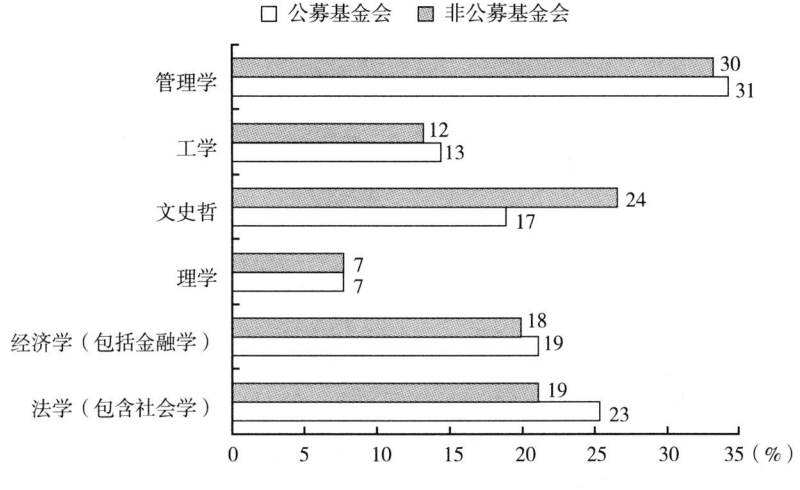

图14 各类型基金会工作人员的专业背景

从各职务级别工作人员的专业背景来看,理事长级别人员中有近一半是学习文史哲专业出身的;秘书长级别有40%的学习管理学,也是各职务级别中管理学占比最高的;部门负责人级别学习管理学的占比最多,理工科背景的占26%,比其他职务级别的理工科占比高;普通工作人员学习管理学的占比最大,然后是法学、文史哲等文科专业,理工科背景的占17%。

不过,从基金会发展未来的趋势来看,理事长等高级管理人员所需具备的学历背景应更偏向于管理学、经济学等方向。之所以这么说,是因为基金会的理事长必须懂得如何管理组织,并且应具备一定的投资知识背景。这两点是国外基金会的负责人的基本技能。而从本次调查的情况来看,我国的理事长等高级管理人员在这两个方面还有待加强。

表7 各职务级别工作人员的专业背景

单位：%

专业	理事长级别	秘书长级别	部门负责人	普通工作人员
法学（包含社会学）	16	16	22	22
经济学（包括金融学）	24	17	22	17
理学	3	8	8	7
文史哲	47	28	15	19
工学	14	12	18	10
管理学	31	40	30	28

从公募基金会各职务级别工作人员的专业背景来看，公募基金会中有超过一半的理事长级别人员是学习文史哲出身；秘书长级别人员有超过40%的人学习管理学；部门负责人级别的学习管理学的最多，理工科背景的近30%；普通工作人员以学习管理学、法学、经济学等文科专业的占多。

表8 公募基金会各职务级别工作人员的专业背景

单位：%

专业	理事长级别	秘书长级别	部门负责人	普通工作人员
法学（包含社会学）	11	15	23	25
经济学（包括金融学）	18	12	19	20
理学	4	8	9	6
文史哲	51	28	13	14
工学	18	14	20	9
管理学	33	41	28	30

从非公募基金会各职务级别工作人员的专业背景来看，非公募基金会中有近一半的理事长级别人员是学习经济学出身，秘书长和部门负责人级别都以学习管理学的居多；普通工作人员中学习管理学和文史哲的各占25%。

表9 非公募基金会各职务级别工作人员的专业背景

单位：%

专业	理事长级别	秘书长级别	部门负责人	普通工作人员
法学（包含社会学）	31	17	21	18
经济学（包括金融学）	46	20	25	13
理学	0	7	7	8
文史哲	31	28	17	25
工学	0	11	17	10
管理学	23	39	33	25

（二）从业经历情况

有80%的基金会从业人员有其他从业经历，其中以有过1次其他工作经历的人员为多，占总数的32%，有过2次和3次及以上从业经历的各占27%和21%。

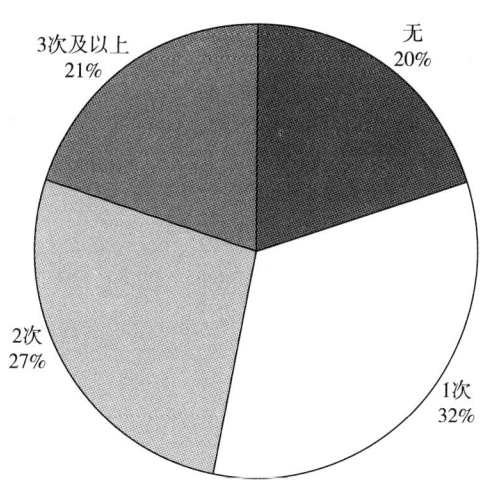

图15　工作人员之前从业次数

从以前工作单位的性质来看，以之前在企业有过工作经历的人员居多，有43%的工作人员之前在企业工作过，然后是在学术机构和政府工作过的，各占约14%，而之前有过公益行业从业经历的仅占约20%。这说明基金会多数的从业人员是从企业跳槽过来的。这一现象有好有坏，好的地方在于其能将商业领域的营销理念带入公益领域，不好之处在于商业领域无法与公益领域直接对接。

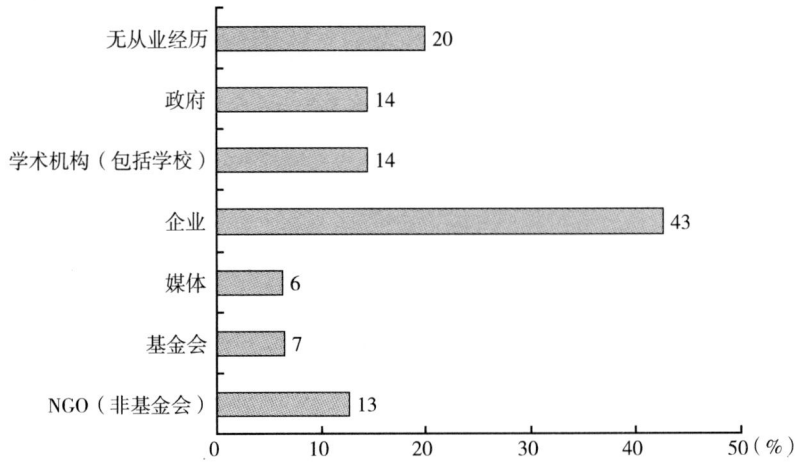

图16　工作人员从业经历占比

从各类型基金会工作人员的从业经历来看，公募基金会工作人员的从业经历占比排名前三的分别为企业、政府、学术机构；非公募基金会工作人员从业经历占比排名前三的分别为企业、学术机构和NGO（非基金会），其中有企业从业经历的接近非公募人员总数的50%。

企业从业经历在公募和非公募基金会从业经历的占比中都最高，公募基金会工作人员有过政府机关从业经历的占比比非公募基金会占比大很多，非公募基金会有公益行业从业经历的占比要比公募基金会占比大8%。

特别研究

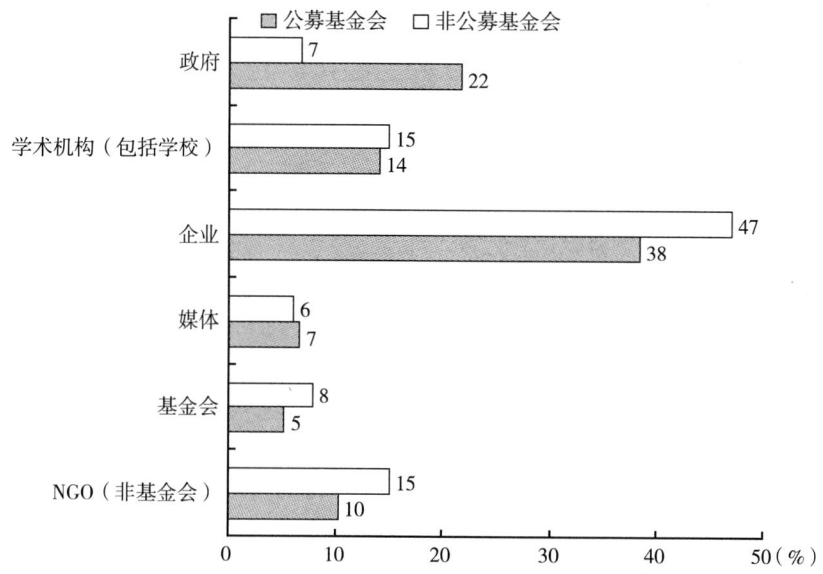

图17 各类型基金会从业经历占比

从各职务级别工作人员的从业经历来看，理事长级别有接近三分之二的人有政府从业经历，其次是有企业从业经历的，占41%，而有公益行业从业经历的仅占7%；秘书长级别工作人员有企业从业经历的占比最大，其次分别为政府、学术机构，有公益行业从业经历的占24%，比其他各级别的工作人员公益行业从业经历占比都要大；部门负责人级别工作人员主要有企业从业经历，其他从业经历区别不大；普通工作人员也主要有企业从业经历，而没有其他从业经历的比例占到23%。

上述情况说明，我国基金会，特别是大型基金会的理事长都是由前政府官员担任的。结合现实情况，人们可以发现，很多基金会的理事长都是由政府退休高官担任的。这对于基金会领域的去行政化是一种挑战。

表10 各职务级别工作人员的从业经历占比

单位：%

从业经历	理事长级别	秘书长级别	部门负责人	普通工作人员
NGO（非基金会）	2	13	11	14
基金会	5	11	10	4
媒体	0	7	12	4
企业	41	39	45	43
学术机构（包括学校）	17	24	13	13
政府	64	28	13	9
无其他从业经历	0	13	19	23

（三）任职环境情况

1. 进入基金会工作的方式

基金会工作人员进入目前工作单位的方式，内部人员推荐所占的比例最大，约占总数的32%；其次为网上招聘，占29%；再次为关联方推荐，占20%。由此可见，熟人介绍对想在基金会领域工作的人来说，是一条"捷径"，占了总数的52%。而随着基金会领域的发展，未来这种人员"招聘"方式是否会有所改变，则有待长期的观察。

从各类型基金会工作人员进入目前单位工作的方式来看，内部人员推荐、网上招聘、关联方推荐是最主要的三种方式。相较于公募基金会，非公募基金会更多选择使用网上招聘的方式。这一情况的确符合现实状况，即公募基金会的待遇普遍较好，有些还能给出体制内的"编制"，所以对人们具有吸引力，不惜为此进行各种烦琐的"运作"。

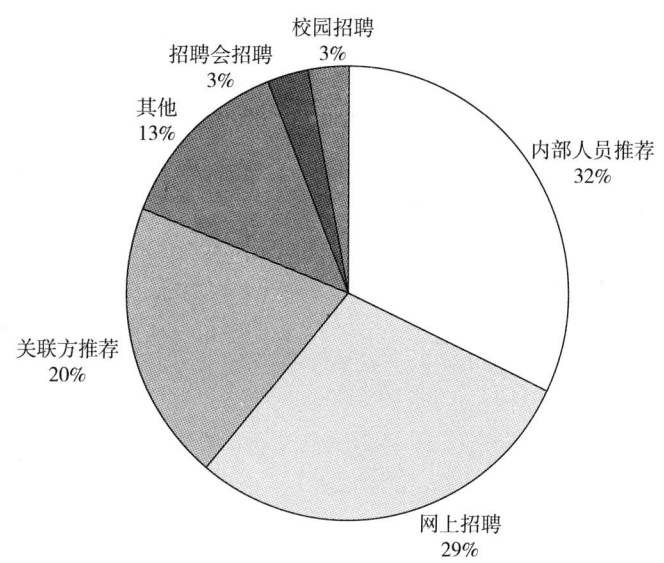

图18 进入目前基金会工作的方式

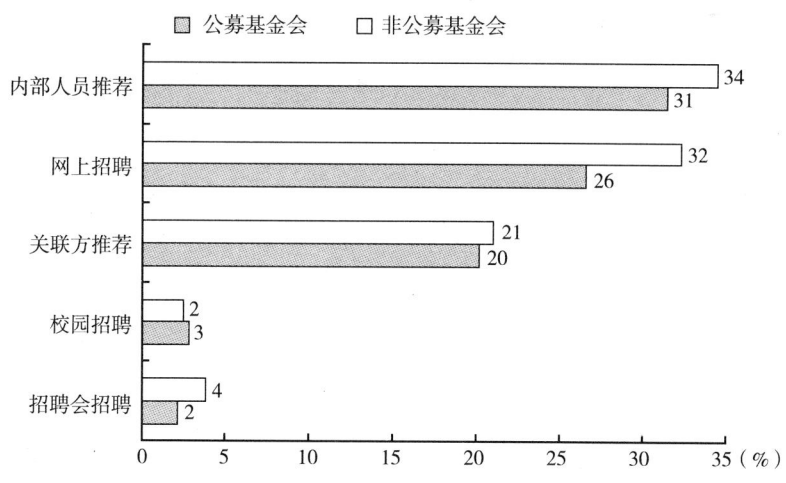

图19 各类型基金会工作人员进入到本单位的方式

2. 选择来基金会工作的原因

工作人员选择到目前单位工作的原因，主要是认同机构的价值理念，有70%的人因为认同机构的价值理念才选择到基金会任职；其次是认为基金会可以提供好的发展平台，占36%；再次是喜欢基金会的工作氛围，占34%；还有7%的人是因为没有其他选择才加入的，仅有3%的人认为基金会可以提供好的薪酬待遇。

由此可见，理念价值的认同是吸引人才的主要原因，基金会应加强理念价值宣传，以便吸引更多的人才参与。

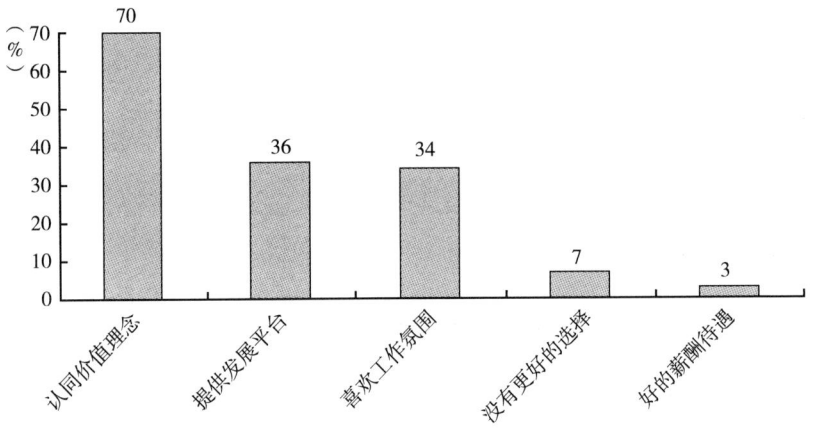

图20 选择来基金会任职的原因

认同基金会价值理念是选择到公募、非公募基金会任职的最主要原因。选择到公募基金会的第二大原因是基金会可以提供好的发展平台，约占公募基金会总数的40%；而选择到非公募基金会工作的第二大原因是喜欢基金会的工作氛围，约占非公募总数的35%。

各年龄段工作人员选择到不同类型基金会工作的原因也并不相同。

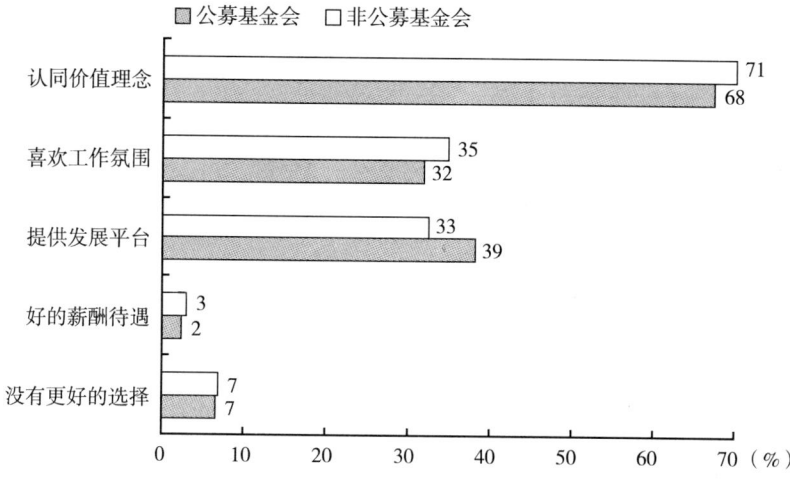

图21 各类型基金会工作人员选择到目前单位任职的原因占比

随着年龄的增长,因为认同公募基金会价值理念而选择加入的占比越来越高,因为喜欢工作氛围、提供更好发展平台的占比越来越低。这符合人们的一般职业发展轨迹,即随着年龄的增长,对发展平台等的追求逐渐下降,而对企业文化、社会地位等精神层面的追求则逐渐上升。

同理,随着年龄的增长,因为认同非公募基金会价值理念而选择加入的占比越来越高,因为喜欢工作氛围、提供更好发展平台的占比越来越低。

表11 公募基金会各年龄段工作人员选择来基金会工作的原因占比

单位:%

年龄段 选择来基金会工作的原因	18~30岁	31~45岁	46~60岁	60岁以上
认同机构的价值理念	61	72	71	83
喜欢机构的工作氛围	43	31	18	17
机构能为自己的职业发展提供良好平台	47	35	33	26
机构能提供良好的薪酬待遇	5	0	2	0
因为没有更好的就业选择	9	7	1	9

表12 非公募基金会各年龄段工作人员选择来基金会工作的原因占比

单位：%

年　龄　段 选择来基金会工作的原因	18~30岁	31~45岁	46~60岁	60岁以上
认同机构的价值理念	64	76	73	100
喜欢机构的工作氛围	42	34	20	0
机构能为自己的职业发展提供良好平台	32	35	29	16
机构能提供良好的薪酬待遇	4	4	0	0
因为没有更好的就业选择	8	7	3	0

（四）月收入状况

1. 月收入整体状况

70%以上的工作人员的月收入小于5000元，其中30%的工作人员月收入小于3000元，42%的工作人员月收入在3000~5000元之间，另外目前有5%的工作人员的月收入在1万元以上。

仅有约1/3的工作人员对目前的月收入状况表示满意，另外有43%的工作人员对收入感觉一般，对收入不满意的占总数的23%。可见，工资收入过低，阻碍了专业人员进入这一领域。因此，政府应尽早放开对基金会领域从业人员工资的限制，以便增强其对专业人才的吸引力。

2. 各地基金会工作人员收入状况

根据各地区收入档次，以0~3000元为1档，以3000~5000元为2档，以此类推，则可得出各地区收入档次的均值，均值越高，当地平均月收入越高。

通过计算可得，平均月收入排名前五位的地区分别为上海、北京、广东、江苏、浙江，这也基本与所在地的经济发达程度成正比。不过，虽然上海、北京等地的从业人员的名义工资很高，但相比当地高高在上的物价，其实际工资是否真的能排名前几位，是要打一个大大的问号的。

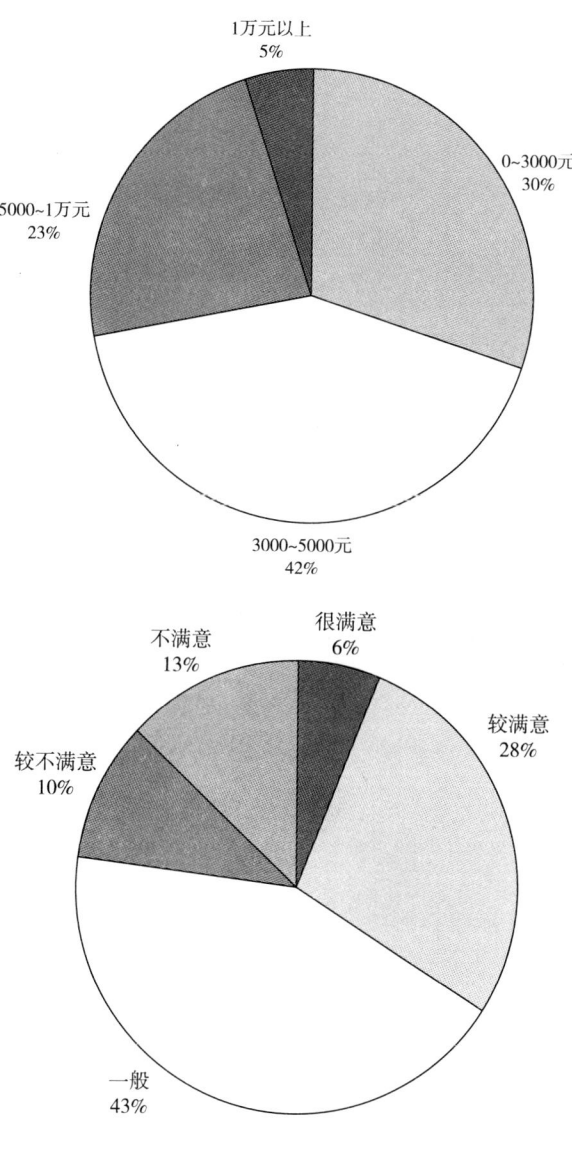

图22　工作人员月收入状况和目前
月收入的满意度

表13 各地区基金会工作人员月收入平均档次

排名	省份	平均值	排名	省份	平均值
1	上海	2.27	16	云南	1.52
2	北京	2.24	17	重庆	1.50
3	广东	2.23	18	黑龙	1.44
4	江苏	2.14	19	河南	1.42
5	浙江	2.09	20	甘肃	1.40
6	安徽	2.00	21	山西	1.37
7	天津	1.92	22	青海	1.33
8	江西	1.88	23	陕西	1.32
9	四川	1.81	24	湖南	1.30
10	海南	1.79	25	辽宁	1.27
11	山东	1.79	26	广西	1.26
12	河北	1.75	27	贵州	1.21
13	宁夏	1.73	28	吉林	1.21
14	福建	1.71	29	内蒙古	1.20
15	新疆	1.58	30	湖北	1.17

3. 不同学历工作人员月收入情况

从图23可知，学历越高，收入过万的比例越高，即学历越高，在基金会行业越容易拿高薪。

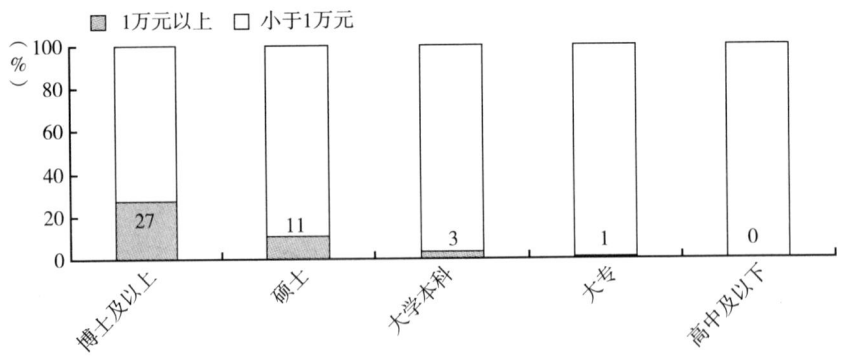

图23 不同学历工作人员月收入过万占比

4. 不同从业时间的月收入情况

从图24可知,从业时间越长,月收入过5000元的比例越大,从业时间10年以上的工作人员,有一半的月收入超过5000元。

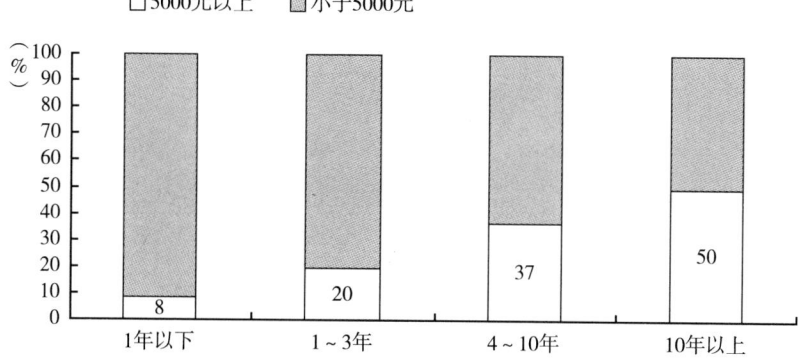

图24 不同从业时间工作人员的月收入情况占比

5. 收入构成

从基金会的资产规模来看,公募、非公募基金会资产越大,5000元以上的月收入占比越大。

表14 各资产规模基金会工作人员的月收入情况占比

单位:%

月收入	0~200万元		200万~2000万元		2000万~1亿元		1亿元以上	
	公募	非公募	公募	非公募	公募	非公募	公募	非公募
0~3000元	44	45	46	27	32	14	16	10
3000~5000元	49	36	39	44	43	48	46	35
5000~1万元	7	18	14	24	18	24	33	42
1万元以上	0	1	1	6	6	14	5	13

从工作人员的职务级别来看,公募基金会的普通工作人员只有10%的人的月收入超过5000元,而非公募基金会也仅有24%的普

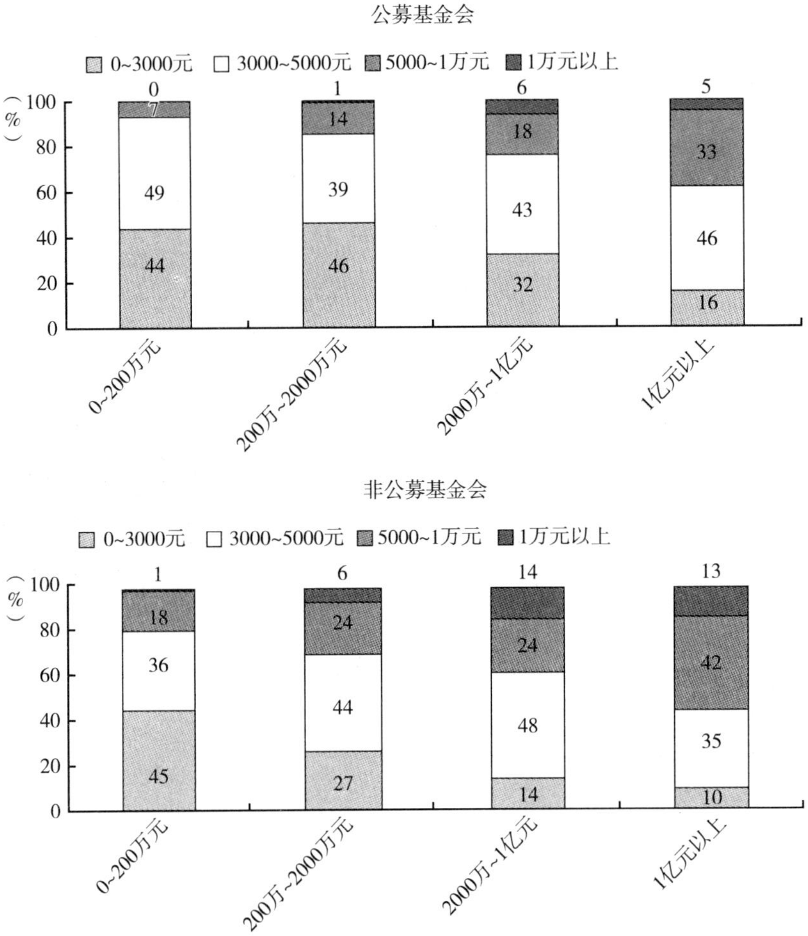

公募基金会

	0~200万元	200万~2000万元	2000万~1亿元	1亿元以上
1万元以上	0	1	6	5
5000~1万元	7	14	18	33
3000~5000元	49	39	43	46
0~3000元	44	46	32	16

非公募基金会

	0~200万元	200万~2000万元	2000万~1亿元	1亿元以上
1万元以上	1	6	14	13
5000~1万元	18	24	24	42
3000~5000元	36	44	48	35
0~3000元	45	27	14	10

图 25　各资产规模基金会工作人员的月收入情况占比

通工作人员月收入超过5000元；公募、非公募基金会部门负责人级别的工作人员月收入超过5000元的比例分别为44％、42％；秘书长级别的工作人员中，公募基金会有40％的人月收入超过5000元，非公募基金会有47％的人月收入超过5000元。因此，级别越高，工资收入也就相对越高。

表 15　各职务级别工作人员月收入情况占比

单位：%

月收入	理事长级别		秘书长级别		部门负责人		普通工作人员	
	公募	非公募	公募	非公募	公募	非公募	公募	非公募
0~3000元	27	15	25	16	24	28	40	28
3000~5000元	36	38	35	37	32	29	50	48
5000~1万元	27	8	37	31	37	34	9	20
1万元以上	11	38	3	16	7	8	1	4

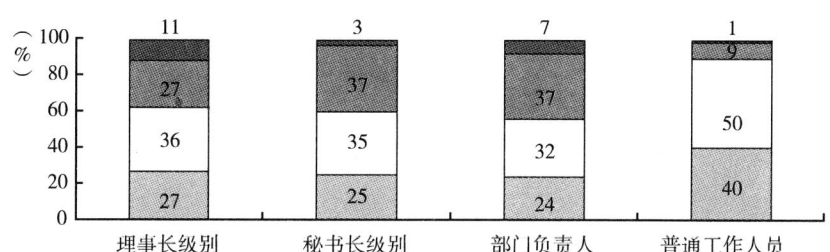

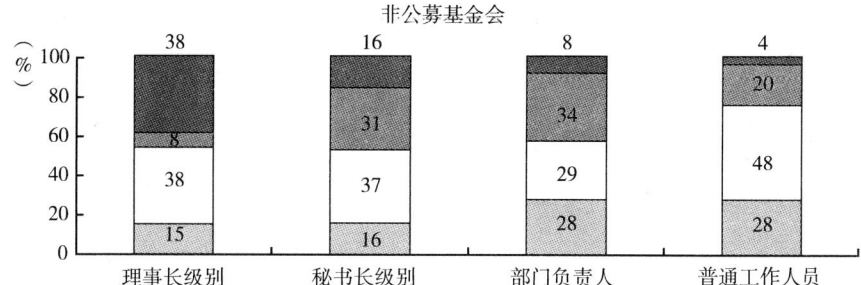

图 26　各职务级别月收入情况占比

（五）家庭状况

1. 工作人员婚姻情况

基金会工作人员已婚的占总数的59%，未婚的占总数的41%，未婚人员多集中在18~30岁；在18~30岁的工作人员中，已婚和未婚的比例为1∶3。

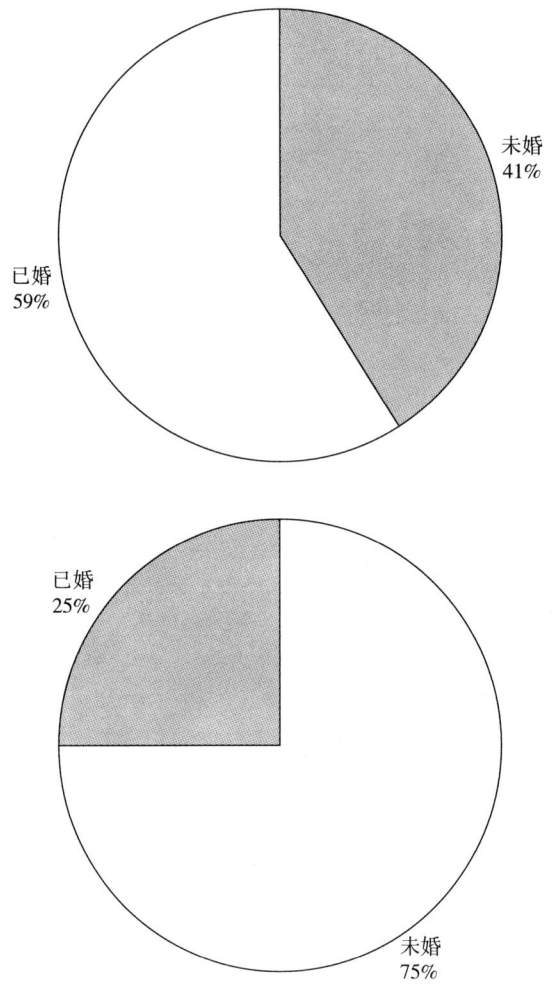

图 27　工作人员婚姻整体状况及 18~30 岁
工作人员婚姻状况

2. 已婚工作人员情况

根据统计，已婚人员占总数的59%。已婚人员中，有12%的工作人员是夫妻都在公益行业中工作，从工作人员性别来看，15%的已婚男性工作人员的配偶在公益行业，仅有8%的女性工作人员的配偶在公益行业。

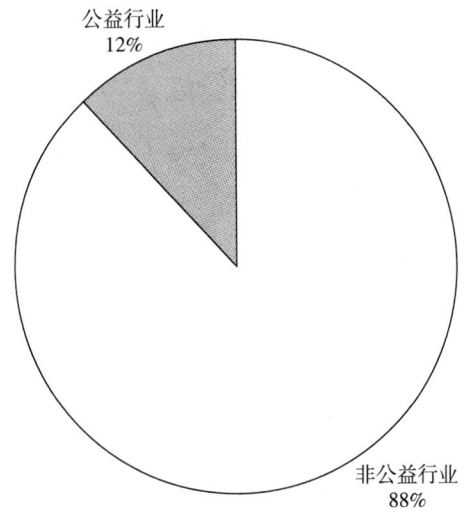

图 28 已婚工作人员的配偶任职行业

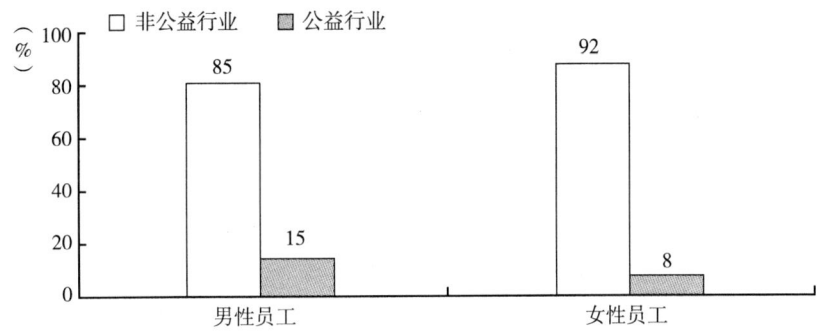

图 29 男女少数已婚工作人员的配偶任职行业

从已婚工作人员与配偶的薪酬来看，与配偶薪酬持平的占多数，达 43%；其次是薪酬低于配偶的，占总数的 37%；薪酬高于配偶的仅占总数的 20%。这说明基金会领域的工资收入确实不高。

基金会行业男性员工的薪酬一般高于配偶或与其基本持平，有 23% 的男性员工薪酬低于配偶；基金会行业女性员工的薪酬基本上低于其配偶或与其持平，仅有 9% 的女性员工薪酬高于其配偶。

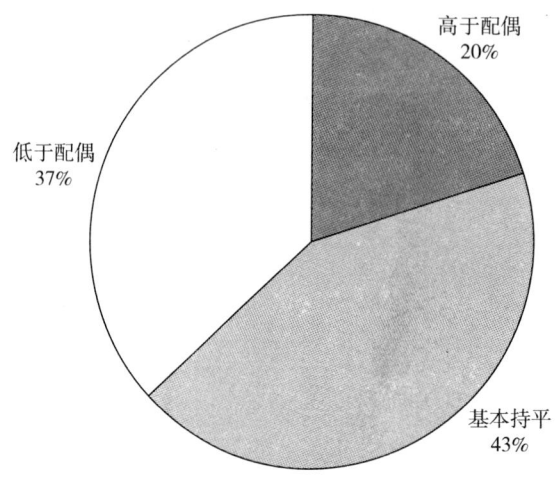

图30 已婚工作人员薪酬与配偶的比较

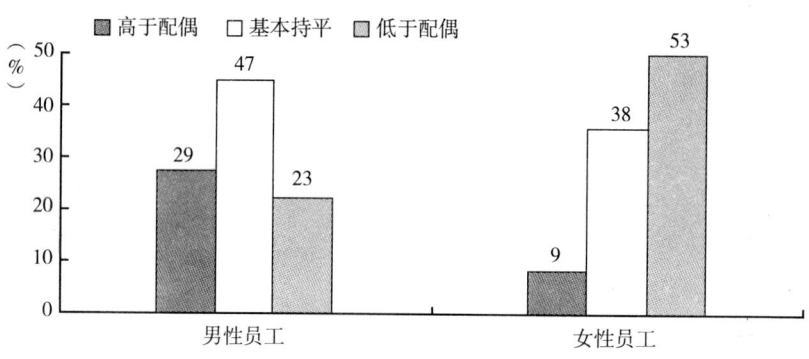

图31 男女已婚工作人员薪酬与配偶的比较

3. 家人的态度

家人对在基金会从业基本上持支持或不干涉的态度,其中支持的占60%,不干涉态度占22%,另外有4%的员工家人持完全反对态度。

在家人反对的原因中,工资低是反对的主要原因,占总数的80%,然后是认为工作没有前途,占总数的48%,而因为工作压力大、社会保障差、工作临时性的原因各占 38%、33%、13%。

由此可以看出，提升员工薪酬待遇，是留住优秀员工的关键因素。

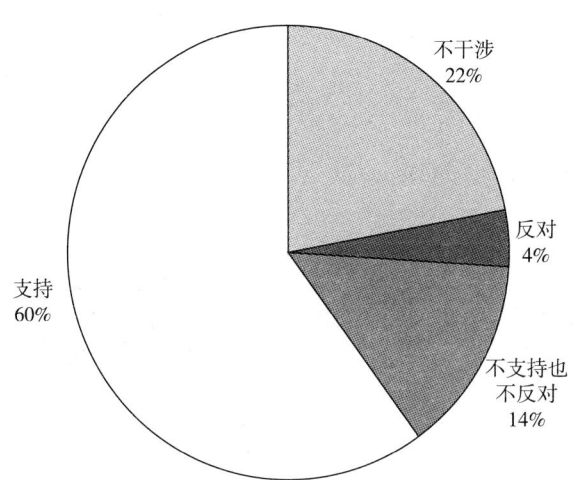

图 32　家人对在基金会从业的态度

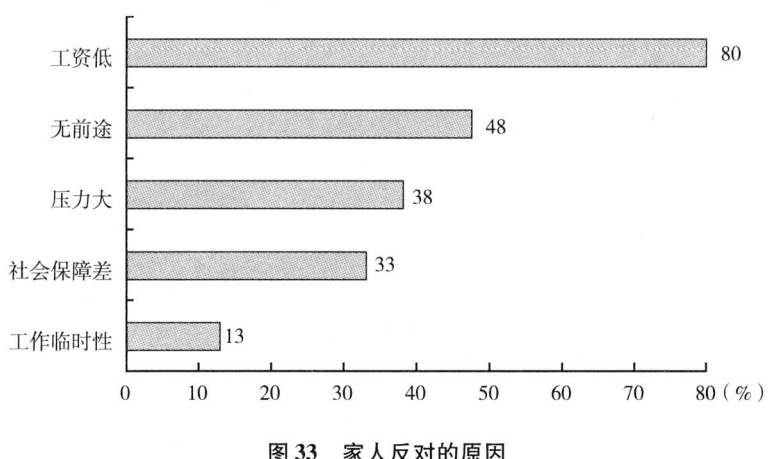

图 33　家人反对的原因

（六）职业成长性

1. 过去 3 年内员工晋升情况

过去 3 年基金会工作人员所获得晋升机会不大，有 62% 的员工三年内未得到过晋升，获得1次晋升的占27%，获得两次晋升机会的占9%，而获得3次及以上的仅占2%。

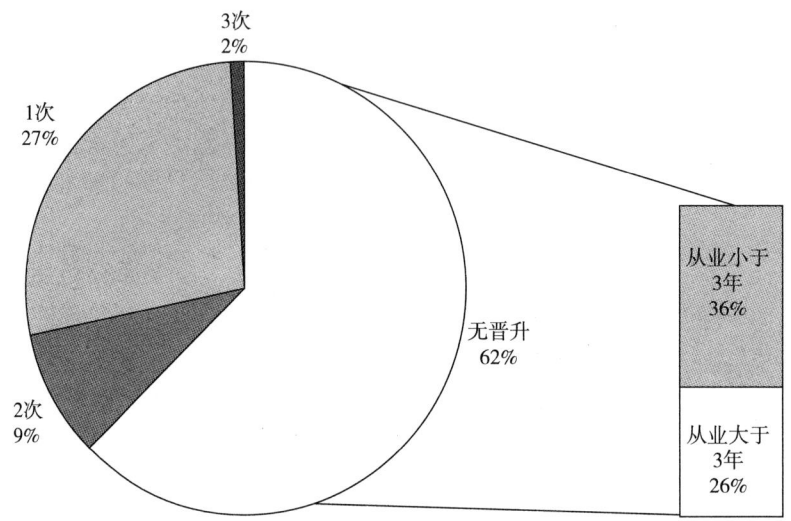

图34 员工3年内晋升次数

2. 影响晋升的原因

从基金会人员的晋升因素来看，能力是首要因素，约73%的基金会人员认为能力是影响晋升的主要原因，认为绩效考核、领导赏识、资历是影响晋升主要原因的占总数的37%、36%、30%。

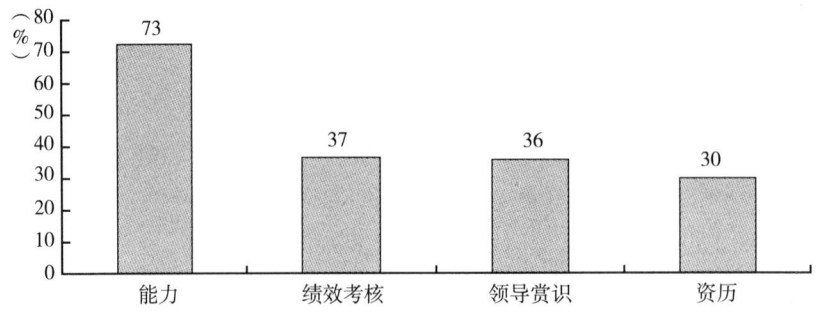

图35 影响员工晋升的因素占比

从基金会的类型来看,能力都是影响员工晋升的最主要原因,而在"人情因素"(领导赏识和资历因素)方面,公募基金会的影响要明显高于非公募基金会。

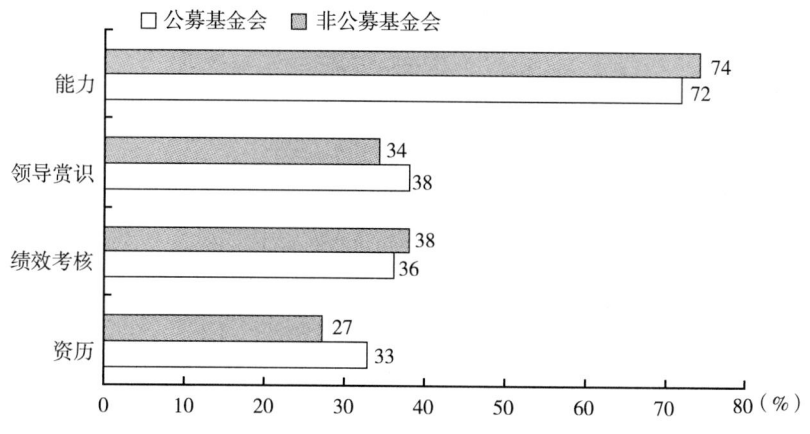

图36 各类型基金会决定员工晋升的因素占比

3. 普通工作人员晋升为中层管理人员的时间

根据统计数据,从普通工作人员晋升为中层管理人员需要3年的占比最大,达30%,其次是没有年限要求的,占总数的27%,晋升需要1年、2年的分别占3%和17%,晋升需要4年、5年及以上的分别占4%和19%。以上情况基本可以被视为基金会领域人员晋升的基本规律,即在从业一定时间后(3~4年),普通工作人员对行业情况基本熟悉了,具备一定的管理技能,便能升迁至管理层。

从各类型基金会普通工作人员的晋升时间来看,没有年限要求的占比接近;在有年限要求的情况中,公募基金会普通工作人员晋升一般需要3年以上时间,而非公募基金会则只需要2~3年即可。由此可见,普通员工在非公募基金会中更容易得到晋升机会。

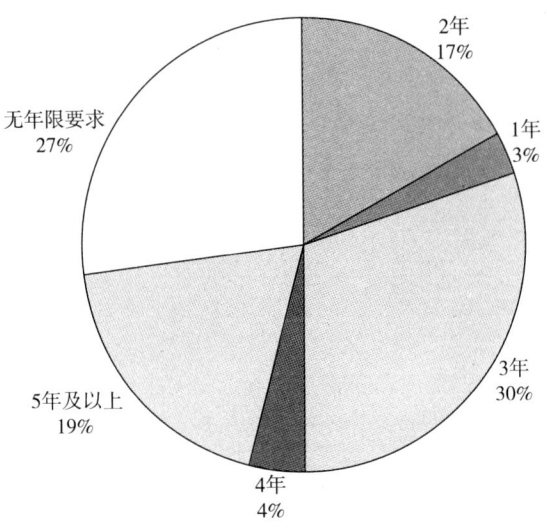

图37 普通工作人员晋升为中层管理人员的时间

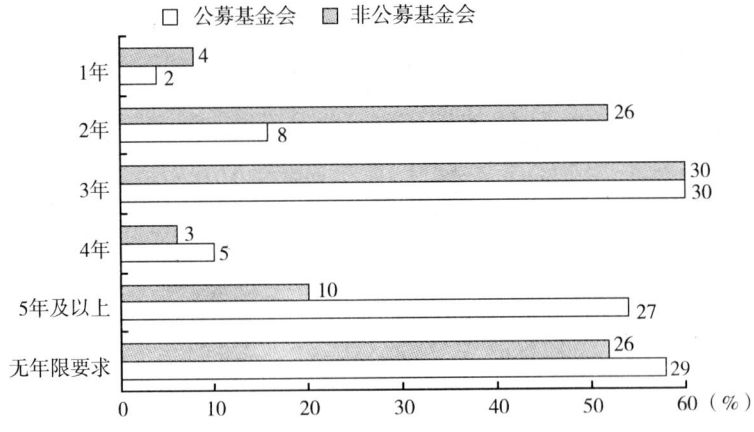

图38 各类型基金会普通工作人员晋升为
中层管理人员的时间

表16　各资产规模公募基金会普通工作人员的晋升时间

单位：%

晋升时间＼资产规模	0~200万元	200万~2000万元	2000万~1亿元	1亿元以上
1年	0	3	0	1
2年	33	9	11	0
3年	29	39	26	22
4年	5	2	6	7
5年及以上	9	14	32	42
无年限要求	24	34	25	27

表17　各资产规模非公募基金会普通工作人员的晋升时间

单位：%

晋升时间＼资产规模	0~200万元	200万~2000万元	2000万~1亿元	1亿元以上
1年	9	5	3	0
2年	38	22	31	12
3年	25	32	28	33
4年	1	3	5	5
5年及以上	0	10	7	29
无年限要求	28	27	27	21

4. 工作人员离职意愿

根据统计数据，近2年内有离职意向的从业人员占总数的24%，公募与非公募基金会从业人员离职意愿占比相近。换言之，每4名基金会从业人员中，就有1名在近两年内有离职打算。这种状况对于基金会人员结构的稳定性构成了挑战。

从不同资产规模基金会员工的离职意愿来看，资产小于200万元的公募基金会员工有离职想法的占33%，资产在200万~2000万元的员工有离职打算的占25%，而资产在2000万元以上的公募基金会员工有离职打算的只占20%左右。由此可见，资产规模越小，公募基金会员工的离职意愿越强。

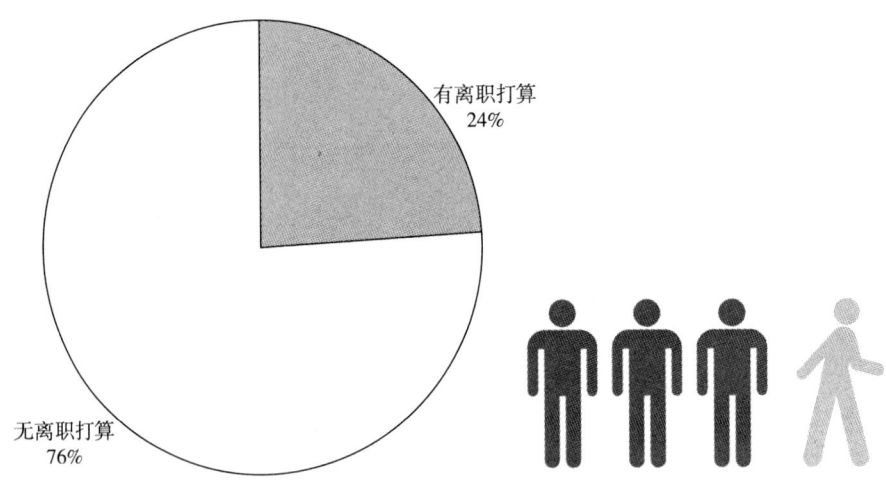

图39 近两年有离职打算的占比

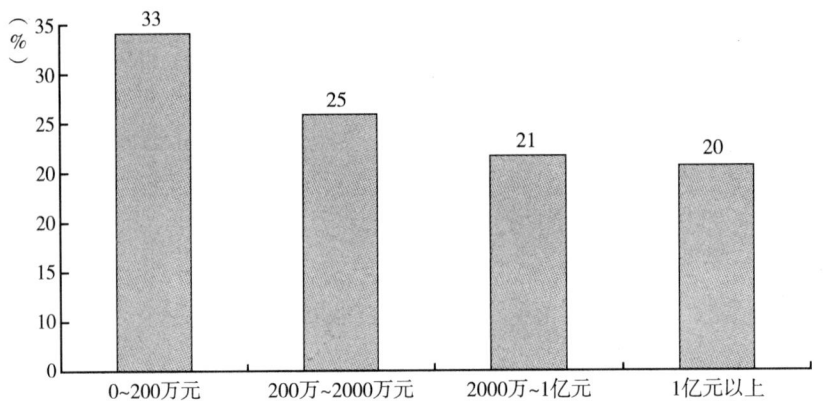

图40 各资产规模公募基金会员工的离职意愿占比

资产小于200万元的非公募基金会员工有离职想法的占22%，资产在200万~2000万元的员工有离职打算的占19%，而资产在2000万元以上的公募基金会员工有离职打算的占30%以上。由此可见，资产在200万~2000万元的非公募基金会最容易留住员工，而资产越大，非公募基金会员工的离职意愿越强。结合下述的离职意愿分析，可以知道造成规模较大的非公募基金会的员工更希望离职的主要原因是报酬较低和成长机会有限。相对于非公募基金会，大型公募基金会大都是全国性的基金会，而且很多都是行政化、半行政化的组织，员工拥有事业编制。这是造成两者呈现如此不同状况的原因所在。

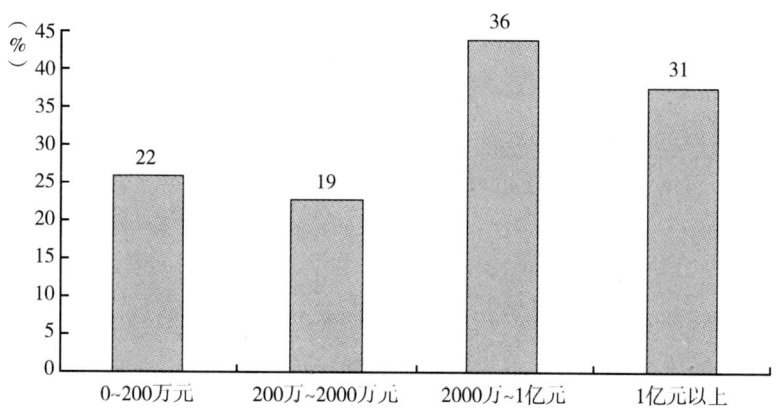

图41 各资产规模非公募基金会员工的离职意愿占比

从离职原因来看，缺乏成长机会和工资报酬低是基金会员工有离职意愿的主要原因，分别占有离职意愿员工总数的35%和33%，其他原因诸如工作关系不融洽、年龄和家庭原因的占比都不足5%。

由此可见，成长机会和薪酬待遇是留住员工的关键因素，基金会负责人应重视员工成长，为员工提供相应的职业规划、建立完善的薪酬制度，而国家也应放开对基金会的薪酬限制。

5. 离职去向

有离职意愿的基金会员工中，希望离职后去企业发展的占比最高，占39%；其次是想去其他非营利组织的，占22%；而选择自由职业和去政府机关发展的均占10%以上。由此可见，企业不仅是基金会从业人员的第一输送源，也是首选去处。

从各类型基金会有离职意愿的离职去向来看，企业是公募、非公募

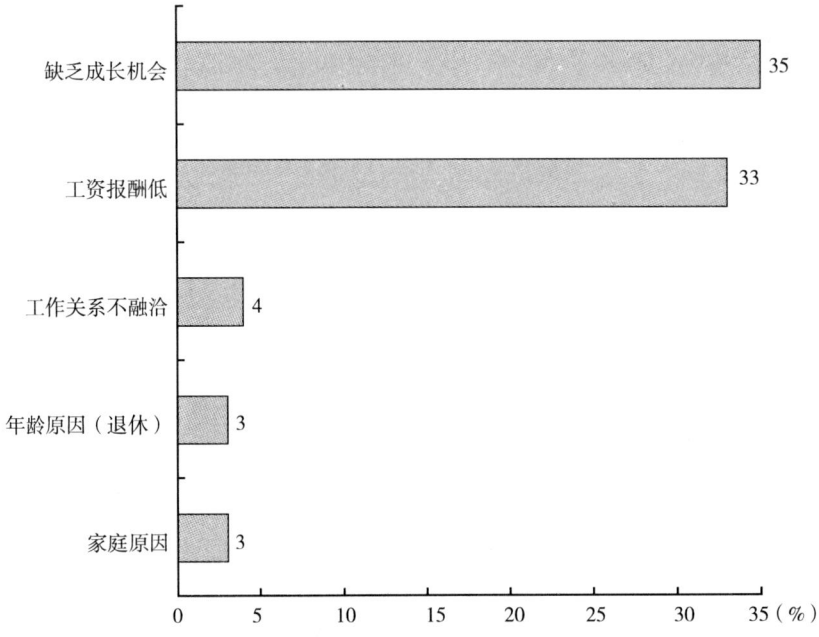

图42 有离职意愿的原因

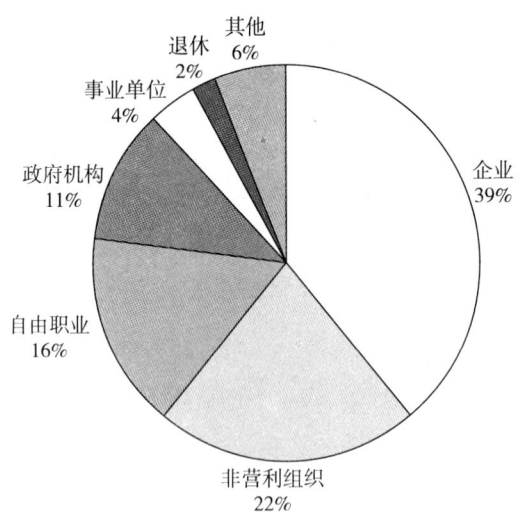

图43 有离职意愿的从业人员离职后去向占比

基金会员工离职后的第一选择，占比均接近40%；除此之外，公募基金会员工离职后更愿意休息（自由职业），非公募基金会员工离职后更愿意找一家公益机构继续从业；另外，公募基金会从业人员离职后想去政府机构发展的占总数的15%，而非公募基金会的此比例只有8%。

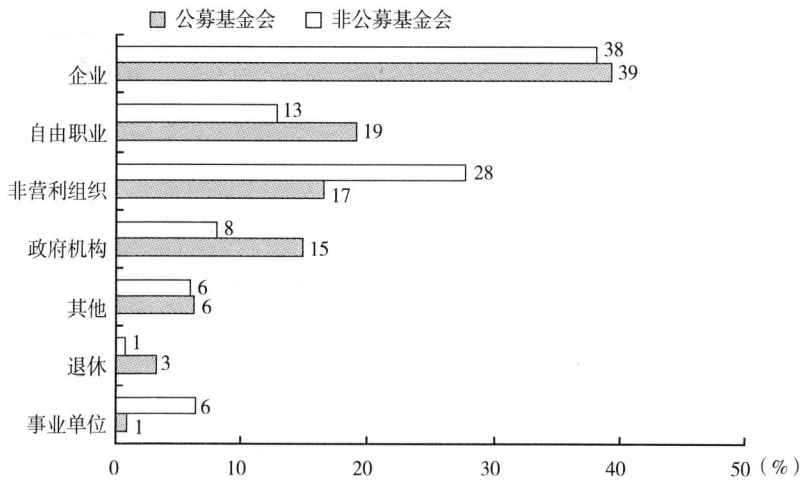

图44　各类型基金会有离职意愿的从业人员离职后去向占比

四　首个慈善学本科专业教育启动，订单式培养公益人才

北京师范大学珠海分校　宋庆龄公益慈善教育中心
Soong Ching Ling Education Center on Philanthropy

网址：http://ecop.bnuz.edu.cn/

2012年，基金会中心网联合上海宋庆龄基金会、北师大珠海分校在珠海发起设立了"宋庆龄公益慈善教育中心"，中国首个公益慈

善事业管理本科专业方向的人才培养计划投入运营，首批35位学生于2012年9月开始接受专业课程的培养。

培养目标

培养具有强烈的社会责任感和坚定的公益慈善理念、了解公益慈善事业前沿、掌握较扎实的理论基础、具有较强的公益慈善相关岗位实操能力，能胜任公益慈善机构和大中型企业社会责任部门的组织管理、项目运作、宣传推广、企业服务及理论研究等工作的应用型、复合型高层次专门人才。

培养模式

1. 依托基金会中心网，主要面向国内有实力有影响的公益慈善组织和机构试行订单式培养。学生选择修读本专业方向须经条件考核。

2. 跨专业设置公益慈善管理专业方向。不依托某一具体专业，由学校面向全校各专业大三学生开设，学生所属原专业不变，更充分体现为学生构建公益慈善岗位要求的复合型的知识与能力结构，如公共管理+公益慈善事业管理、市场营销+慈善推广、会计学+慈善财务管理、教育学、心理学+慈善宣传与专业服务等。

3. 本专业方向总学分拟规定为45学分（包括课程学分与毕业实习学分，不包括毕业论文），作为专业方向课程和学生的个性课程。

4. 本专业方向课程主要采取实务课程、实践教学、专业综合实习等形式进行，并主要聘请业界专业人员担任教学，实行实务课程导师制。

5. 注重国际化培养途径，包括借鉴发达国家经验设计专业课程、引进国外原版教材、聘请国际知名公益慈善教育专家任教、开设国际短期课程等，同时推进该专业领域的国际合作办学。

6. 注重学生综合素质的培养，切实强化学生的内在文化素养和外在气质形象。

宋庆龄公益慈善教育中心面向中国境内有实力、有影响的公益慈善组织和机构实行订单式培养，主要采取实务课程、实践教学、专业综合实习等形式教学，总学分拟定为45学分。该校将借鉴发达国家经验设计专业课程，引进外国原版教材，聘请国际知名公益慈善教育专家任教，开设国际短期课程等，同时推进该专业领域的国际合作办学。全世界唯一开设了慈善学博士课程的美国印第安纳大学慈善中心已与该校有合作意向。

公益慈善事业管理专业方向以培养公益慈善岗位要求的应用性、复合型高层次专门人才为目标。专业方向课程主要采取实务课程、实践教学、专业综合实习等形式进行，并主要聘请业界专业人员担任教学，实行实务课程导师制。同时注重国际化培养途径，包括借鉴发达国家经验设计专业课程、引进国外原版教材、聘请国际知名公益慈善教育专家任教、开设国际短期课程等。同时推进该专业领域的国际合作办学。（专业课程见表18）

表18　公益慈善事业管理专业方向课程方案

编号	课程类型	具体课程举例
1	专业方向课	慈善学概论
2		国际慈善发展简史
3	专业模块课程1（组织管理）	基金会战略管理与领导力提升
4		公信力建设与公益组织发展
5	专业模块课程2（策划与营销）	公益慈善项目设计与策划
6		公益慈善项目营销
7	专业模块课程3（财务管理）	公益组织筹款
8		股权捐赠专题
9	专业模块课程4（宣传推广）	社会发展与企业社会责任
10		慈善动员与慈善教育

资料来源：北京师范大学珠海分校宋庆龄公益慈善教育中心。

Gr.6 2012年大事记

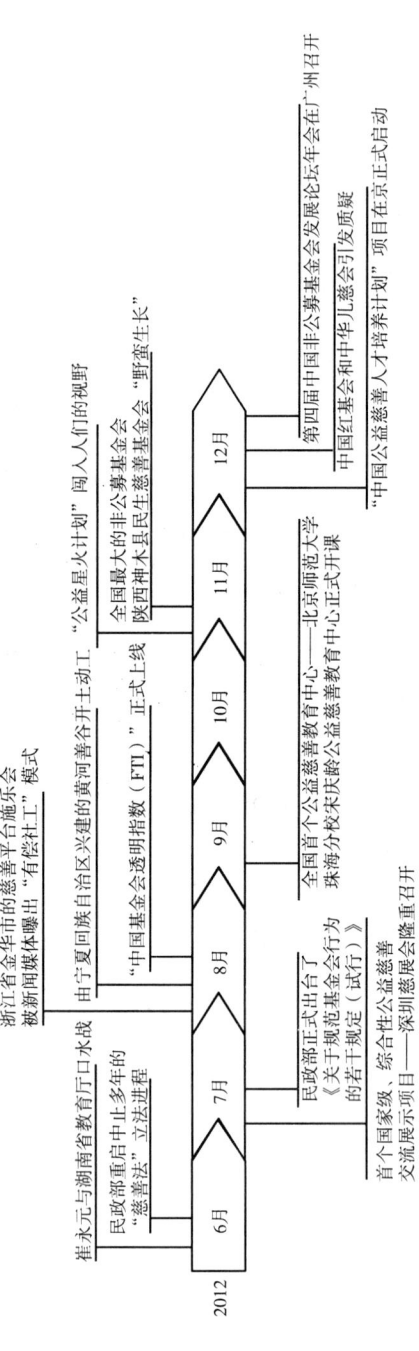

图1 2012年度基金行业大事记

2012年,我国基金会行业发展十分迅速。在这一年里,发生了很多大事件。总的来说,这一年中发生在公益基金会圈中的大事可以用"林林总总"四个字来形容。拨开笼罩在这些事件上的重重迷雾,我们大概能看到2012年公益基金会圈中的一些基本发展脉络,具体而言,有如下几点。

一 行业规范化

2012年是公益基金会发展规范化的一年。这年6月,民政部发布消息称民政部已经重启中止多年的"慈善法"立法进程,并已经将"慈善法"的初稿上报国务院。这是我国慈善行业又一重大立法事件,是继2011年"郭美美"事件以后,民政部在慈善立法方面的第二次大动作。慈善法是整个公益界乃至全社会都翘首以盼的法律,没有这部法律,整个慈善行业就像没了主心骨,成了一盘散沙。所以,政府应该尽快出台相关法律,为慈善行业定规立矩。

2012年7月29日,民政部正式出台了《关于规范基金会行为的若干规定(试行)》,提出关于"基金会接受和使用公益捐赠"、"基金会的交易、合作及保值增值"和"基金会的信息公布"等三方面的规定。由此,公益基金会行业又增添了一部重量级的行为规范。

二 行业行动

2012年7月,首个国家级、综合性公益慈善交流展示项目——深圳慈展会隆重召开,从12日开始,热热闹闹搞了连续三天。这次深圳慈展会可谓盛况空前,全国一共有544个公益机构、项目和企业参会,在三天的展会上共有41场公益沙龙、18场公众体验举行。各路公益领

域资深人士、专家学者云集，各种观点思想打成一片。这充分地展示了我国公益慈善界快速发展的丰硕成果，也展示出了我国公益慈善人热心公益、勇于创新的精神。但是，令人疑惑的是，这么重大的一次盛会结束后，大家便都作鸟兽散了，给这个社会丝毫没有留下什么值得深入挖掘的东西。由此，人们不得不思考这种盛会本身的价值与意义，在歌舞升平之后，是否又走回到了"一地鸡毛"的老路之上？

2012年下半年，"透明度"成为一个席卷公益圈的词汇，瞬间引来数百万双眼球。而透明度之所以会如此红遍半边天，是因为10月份，基金会中心网年会在京盛大召开。在年会上，基金会中心网与清华大学联合发布了具有轰动性效应的"中国基金会透明指数（FTI）"。从此，公益基金会行业将打破以往的"排排坐，分果果"的业界生态，进入到一个相互竞争、彼此比拼的大环境之中。

新闻链接："中基指数"推动基金会行业透明

中基透明指数正是社会呼应中最重要的一项设计，是公众打开基金会透明大门的一把钥匙。

2011年，一连串的负面事件让中国公益慈善组织遭遇了信任危机。公开透明成为公益行业必须迈过去的一道坎。

基于此，2012年9月，中国基金会行业信息服务平台基金会中心网推出"中基透明指数FTI"，为基金会透明度打分，并每周更新透明指数排名。这是我国公益基金会在制定社会管理标准方面迈出的重大一步。

"中基透明指数"是由清华大学廉政与治理研究中心、中国NPO自律行动委员会、中国非公募基金会论坛、基金会中心网发起机构和众多基金会组织参与研发的。旨在为社会公众提供捐赠参考，从而促进基金会行业提高自身的透明度和公信力。

　　此次透明指数的基础信息由基金会中心网采集核定，来源是全国所有2700多家基金会自行公布、民政部门公布、媒体公布及互联网上的信息。

　　"全行业的平均得分为52.41分，没有达到总分的一半。"清华大学公共管理学院廉政与治理研究中心主任程文浩认为这基本上可以反映当前基金会行业整体的透明水平。在1832家基金会中，得分在100分以上的只有30家左右，仅占参与评分基金会的约1.6%；大部分基金会得分为30~90分，其中有四成的基金会得分为50~60分。

　　"有效推动基金会行业的透明度，需要政府的顶层设计、行业的自觉行动和社会的积极呼应。"基金会中心网理事长、南都公益基金会理事长徐永光认为，中基透明指数正是社会呼应中最重要的一项设计，是公众打开基金会透明大门的一把钥匙。

　　"所有基金会无论成立早晚、规模大小，都适用同样的指数，公平公正，没有门槛。"徐永光表示，基金会中心网还将根据基金会信息披露水平，确定指数排名，每周更新一次。

　　（资料来源：京华时报）

2012年11月，第四届中国非公募基金会发展论坛年会在广州召开。本届年会的主题为"财尽其用，追求卓越"。此次年会由国内15家非公募基金会共同主办，共400人参加，为目前国内最具规模和影响力的行业盛会。本次会议就非公募基金会的发展、筹资、资助以及与草根NGO合作等情况开展了深入的讨论，在公益圈刮起了一股非公募热潮。

三 专业人才培养

目前,国内慈善专业人才培养已经成为行业热点,仅 2012 年中就出现了如下这么多的新兴项目。

9 月,全国首个公益慈善教育中心——北京师范大学珠海分校宋庆龄公益慈善教育中心正式开课,首批招收了 34 名学生。该中心由上海宋庆龄基金会、基金会中心网和北师大珠海分校联合发起,邀请了全国甚至全球的专业学者和实操界人士前往授课,所开设的都是专业性很强的公益慈善课程。这是 2012 年公益圈的又一大事件,昭示着我国公益圈的专业人才培养向前又迈进了很大一步。长期以来,我国的公益行业一直都嚷嚷着缺人才,特别是缺有专业技能的人才。现在,我们有了自己的人才培养基地,可以为我国的公益组织源源不断地输送经过专业培养的、有专业思维和技能的公益新人。这件事将会对我国未来数十年间公益慈善行业的发展造成极为深远的影响。

> **新闻链接:公益新势力——中国首个慈善事业管理专业诞生记**
>
> 一股慈善新势力正在珠海崛起。
>
> 也许很多年以后,中国公益圈会衍生出许多流派,其中会有人自豪地说,嘿,哥们,我是"珠海一期"的学生,然后众人会投来钦慕的眼神。
>
> 当然,在 2012 年的秋天,这一切还没有发生,未来中国公益领域新一代操盘手们此刻仍是巢中的小蛋。
>
> 今年 9 月,中国首个慈善事业管理专业在北京师范大学珠海分校开班。有意思的是,不仅是学生,就连老师都是"大姑娘上花轿"——头一回。

从零开始

秋高气爽的午后，本是小憩的好时光，年过花甲的金宝城却仍在忙碌着。

金宝城的眉毛有点花白，按他自己的话说，早就可以退休了。但他不仅没退休，反而更忙了。本已担任学校教育学院副院长的他，今年9月起又多了一个头衔——宋庆龄公益慈善教育中心主任。

新组建的慈善教育中心（以下简称"中心"）人丁单薄，金宝城事事都得亲力亲为。在慈善专业开班一个多月后，记者在北师大珠海分校见到金宝城时，他正在指挥工人为新办公室组装家具。

"新办公室还没布置完，师资队伍也在建设中，教材都还没有。"这位勤勉的老人直称自己是"公益慈善领域的新兵"，他并不讳言新专业当前的不足，"我们一切都从零开始"。师资是金宝城最头疼的问题。中心还没有自己的专职教师，目前只能以"外聘讲师"的方式组建师资队伍。

为学生讲述《公益慈善学概论》的何莉君是美国印第安纳大学慈善专业的在读博士。为了顺利成为"中国第一个学成归国的慈善学博士"，何莉君还得在11月飞回美国参加毕业论文的开题。

为学生讲述《慈善法》、《欧美慈善史》的褚蓥是清华大学NGO研究所的博士后。他有点小尴尬，国内还找不到一本用来讲授中国慈善法的教材。他只得把十多条有关基金会的法例都打印出来，手持A4纸讲课。

亟待完善的事情太多太多。出人意料的是，慈善专业的师生们却热情高涨。

从金融学跳过来的大三学生杨婷婷，开学一个多月后更新了QQ签名："我最不后悔的选择就是选择了公益慈善管理。"理由

是:"和一群志同道合,有着同样梦想的人,在一个有力量的群体中前进,感觉很幸运。"

来自11个学院17个专业的34名学生选择将公益慈善作为专业方向,他们大多家境殷实,却觉得社会"太浮躁",他们怀揣改变社会的理想,但又在与社会的初次接触中感到失望与无力。

"选了慈善专业,我认识了何莉君老师、程刚'老大',还有很多以前没法接触到的'大人物'……"杨婷婷说,"他们给了我希望"。

给希望的人

2011年,中国慈善界丑闻频发,"宋庆龄系"基金会亦卷入其中。当年9月,河南宋基会被爆用善款大量放贷,招致公众如潮的质疑。这让当年曾为宋庆龄工作、现任上海宋基会主席的鲁平痛心不已。

鲁平今年85岁,这位前国务院港澳办主任,当年曾怒斥香港总督彭定康的老人如今早已不参与上海宋基会的日常管理。可是,慈善界的乱象让他坐不住了。鲁平找到上海宋基会秘书长邹蔚,要求基金会做点什么,推动中国慈善事业前行。

在邹蔚看来,乱象源于从业人员的不专业,想要正本清源,还得从教育入手。

"中国有不少公益研究院,从事理论研究的人很多,但最缺的还是实操性人才。"基金会副秘书长管建华说,他们希望在本科教育中寻找突破口。

最理想的做法,莫过于在大学开办慈善学院,招收慈善专业的学生。但邹蔚发现一个大难题:中国公办大学的专业设置、招生数量等指标都由教育部门统一规划,而慈善学并不是一个被国家教育部认可的学科,慈善专业学生的学历文凭不被国家承认。

不少知名高校欲与上海宋基会合作，无奈受困于机制，两三年内都难有建树。在此困局之下，上海宋基会把视线转向办学机制较为灵活的民办高校。北师大珠海分校高层闻讯，立刻抛出了橄榄枝。于是今年1月，双方一拍即合，确定联手组建全国首个慈善专业。

为了确保学历的合法性，他们想出了一个法子，先把慈善作为一个"专业方向"，由学校面向各专业大三、大四学生开设，学生所属原专业不变，毕业时仍领取原有的学位学历证书，但证书上会注明"公益慈善事业管理"的专业方向。

创新的培养方式引起了基金会中心网理事长徐永光的兴趣。今年3月，他在上海交大一次演讲中偶然听闻此事，当即拉住了上海宋基会的代表管建华要求详谈。

与上海宋基会的判断相似，徐永光也认为中国公益慈善事业的症结在于专业化程度太低。他以为，专业化是公益的必经之路，但目前圈内专业人才奇缺，也没有相关的教育和人才储备，行业发展乏力。

徐永光敏锐地感觉到，在全日制本科院校里创立慈善专业，很可能是中国慈善界迈向专业化的重要一步，他决定"插上一脚"。

一个三方合作的公益项目开始萌芽。

程刚的"兵"

在徐永光的授意下，3月中旬，基金会中心网总裁程刚从北京飞赴上海，与上海宋基会高层探讨合作的可能性。当时的程刚也许不曾想到，他后来会被一群大学生尊为"老大"。

程刚是内蒙古人，身材魁梧，性情豪爽，吃饭时须得饮酒助兴。他常常把基金会中心网的介入笑称为"第三者"。但实际上，作为全国基金会的信息枢纽，中心网手握大量业内资源。它的加盟，上海宋基会与北师大珠海分校求之不得。

程刚还记得，4月的一天，上海风和日丽，三方代表在绿色的草坪上畅谈公益前景，彼此越谈越投契。他们达成共识："要培养一批具有强烈的社会责任感和坚定的公益慈善理念，具有过硬实操能力的高层次专门人才。"

4月22日，上海宋基会召开理事会，确定再从教育专项基金中拨款200万元作为珠海慈善专业启动资金。

程刚也没闲着。美国印第安纳大学的慈善学研究全球领先，他就到印第安纳大学取经，帮助珠海新开设的慈善专业引进课程与师资，同时促成两所高校的合作。深受学生欢迎的讲师何莉君，正是程刚在印第安纳大学访问时顺道"挖"回来的。

5月22日，宋庆龄公益慈善教育中心正式在北师大珠海分校宣告成立。程刚说，成立"中心"只是权宜之计，他希望在一到两年内将之发展为中国首个"慈善学院"。

在这半年里，程刚不遗余力地对每一个碰到的圈内人推介这个新专业，邀请这些业内精英一对一担任学生们的导师，让孩子们有机会接触最前沿的慈善理念。安永企业家奖得主曹德旺、深圳慈善会秘书长房涛、中大教授朱健刚……都是他游说的对象。

他还全程参与慈善专业的宣讲、招生、面试等一系列活动，与金宝城、何莉君等人亲手从报名的50余人中挑选出最终的34名学生。他的挑选标准也颇有争议："一、爹妈至少不反对，二、家里起码小康。穷人家的小孩就别掺和了，还是努力赚钱吧。"

在程刚看来，尽管公益行业的从业者待遇在提升，但与高收入行业依然有着明显的差距，家境富裕的小孩更有条件去从事公益事业。程刚说："很多人不赞同，比如曹德旺先生，但我们与校方观点是一致的。"

程刚对挑选出来的孩子寄予厚望。他最常对学生们说的一句话是："你们是学慈善专业的，出去以后，不许说外行话，不许给我丢人！"在他看来，"不说外行话"、"不丢人"是专业性的起码要求。

他希望这群孩子将来能到各大基金会工作，"人家一看，嗯，程刚的兵，是这么回事"。

被破格录取的孩子

34名学生中，还包括被破格录取的"问题孩子"陈孚。陈孚来自一个军人家庭，身材高大，衣着简朴，脚下踏的胶鞋还是破的，全身唯一的名牌是手表，那是他父亲送的。

陈孚已经"大五"了。过去整整一个学年，陈孚因厌学而申请休学。他去追寻自己的公益理想，加入了一个心仪已久的环保NGO，希望做全职公益人。可惜落花有意，流水无情，该NGO的创始人并不认为满腹牢骚的陈孚是个合格职员，在试用期满后不予录用，失意的陈孚只得重返校园。

5月份，友人的一个来电，为迷惘中的陈孚带来了新的希望：北师大珠海分校要开慈善专业了。5月下旬的成立仪式，6月初的两场招生宣讲，陈孚一场都没落下，他争取一切机会与业内大佬们对话。他追问徐永光、追问程刚："大学生公益创业资源匮乏的难题如何破解？谁来为公益创业的大学生埋单？"

程刚一语点醒梦中人："年轻人，你应该多考虑什么才是有效率的事情。"这也让陈孚下决心报名慈善专业，去追寻答案。

但问题是，慈善专业也是有门槛的，比如说"不得挂科"。执着的陈孚不愿意放弃，他把自己大学四年的公益实践整理成册，还找到了10名亲友分别写推荐信，其中包括珠海政协委员、国际NGO的工作人员，以及父亲、同学、舍友等。

> 收到陈孚的"求学简历"时，见多识广的程刚也吓了一跳："别人的自我介绍只有一页，他的有五六十页，我的天，这就像一个求职者。"陈孚的执着和热情打动了程刚，但他挂科、翘课的"前科"也招致了部分组织者的反对，全赖程刚与何莉君的力挺，这位"问题学生"才最终涉险过关。
>
> 选择公益路的年轻人，想法总是特别多。陈孚，以及其他被选中的学生，他们热情、执着、胸怀理想。在被问及为什么选择慈善专业时，不少人生出了"中国目前很浮躁"的感叹。这群90后的学生说，他们愿意"慢下来"，"去改变社会"，"让世界活得更有尊严"。
>
> （资料来源：南方都市报）

同时，中国人民大学和北京师范大学都开设了非营利管理方向的MPA，用于开展专业高端人才的培养。其中，中国人民大学开设的是非全日制"非营利管理"方向双证（学历证书和学位证书）MPA项目，而北师大开设的是"公益发展"方向公共管理硕士高级班。这对我国公益行业人才水平的提升十分有益。

基金会中心网、美国的捐赠机构和国内的商学院联合开办了一项职业培训项目，用于培养慈善行业的理事长级的高端人物。这一点也颇值得期待。但是，这是一个商业项目，所以，在培养人才的同时，也将维持自身的运营放在了一个十分重要的地位。

"银杏伙伴成长计划"作为一个相对老牌的公益人才培养计划，也值得一提。这个计划以资助草根机构的领导人或创始人为主要项目内容，逐步走出了一条精英化公益人才培养道路。目前，这个计划运行已经有几年了，影响力也开始呈现。我们自然希望像这样好的计划能够越走越远。

11月，"公益星火计划"闯入人们的视野。这个项目由香港理工大学、深圳市创新企业社会责任促进中心、桃源居公益事业发展基金会三方联合举办。"公益星火计划"是中国第一个系统化、专业化、跨界培养高端公益领袖人才的项目。其中，该计划中有一项内容是"中国慈善公益人才高级研修班"，学员主要来自于有一定基础的NPO、基金会、媒体、社会企业、企业CSR部门等。该项目以"民非组织＋院校"合办的形式，培养实操性、国际化的复合型公益领袖人才队伍。

12月，由民政部指导，中民慈善捐助信息中心、安利公益基金会共同发起，十余家全国公益慈善组织共同参与的"中国公益慈善人才培养计划"项目在京正式启动。该项目由安利公益基金会出资1000万元举办，计划在三年间，每年从申报者中选拔出50名"最具潜力的公益慈善领军人物"，再由民政部领导、知名基金会负责人、业内著名教授学者等组成的人才培养专家团对他们进行专业培训。同时，该项目还借鉴了商业孵化的模式，因此也被称为公益慈善行业的"创新工厂"。

四　公众问责

透明度自推出以后，就一直是公众问责基金会的一把利器。2012年12月，红基会在"中国基金会透明指数2012排行榜"获得满分，荣登第一，由此透明度问题再次引爆全场。人们纷纷指出，红基会的第一名不副实，且不说红基会对2011年的"郭美美"事件尚没有给人们一个交代，再看今年成都红会捐款箱发霉事件，这个"第一"委实让人有点揪心。当然，这一状况并不能说明中基透明指数有什么问题，而只能说明组织品牌一旦出现裂缝，再想要弥补，就要费好大一份工夫。所以，光有透明度是不够的，慈善基金会要想获得人们的信任，还需要在很多方面多下工夫。

新闻链接：公众拷问公益透明榜真实性

近期，年度慈善基金会透明度榜单、FTI指数、年度慈善透明报告三个关于公益组织透明度的"榜单"出炉。其中FTI 2012排行榜上，中国红十字基金会更是以满分成为排名第一的17个基金会之一。据新浪网的一份调查显示，95%受访者对此排名表示质疑。

在公众感受和专业榜单之间，究竟谁更接近真相？

公众感性认知引发质疑

中国有超过6成的基金会不合规，不合规意味着什么，意味着连国家法律法规要求的指标都没完成，这是突破底线的行为。

2012年12月26日，"中基透明指数2012排行榜"（以下简称FTI）发布后，许多媒体迅速把"红会排名第一"放到了新闻标题里，公众对FTI的质疑随之发酵。

在随后新浪网针对FTI排名的调查中，7000多网友中有95%对榜单生疑。

公众的强烈质疑无不与2011年的郭美美事件相关，但当时牵涉其中的是"中国红十字会"，而并非上榜的"中国红十字基金会"。

"这是一场张冠李戴的质疑"，清华大学廉政与治理研究中心主任、FTI研发专家程文浩说。

"首先，二者是两个独立的法人机构，红十字总会是红基会的业务主管单位；其次，FTI所有排名均无法受到人为因素影响，在基金会中心网的FTI指数排名网页上，公众点击不同的基金会，自己就可以看到该基金会的公示信息，这个基金会是否应该排在这个位置上，公众完全可以随时随地地进行查询与监督"，程文浩解释称。

在中国红基会官网，公示的信息包括2005年以来的年检、审计报告，公众可以清楚看到开展的项目信息，而长达94页的年报里也较详尽地披露了机构的治理、筹资、项目运行与财务等信息。

清华大学邓国胜教授认为，公众应客观地去看待这个榜单，毕竟透明度是由不同的指标构成，红基会和其他基金会一样，只要按照指标去披露自己的信息，就可能获得满分。

程文浩表示，欢迎公众的监督，但在此过程中，希望公众能真正了解公益领域的真实情况。"根据FTI指数显示，中国仍有超过6成的基金会不合规，这意味着这些基金会连国家法律法规要求的指标都没完成。这个现象更应该引起重视。"

与FTI的6成基金会不合规相呼应，中民透明榜则显示，8成公益组织分数在及格线以下。

三榜评价标准不一

FTI向社会公开其考评指标，福布斯未公开；中民推出的榜单，则加入了人为评价，对所评机构信息的公开情况进行监测和评分。

从2009年中民发布首份"年度慈善透明报告"，到2011年《福布斯》杂志中文版开始发布"年度慈善基金会透明度榜单"，再到2012年基金会中心网推出"FTI指数"，目前，中国公益慈善组织信息透明的第三方监测评估体系初步形成了三足鼎立之势。

三家机构的标准既有共同之外，也有较大差异。

据了解，FTI指数与福布斯透明榜较为相似，考评对象均为中国的基金会，数据主要来自基金会根据民政部门要求填报的2011年度年检文件和官方网站。

但两家的不同则在于：其一，FTI向社会公开其具体的考评指

标,福布斯未公开;其二,FTI 考评的是所有基金会,福布斯则是选取了年度公益支出最多的公募、非公募基金会各 200 家进行考察。

对此,福布斯中文版调研部副总监史国伟表示:"由于《福布斯》本身不是专业机构,我们更在意的是公众的感受度,所以我们的数据来源选取的都是普通公众可以获得的渠道,而选取公益支出最多的基金会,也是因为这样的基金会本身意义大,也相对更吸引公众关注;而不能公开评审的体系设计指标的原因,则是想保持福布斯自己的特色,不想被模仿,同时,如果大家了解我们这个体系的构成标准,都去参照,同质化的内容太多,也并不利于行业发展。"

而中民慈善捐助信息中心推出的榜单,覆盖对象除基金会外,还包括社会团体和民办非企业单位,数量则按资源量及影响力等抽取了 500 家机构,并加入了人为评价的内容,对所评机构信息的公开情况进行监测和评分。

榜单曾遇外界干预

我们主观判断一个组织的信息披露是否准确,实在太难,而进行调查核对又太困难,不现实。

虽然榜单获得专家肯定,但对于所评机构信息内容的真实性,三个榜单推出方均表示:不能保证。

基金会中心网总裁程刚表示,排名只能体现基金会是否做了相应的信息公开工作,做到了什么程度,但其公开内容是否真实,比如财务信息等,则需专业机构进行审查。

"每年对 400 家基金会进行评价,没法做真实性调查,我们也做不了。"史国伟表示,他认为,基金会的好坏与其透明度不是绝对的正相关,这个榜单更多的是代表基金会一个透明的态度。同时也引起公益的关注,加强社会监督。

而此前曾将"准确性"纳入考评标准的中民,今年也主动去掉了这一维度。中民慈善捐助信息中心副主任刘佑平解释称,"这么做是暂时性的、不得已的,因为我们主观判断一个组织的信息披露是否准确,实在太难,而进行调查核对又太困难,不现实"。

数据真实难以考证,而对于是否有公益组织为排名而进行私下交易,三家榜单发布方均予以否认。

程刚表示,对于FTI来说,想暗箱操作也暗箱不了,所有考核体系都是公开的,达到要求了,系统自然就会给出相应的分值,公众可以直接监督。

史国伟则表示,由于考评体系不公开,在榜单发布后,的确有基金会找上门:"但不是想私下勾兑,而是想了解我们这个考评是怎么做的,希望能努力达到我们的要求,让排名提高,这种交流我们很欢迎。"

而对于中民来说,由于有人为评价因素,的确遇到过一些压力,"但我们还是坚持客观公正,毕竟排个名次不是目的,推动行业的整体透明才是最重要的",刘佑平表示。

整体落后让"排名不稳"

许多基金会连基本信息、财务信息都有欠缺,但发现排名靠后,及时进行信息补充,排名就上去了。

2012年8月,在FTI甫一推出的发布会上,中国人民大学NPO研究所所长康晓光曾犀利地对FTI指数的稳定性表达过质疑,指出"有的基金会几天之内,排名出现巨大起落"。

对此,程文浩解释:"目前FTI包括基本信息、财务信息、项目信息、捐赠信息四部分信息内容,只要这项信息公示了,就会有相应的得分,刚开始启动时,许多基金会连基本信息、财务信息都

有欠缺,但发现排名靠后后,及时进行信息补充,排名就上去了。"

"上周排名第十六,一周后到了第一名(第一名共17个),是因为原先少了'秘书长简历'这一指标,现在补齐了,排名就上去了",深圳壹基金公益基金会工作人员说。一个秘书长简历可以让基金会跃升十几名的排名,从一个侧面印证了导致"不稳定性"的背后原因。

"对于FTI目前设列的这些信息,基金会仍然需要相当长一个时间的完善,什么时候这些信息都能公示得差不多,中国基金会的整体水平就有了一个显著的提高,排名也就不会因补充一点内容就能提高好几个名次,那时,我们也将进行更细化的考评",程文浩说。

与动态的FTI相比,由于是一年一次评选,中民与福布斯的透明榜单变化不是特别大。

但不可否认的是,在三个透明榜的评估中,基金会主要工作人员简历、任期和薪酬介绍、上一年度工作报告的年检情况、捐款查询系统、与公益项目合作方的合作方式和内容、公益项目评估以及总结等方面的信息披露仍表现为短板。

一榜之力难推透明进程

透明榜一方面给公益组织自身带来了压力,另一方面,其实是给政府形成了压力。

一个透明榜无论做得多专业,其终极目的是推动中国公益领域的透明,但就目前透明榜所揭示的一些问题来看,推动透明绝非一个榜单就能起到决定性作用。

据程文浩介绍,全国仍有20多家基金会除了能找到名称外几乎再无其他任何信息。

完全不透明的基金会还能活下去，对于这种不合逻辑现象，很多公益机构都是官办的，官办机构长期以来不是依靠自己的透明、公信力来获得社会大众的捐赠，而是依靠自己的行政手段获得，这导致很多慈善机构透明度偏低。

揭开透明面纱的最重要环节仍然在政府的管理层面。

"透明榜一方面给公益组织自身带来了压力，另一方面，其实是给政府形成了压力"，程刚说。

据北京市民政局网站显示，1月5日起，《北京市慈善事业促进办法（草案送审稿）》（以下简称《促进办法》）开始向社会公开征求意见。

《促进办法》明确规定慈善组织应当及时、完整地公开有关捐赠信息，不得有虚假记载、误导性陈述或者重大遗漏，并接受社会监督。

"我认真地看了这个《促进办法》，如果真能严格按照这个实施，我们的透明排行意义就不大了，因为我们的目的也就实现了"，程刚说。

（资料来源：京华时报）

2012年12月，红十字会社会监督委员会换届成功，并向社会发布相关信息，由此引发人们的再次指责。人们纷纷指出，红十字会社会监督委员会聘任的都是名人，这些名人要么没时间监督，要么圈里圈外的都是熟人，没法监督，而且这些人都是红会自己挑出来的，完全无法服众。因此，关于红十字会社会监督委员的实际效力是要打上一个大大的问号的，无论他们说什么，都很难取信于公众。

同月，儿慈会账本事件引爆全场。落魄书生周筱赟曝出"儿慈会洗钱48亿"事件。虽然儿慈会努力澄清事件，但是却依旧得不到

公众的信任。就目前来看，儿慈会在透明度方面毫无问题，属于充分披露。也正是因为其充分披露，才导致了自身受到问责。不过，事件本身反映出儿慈会在规范化管理上有待加强，作为一家全国性公募基金会，应该对公众捐出的善款真正担起责任。

五　专业化发展

专业化是2012年的核心词汇之一。8月，公益组织应以什么样的机制来引进专业化人才成为人们争论的热点问题。事件的起因是浙江省金华市的慈善平台施乐会被新闻媒体曝出"有偿社工"模式，即施乐会允许机构的志愿者在募款成功后，直接从善款中拿走提成，最高提成可达到善款的15%。这一事件一经曝出，立刻引发了社会公众的广泛关注。有的人对施乐会的这一做法表示质疑，提出公益组织怎么能够拿钱来作为奖励的方式呢？这样与公益慈善的本质相去甚远。而有的人则提出，公益慈善搞薪酬激励，才能有利于吸引专业人士，才能促进公益行业的专业化发展。这一争论虽然没有结果，但是至少将公益组织的人才困境给摆到了台面上。虽然公众对慈善组织拿钱引人还是不太支持，但是，可以相信，随着公益行业的逐步发展壮大，公众的观念早晚有转变的那一天。

六　去官办化

去官办化在2012年一直是一个人们讨论的热点词汇。公益基金会是否要去官办化？去了官办化又如何生存？这些问题一直是人们讨论的热点话题。

6月，崔永元与湖南省教育厅的口水战将这个话题带到了一个新的高度。湖南省教育厅对崔永元公益基金于 8 月在湖南省开展的乡村教师培训项目不予支持，提出了"不反对、不支持、不参与"的"三不"箴言，于是，崔永元同样以"三不"箴言加以反击，即"不努力、不作为、不要脸"。这个事件引来了人们一片嘘声。有人提出现在公益组织不靠政府，就没法办事，因为资源都在政府手里。也有人提出，公益组织靠政府，失去了自己的独立性。这就和政府办慈善没有什么区别了。但在喧嚣之后，人们也开始反思，公益组织做活动，到底要不要政府配合？为什么中国的公益组织必须要依靠政府？什么时候我们才能摆脱官办慈善的阴影，真正走一条草根路线？这一连串的问题至今没有标准答案，留给人们的依旧是无尽的反思与猜测。

8 月，由宁夏回族自治区兴建的黄河善谷正式破土动工。这一工程的开工再次引起人们对官办慈善的热切关注。据官方对"黄河善谷"的介绍，"黄河善谷，是宁夏回族自治区在沿黄河城市以及南部山区建设的新型慈善工业园区集群，是集聚产业慈善资源，探索扶贫助残的一种新模式"。黄河善谷一共有六大慈善园区，八项工程，可谓规模浩大。在黄河善谷破土动工的同时，中国（宁夏）黄河善谷慈善博览会于 26 日在银川市举行。在本次展览会期间，共有 1 千名慈善人士、1 万名公众参会，在会上共完成了 100 亿元的招善项目。据称，黄河善谷的落成将解决宁夏近 100 万贫困人口和 42 万残疾人的就业和生活问题。但是，在这些数字和盛况的背后，人们更加关心的是这一工程是否能够如预期的那样起到作用。官办慈善能够重现当年的巨大作用？是不是应该更多借助草根的力量？

11 月，全国最大的非公募基金会陕西神木县民生慈善基金会的"野蛮生长"引起人们的关注。神木基金会是当地政府主导下的基金会，依托当地丰富的煤矿资源，在短期内就做成了全国第一。人们纷纷质疑这种政府主导的基金会模式到底能够走多远。

七 社会创新

2012年是社会创新的一年。在这一年里,有太多的社会领域的创新吸引人们的眼球。为此,在这一年的年底,由北京大学中国政府创新研究中心等单位组织联合发起的第二届"中国社会创新奖"评出了十大优胜奖和十四大入围奖。

新闻链接:第二届"中国社会创新奖"选拔与颁奖大会在京举行

第二届"中国社会创新奖"(2012)选拔颁奖大会在京举行。中央编译局副局长俞可平教授、国家民间组织管理局副局长刘振国同志分别在开幕式上致辞。中央编译局比较政治与经济研究中心主任何增科教授主持。来自中央编译局、国家民间组织管理局、北京大学、清华大学等党政部门和学术机构的官员、学者,以及24个入围项目代表等参加会议。

俞可平教授介绍,"中国社会创新奖"是由北京大学中国政府创新研究中心等单位组织发起的一项非政府的专业学术奖,旨在发现和鼓励各类社会组织在解决社会问题、满足社会需求、创造社会价值、促进社会进步中的创新行为,总结、宣传、推广中国社会创新先进经验,促进和推动社会公平与社会善治。该奖项从创办以来便受到了社会各界的广泛关注,得到了各级民政部门和社会组织的热烈响应。第二届"中国社会创新奖"于2012年7月12日在深圳慈展会上正式启动,截至2012年9月30日,中国社会创新奖组委会共收到249个社会创新申报项目。

与第一届相比,本届申报项目表现出以下显著特点:一是申报项目众多,增幅明显。与首届161个相比,申报数量增加了88个,反映出社会创新在中国的蓬勃发展趋势。二是申报社会创新奖的地区分布更加广泛。今年249个申报项目覆盖面涵盖了全国30个省、市、自治区。三是社会创新的领域不断拓宽，但创新的重点则相对集中。社会创新的领域包括弱势群体保护、社会事业、公益慈善、社区服务、扶贫济困和环境保护六大领域，其中弱势群体保护类的项目高达74个，接近申报项目的三分之一。四是除了社会组织外，越来越多的社会企业参与申报中国社会创新奖，这表明社会组织和社会企业开始成为中国社会创新的主力军。五是社会创新成为整合各方资源的重要平台，有更多的项目是以包括政府、社会组织、媒体和企业等主体在内的多元跨界合作形式展开的。六是信息、通讯和网络技术尤其是新媒体技术在社会创新中的应用日益广泛，科技成为撬动社会创新的有力杠杆。

项目申请截止后，组委会组织专家对申报项目进行了资格审查和初选。2012年10月，从全国专家库中遴选出的11名来自多个学科的全国专家委员会委员，依照严格的评选程序，从申报项目评选出24名入围项目。2012年11月，组委会对入围项目进行了网上公示并开展了独立的调研评估。今天，全国选拔委员会的委员，将根据项目代表的现场陈述和答辩，以及所提供的申报材料、组委会调研报告，通过投票的形式产生10名优胜奖和14名入围奖。

经过现场陈述、专家提问和选拔委员会投票，分别有10个项目获得第二届"中国社会创新奖"优胜奖，另外14个项目获得第二届"中国社会创新奖"入围奖。

第二届"中国社会创新奖"（2012）优胜奖（10名）

（名单按汉语拼音顺序排序）

1. 基金会中心网项目（北京恩玖非营利组织发展研究中心）

2. 免费午餐项目（中国社会福利基金会）

3. 潘得巴自然保护与社区发展项目（珠穆朗玛峰国家级自然保护区潘得巴协会）

4. 枢纽型社会组织创建计划项目（广东省中山市青年联合会）

5. 乡村素质教育公益服务体系项目（上海真爱梦想公益基金会）

6. 小额信贷扶贫与妇女发展项目（内蒙古赤峰市昭乌达妇女可持续发展协会）

7. 心目影院项目（北京红丹丹教育文化交流中心）

8. 壹基金联合救灾计划项目（深圳壹基金公益基金会）

9. 中华社会救助基金会大爱清尘基金项目（中华社会救助基金会）

10. 助人自助的农民工社会工作服务探索与推广项目（北京市协作者社会工作发展中心）

第二届"中国社会创新奖"（2012）入围奖（14名）
（名单按汉语拼音顺序排序）

1. 公众参与民主协商讨论会会议技术能力建设项目（北京灿雨石信息咨询中心）

2. 和谐家园深圳市反家暴社工援助计划项目（深圳市鹏星社会工作服务社）

3. 立人乡村图书馆项目（北京市昌平区立人乡村文化发展中心）

4. 利用创新模式促进贫困社区可持续发展项目（甘肃伊山伊水环境与社会发展中心）

5. 流动妇女互助合作爱心超市项目（北京同心希望家园文化发展中心）

6. 桥畔计划教育公益组织支持平台项目（西部阳光农村发展基金会）

7. 社会企业残友集团残障员工帮扶计划项目（深圳市残友社工服务社）

8. 社区邻里中心建设项目（浙江省宁波市江东社区邻里中心）

9. 生态小农的CSA平台项目（重庆合初人文化传播社）

10. 市民情感护理项目（深圳市市民情感护理中心）

11. 酥油灯儿童之家发展项目（青海省玉树州牧人发展促进会）

12. 西乡农村妇女脱贫助力计划项目（陕西省汉中市西乡县妇女发展会

14. 义工管理创新与公益科技提升项目（江苏省常州市义工联合总会）

（资源来源：人民网）

八 总结

总之，2012年，故事很多，2013年，故事同样精彩。展望2013，相信基金会行业的明天会更好。

附：关于规范基金会行为的若干规定（试行）

为确保基金会恪守公益宗旨，规范开展活动，扩大公开透明，维护捐赠人、受益人和基金会的合法权益，进一步促进基金会健康发展，现对基金会行为规范中的若干问题作出如下规定：

一　基金会接受和使用公益捐赠

（一）基金会接受捐赠，应当与捐赠人明确权利义务，并根据捐赠人的要求与其订立书面捐赠协议。

基金会接受捐赠应当确保公益性。附加对捐赠人构成利益回报条件的赠与和不符合公益性目的的赠与，不应确认为公益捐赠，不得开具捐赠票据。

（二）基金会应当在实际收到捐赠后据实开具捐赠票据。捐赠人不需要捐赠票据的，或者匿名捐赠的，也应当开具捐赠票据，由基金会留存备查。

基金会接受非现金捐赠，应当在实际收到后确认收入并开具捐赠票据。受赠财产未经基金会验收确认，由捐赠人直接转移给受助人或者其他第三方的，不得作为基金会的捐赠收入，不得开具捐赠票据。

（三）基金会接受非现金捐赠，应当按照以下方法确定入账价值：

1. 捐赠人提供了发票、报关单等凭据的，应当以相关凭据作为确认入账价值的依据；捐赠方不能提供凭据的，应当以其他确认捐赠财产的证明，作为确认入账价值的依据；

2. 捐赠人提供的凭据或其他能够确认受赠资产价值的证明上标明的金额与受赠资产公允价值相差较大的，应当以其公允价值作为入账价值。

捐赠人捐赠固定资产、股权、无形资产、文物文化资产，应当以具有合法资质的第三方机构的评估作为确认入账价值的依据。无法评估或经评估无法确认价格的，基金会不得计入捐赠收入，不得开具捐赠票据，应当另外造册登记。

（四）基金会接受食品、药品、医疗器械等捐赠物品时，应当确保物品在到达最终受益人时仍处于保质期内且具有使用价值。

（五）基金会接受企业捐赠本企业生产的产品，应当要求企业提供产品质量认证证明或者产品合格证，以及受赠物品的品名、规格、种类、数量等相关资料。

（六）基金会应当将接受的捐赠财产用于资助符合其宗旨和业务范围的活动和事业。对于指定用于救助自然灾害等突发事件的受赠财产，用于应急的应当在应急期结束前使用完毕；用于灾后重建的应当在重建期结束前使用完毕。

对确因特殊原因无法使用完毕的受赠财产，基金会可在取得捐赠人同意或在公开媒体上公示后，将受赠财产用于与原公益目的相近似的目的。

（七）基金会与捐赠人订立了捐赠协议的，应当按照协议约定使用受赠财产。如需改变用途，应当征得捐赠人同意且仍需用于公益事业；确实无法征求捐赠人意见的，应当按照基金会的宗旨用于与原公益目的相近似的目的。

（八）捐赠协议和募捐公告中约定可以从公益捐赠中列支工作人员工资福利和行政办公支出的，按照约定列支；没有约定的，不得从公益捐赠中列支。同时，基金会工作人员工资福利和行政办公支出应当符合《基金会管理条例》的要求，累计不得超过当年总支出的10%。

工作人员工资福利包括：

1. 全体工作人员的工资、福利费、住房公积金、社会保险（障）费（含离退休人员）；

2. 担任专职工作理事的津贴、补助和理事会运行费用。

行政办公支出包括：组织日常运作的办公费、水电费、邮电费、物业管理费、会议费、广告费、市内交通费、差旅费、折旧费、修理费、租赁费、无形资产摊销费、资产盘亏损失、资产减值损失，因预计负债所产生的损失、审计费，以及聘请中介机构费和应偿还的受赠资产等。

（九）基金会用于公益事业的支出包括直接用于受助人的款物和为开展公益项目发生的直接运行费用。

项目直接运行费用包括：

1. 支付给项目人员的报酬，包括：工资福利、劳务费、专家费等；

2. 为立项、执行、监督和评估公益项目发生的费用，包括：差旅费、交通费、通讯费、会议费、购买服务费等；

3. 为宣传、推广公益项目发生的费用，包括：广告费、购买服务费等；

4. 因项目需要租赁房屋、购买和维护固定资产的费用，包括：所发生的租赁费、折旧费、修理费、办公费、水电费、邮电费、物业管理费等；

5. 为开展项目需要支付的其他费用。

捐赠协议和募捐公告中约定可以从公益捐赠中列支项目直接运行费用的，按照约定列支；没有约定的，不得超出本基金会规定的标准支出。

（十）基金会应当对公益捐赠的使用情况进行全过程监督，确保受赠款物及时足额拨付和使用。

（十一）基金会选定公益项目执行方、受益人，应当遵循公开、公正、公平和诚实信用的原则，保护社会公共利益和与项目有关的当事人的合法权益。

基金会不得资助以营利为目的开展的活动。

二　基金会的交易、合作及保值增值

（一）基金会应当严格区分交换交易收入和捐赠收入。通过出售物资、提供服务、授权使用或转让资产包括无形资产等交换交易取得的收入，应当记入商品销售收入、提供服务收入等相关会计科目，不得计入捐赠收入，不得开具公益事业捐赠票据。

（二）基金会进行交换交易，应当保护自身和社会公众的合法权益。不得以低于公允价值的价格出售物资、提供服务、授权或者转让无形资产；不得以高于公允价值的价格购买产品和服务。

（三）基金会不得将本组织的名称，公益项目品牌等其他应当用于公益目的的无形资产用于非公益目的。

（四）基金会不得直接宣传、促销、销售企业的产品和品牌；不得为企业及其产品提供信誉或者质量担保。

（五）基金会不得向个人、企业直接提供与公益活动无关的借款。

（六）基金会进行保值增值活动时，应当遵守以下规定：

1. 基金会进行保值增值应当遵守合法、安全、有效的原则。符合基金会的宗旨，维护基金会的信誉，遵守与捐赠人和受助人的约定，保证公益支出的实现；

2. 基金会可用于保值增值的资产限于非限定性资产、在保值增值期间暂不需要拨付的限定性资产；

3. 基金会进行委托投资，应当委托银行或者其他金融机构进行。

三 基金会的信息公布

（一）基金会的信息公布工作，应当符合《基金会信息公布办法》的要求。

（二）基金会通过义演、义赛、义卖、义展等活动进行募捐时，应当在开展募捐前向社会公布捐赠人权利义务、资金详细使用计划、成本预算；在资金使用过程中计划有调整的，应当及时向公众公布调整后的计划。

（三）基金会通过募捐以及为自然灾害等突发事件接受的公益捐赠，应当在取得捐赠收入后定期在本组织网站和其他媒体上公布详细的收入和支出明细，包括：捐赠收入、直接用于受助人的款物、与所

开展的公益项目相关的各项直接运行费用等,在捐赠收入中列支了工作人员工资福利和行政办公支出的,还应当公布列支的情况。项目运行周期大于3个月的,每3个月公示1次;所有项目应当在项目结束后进行全面公示。

(四)捐赠人有权查询捐赠财产的使用、管理情况。对于捐赠人的查询,基金会应当及时如实答复。

(五)基金会的年度工作报告除在登记管理机关指定的媒体上公布外,还应当置备于本基金会,接受捐赠人的查询。

(六)基金会应当及时向社会公众公布下列信息:

1. 发起人;

2. 主要捐赠人;

3. 基金会理事主要来源单位;

4. 基金会投资的被投资方;

5. 其他与基金会存在控制、共同控制或者重大影响关系的个人或组织;

6. 基金会与上述个人或组织发生的交易。

(七)基金会应当建立健全内部制度,将所有分支机构、代表机构、专项基金以及各项业务活动纳入统一管理。

基金会应当在内部制度中对下列问题作出规定:

1. 各项工作人员工资福利和行政办公支出(以下简称日常运作费用)的支付标准、列支原则、审批程序,以及占基金会总支出的比例;

2. 开展公益项目所发生的与该项目直接相关的运行成本(以下简称项目直接成本)的支付标准、列支原则、审批程序,以及占该项目总支出的比例;

3. 资产管理和处置的原则、风险控制机制、审批程序,以及用于投资的资产占基金会总资产的比例。

基金会的内部制度，应当在登记管理机关指定的媒体或者本组织网站等其他便于社会公众查询的媒体上予以公开。

本规定适用于在民政部门登记注册的基金会和其他具有公益性捐赠税前扣除资格的社会团体。

G.7
基金会榜单

一 全国基金会榜单

1. 2011年全国基金会年末总资产Top100

排名	基金会名称	基金会类型	成立年份	原始基金数额(元)	地域	登记部门	总资产(元)
1	河南省宋庆龄基金会	公募	1992	4000000	河南	省级民政部门	3079119102.20
2	河仁慈善基金会	非公募	2010	20000000	福建	民政部	2371121500.00
3	清华大学教育基金会	非公募	1994	20000000	北京	民政部	2139898012.17
4	上海市慈善基金会	公募	1994	460000000	上海	省级民政部门	1736753737.52
5	北京大学教育基金会	非公募	1995	20000000	北京	民政部	1488612019.24
6	陕西省神木县民生慈善基金会	非公募	2011	500000000	陕西	省级民政部门	1227036500.00
7	中国扶贫基金会	公募	1989	10000000	北京	民政部	1072667695.21
8	老牛基金会	非公募	2004	2000000	内蒙古	省级民政部门	1029242270.34
9	中国教育发展基金会	公募	2003	50000000	北京	民政部	986412052.50
10	神华公益基金会	非公募	2010	200000000	北京	民政部	824820722.16
11	浙江大学教育基金会	非公募	2006	50000000	浙江	民政部	806295666.59
12	中国残疾人福利基金会	公募	1984	506210000	北京	民政部	761589137.95
13	中华全国体育基金会	公募	1994	8000000	北京	民政部	748441740.08
14	上海市大学生科技创业基金会	公募	2006	20000000	上海	省级民政部门	710782696.87
15	上海交通大学教育发展基金会	非公募	2005	10000000	上海	省级民政部门	651432741.80
16	南京大学教育发展基金会	非公募	2005	50000000	江苏	省级民政部门	642031880.90
17	中国红十字基金会	公募	1994	8000000	北京	民政部	641472522.00
18	上海市拥军优属基金会	公募	1995	4000000	上海	省级民政部门	622383297.09
19	中国青少年发展基金会	公募	1989	8000000	北京	民政部	615173383.62
20	上海宋庆龄基金会	公募	1993	4000000	上海	省级民政部门	505631860.50
21	中国光华科技基金会	公募	1993	8000000	北京	民政部	483655490.13
22	上海市体育发展基金会	公募	1992	4200000	上海	省级民政部门	417545918.85
23	中国儿童少年基金会	公募	1981	8000000	北京	民政部	416777532.50

续表

排名	基金会名称	基金会类型	成立年份	原始基金数额(元)	地域	登记部门	总资产(元)
24	四川省青少年发展基金会	公募	1988	8000000	四川	省级民政部门	401662032.65
25	广东省扶贫基金会	公募	1994	22110000	广东	省级民政部门	395302039.88
26	中国妇女发展基金会	公募	1988	10000000	北京	民政部	374787000.60
27	厦门大学教育发展基金会	非公募	2006	10000000	福建	省级民政部门	365405729.12
28	东南大学教育基金会	非公募	2005	8000000	江苏	省级民政部门	351579222.30
29	上海市老年基金会	公募	1992	3000000	上海	省级民政部门	344851139.24
30	中国癌症基金会	公募	1984	8000000	北京	民政部	336880498.95
31	上海汽车工业科技发展基金会	非公募	1996	6000000	上海	省级民政部门	329006393.25
32	苏州大学教育发展基金会	非公募	2006	21110000	江苏	省级民政部门	322327787.72
33	南京金陵文化保护发展基金会	非公募	2010	4000000	江苏	省级民政部门	305293904.86
34	中国和平发展基金会	非公募	2011	301000000	北京	民政部	303806405.34
35	瀛公益基金会	非公募	2010	20000000	北京	民政部	299399221.29
36	中远慈善基金会	非公募	2005	100000000	北京	民政部	292062455.85
37	中国宋庆龄基金会	公募	1982	8000000	北京	民政部	281272488.05
38	广东省汕头大学教育基金会	非公募	2009	2000000	广东	省级民政部门	269080000.00
39	上海市教育发展基金会	公募	1994	144000000	上海	省级民政部门	255958390.03
40	中国绿化基金会	公募	1985	8000000	北京	民政部	248290770.09
41	北京师范大学教育基金会	非公募	2007	4000000	北京	省级民政部门	243504215.00
42	广州市番禺区教育基金会	公募	1993	130400000	广东	省级民政部门	235909716.92
43	上海民生艺术基金会	非公募	2010	2000000	上海	省级民政部门	232889049.78
44	爱德基金会	公募	1985	25000000	江苏	省级民政部门	224489024.84
45	南京航空航天大学教育发展基金会	非公募	2006	5000000	江苏	省级民政部门	219170120.76
46	中国青年创业就业基金会	公募	2006	240000000	北京	民政部	216389058.44
47	广州市教育基金会	公募	1989	173780000	广东	省级民政部门	214468605.63
48	中国光彩事业基金会	公募	2005	30500000	北京	民政部	212637481.76
49	泛海公益基金会	非公募	2010	200000000	北京	民政部	206966345.97
50	上海工商界爱国建设特种基金会	非公募	1993	100000000	上海	省级民政部门	205473131.23
51	中国科学技术大学教育基金会	公募	1996	5800000	安徽	省级民政部门	201222136.90
52	深圳大运留学基金会	公募	2011	200000000	广东	市级民政部门	200204570.70
53	南京林业大学教育发展基金会	非公募	2008	5000000	江苏	省级民政部门	197695637.31
54	瑞安市人民教育基金会	公募	2005	4000000	浙江	省级民政部门	194245137.71
55	北京市中国人民大学教育基金会	非公募	2004	2000000	北京	省级民政部门	193086098.47
56	北京交通大学教育基金会	非公募	2009	20000000	北京	民政部	191430055.51
57	上海复旦大学教育发展基金会	非公募	2004	4000000	上海	省级民政部门	189669639.36
58	中国公安民警英烈基金会	公募	2003	8000000	北京	民政部	188610982.59
59	中国发展研究基金会	公募	1997	40000000	北京	民政部	187585558.67
60	江苏大学教育发展基金会	非公募	2007	5000000	江苏	省级民政部门	186548286.48
61	友成企业家扶贫基金会	非公募	2007	20000000	北京	民政部	186366592.86

续表

排名	基金会名称	基金会类型	成立年份	原始基金数额(元)	地域	登记部门	总资产(元)
62	南京信息大学教育发展基金会	非公募	2005	8250000	江苏	省级民政部门	182723772.30
63	南京审计学院教育发展基金会	非公募	2006	50000000	江苏	省级民政部门	180680905.96
64	深圳市警察基金会	公募	1995	26400000	广东	省级民政部门	178149254.24
65	广州市交通建设管理基金会	公募	1993	62000000	广东	省级民政部门	177227765.04
66	广东省公安民警医疗救助基金会	公募	2005	5000000	广东	省级民政部门	175524676.95
67	慈济慈善事业基金会	非公募	2008	100000000	江苏	民政部	169822504.11
68	上海唐君远教育基金会	非公募	1999	40000000	上海	省级民政部门	169480940.52
69	吉林省教育基金会	公募	1988	18200000	吉林	省级民政部门	169422389.13
70	南京工程学院教育发展基金会	非公募	2007	4000000	江苏	省级民政部门	164930550.38
71	陕西省府谷县教育基金会	非公募	2010	160000000	陕西	省级民政部门	163384567.63
72	南京工业大学教育发展基金会	非公募	2007	4000000	江苏	省级民政部门	157463231.53
73	华阳慈善基金会	非公募	2009	20000000	福建	民政部	154424335.54
74	上海文化发展基金会	公募	1992	55000000	上海	省级民政部门	153451993.36
75	中国法律援助基金会	公募	1997	10000000	北京	民政部	152209183.88
76	佛山市顺德区教育基金会	公募	1994	106530000	广东	省级民政部门	150704216.08
77	厦门市教育基金会	公募	1988	4000000	福建	省级民政部门	149550800.88
78	四川省教育基金会	公募	1992	17000000	四川	省级民政部门	148935547.90
79	伊金霍洛旗人民教育基金会	公募	2009	4000000	内蒙古	省级民政部门	144822790.82
80	常州市见义勇为基金会	公募	1995	4000000	江苏	省级民政部门	144133017.04
81	东莞市见义勇为基金会	公募	2006	4000000	广东	省级民政部门	136177107.20
82	中国人寿慈善基金会	非公募	2007	50000000	北京	民政部	134719381.18
83	中国医药卫生事业发展基金会	公募	2005	8000000	北京	民政部	133205294.09
84	福建新华都慈善基金会	非公募	2009	100000000	福建	省级民政部门	132416170.67
85	上海公安金盾基金会	公募	2010	110000000	上海	省级民政部门	131170910.77
86	华民慈善基金会	非公募	2008	200000000	北京	民政部	130663706.11
87	中国友好和平发展基金会	公募	1996	8000000	北京	民政部	130629388.48
88	腾讯公益慈善基金会	非公募	2007	20000000	广东	民政部	130522623.12
89	仰恩基金会	非公募	2008	2000000	福建	省级民政部门	130450487.60
90	广州市职工济难基金会	公募	1995	14500000	广东	省级民政部门	128565630.57
91	中华环境保护基金会	公募	1993	8000000	北京	民政部	126115967.04
92	中山市教育基金会	公募	2009	28410000	广东	省级民政部门	125387828.34
93	南京外国语学校教育基金会	非公募	2006	2000000	江苏	省级民政部门	124706101.63
94	东莞市医疗救济基金会	公募	1996	4000000	广东	省级民政部门	124157592.79
95	南京财经大学教育发展基金会	非公募	2006	4000000	江苏	省级民政部门	123734711.88
96	南京师范大学教育发展基金会	非公募	2006	30000000	江苏	省级民政部门	123498516.41
97	中国绿色碳汇基金会	公募	2010	50000000	北京	民政部	123369982.34
98	宝钢教育基金会	非公募	2005	50000000	上海	民政部	123024749.25
99	广东省见义勇为基金会	公募	1993	125270000	广东	省级民政部门	122661818.88
100	宁波大学教育发展基金会	非公募	2007	4000000	浙江	省级民政部门	121419750.65

2. 2011年全国基金会总收入Top100

排名	基金会名称	基金会类型	成立年份	原始基金数额(元)	地域	登记部门	总收入(元)
1	河仁慈善基金会	非公募	2010	20000000	福建	民政部	3515104600.00
2	陕西省神木县民生慈善基金会	非公募	2011	500000000	陕西	省级民政部门	1227036500.00
3	中国教育发展基金会	公募	2003	50000000	北京	民政部	1200907712.89
4	清华大学教育基金会	非公募	1994	20000000	北京	民政部	1134370772.88
5	神华公益基金会	非公募	2010	200000000	北京	民政部	837209364.46
6	上海市慈善基金会	公募	1994	460000000	上海	省级民政部门	809981250.94
7	中国癌症基金会	公募	1984	8000000	北京	民政部	711419074.76
8	北京大学教育基金会	非公募	1995	20000000	北京	民政部	622791928.19
9	中国光华科技基金会	公募	1993	8000000	北京	民政部	567355034.77
10	中国博士后科学基金会	公募	1990	20000000	北京	民政部	465985201.21
11	上海宋庆龄基金会	公募	1993	4000000	上海	省级民政部门	463652582.70
12	广东省扶贫基金会	公募	1994	22110000	广东	省级民政部门	461138904.97
13	河南省宋庆龄基金会	公募	1992	4000000	河南	省级民政部门	395118825.91
14	中国残疾人福利基金会	公募	1984	506210000	北京	民政部	351589854.97
15	中国儿童少年基金会	公募	1981	8000000	北京	民政部	343557403.78
16	中国妇女发展基金会	公募	1988	10000000	北京	民政部	328202301.26
17	中国绿化基金会	公募	1985	8000000	北京	民政部	324312228.82
18	广东省汕头大学教育基金会	非公募	2009	2000000	广东	省级民政部门	305180000.00
19	南京金陵文化保护发展基金会	非公募	2010	4000000	江苏	省级民政部门	301661060.01
20	中国青少年发展基金会	公募	1989	8000000	北京	民政部	292238808.06
21	中国扶贫基金会	公募	1989	10000000	北京	民政部	272427312.05
22	南京大学教育发展基金会	非公募	2005	50000000	江苏	省级民政部门	259972239.46
23	上海民生艺术基金会	非公募	2010	2000000	上海	省级民政部门	238800000.00
24	中国红十字基金会	公募	1994	8000000	北京	民政部	235360376.49
25	浙江大学教育基金会	非公募	2006	50000000	浙江	民政部	219380002.14
26	瀛公益基金会	非公募	2010	20000000	北京	民政部	214055286.32
27	深圳大运留学基金会	公募	2011	200000000	广东	市级民政部门	200815437.79
28	中国宋庆龄基金会	公募	1982	8000000	北京	民政部	181714175.12
29	上海市大学生科技创业基金会	公募	2006	20000000	上海	省级民政部门	175584947.85
30	华润慈善基金会	非公募	2010	50000000	广东	民政部	170585607.75

续表

排名	基金会名称	基金会类型	成立年份	原始基金数额(元)	地域	登记部门	总收入(元)
31	中国志愿服务基金会	公募	2009	50000000	北京	民政部	141459497.83
32	上海交通大学教育发展基金会	非公募	2005	10000000	上海	省级民政部门	139231014.27
33	伊金霍洛旗人民教育基金会	公募	2009	4000000	内蒙古	省级民政部门	137494995.52
34	中远慈善基金会	非公募	2005	100000000	北京	民政部	132118258.74
35	慈济慈善事业基金会	非公募	2008	100000000	江苏	民政部	131156183.05
36	重庆大学教育基金会	非公募	2007	4000000	重庆	省级民政部门	130009511.22
37	威盛信望爱公益基金会	非公募	2009	30000000	北京	民政部	128682538.73
38	北京师范大学教育基金会	非公募	2007	4000000	北京	省级民政部门	124674652.55
39	安利公益基金会	非公募	2011	100000000	北京	民政部	123741083.75
40	哈尔滨医科大学发展基金会	非公募	2010	4000000	黑龙江	省级民政部门	123518253.00
41	中国文学艺术基金会	公募	1994	8970000	北京	民政部	119534824.95
42	上海文化发展基金会	公募	1992	55000000	上海	省级民政部门	117188752.27
43	中国光彩事业基金会	公募	2005	30500000	北京	民政部	117107310.19
44	中国法律援助基金会	公募	1997	10000000	北京	民政部	116303999.00
45	榆林市胡星元慈善基金会	非公募	2006	2750000	陕西	省级民政部门	112940781.43
46	江苏大学教育发展基金会	非公募	2007	5000000	江苏	省级民政部门	110576801.85
47	浙江省义乌市教育基金会	公募	2004	4000000	浙江	省级民政部门	110191309.42
48	腾讯公益慈善基金会	非公募	2007	20000000	广东	民政部	109114998.18
49	武汉大学教育发展基金会	非公募	1995	10000000	湖北	省级民政部门	108240128.11
50	深圳壹基金公益基金会	公募	2010	50000000	广东	市级民政部门	108132560.85
51	上海复旦大学教育发展基金会	非公募	2004	4000000	上海	省级民政部门	108021435.14
52	上海市老年基金会	公募	1992	30000000	上海	省级民政部门	107122722.01
53	苏州大学教育发展基金会	非公募	2006	21110000	江苏	省级民政部门	103814694.27
54	福建新华都慈善基金会	非公募	2009	100000000	福建	省级民政部门	102878668.09
55	宁波鄞州银行公益基金会	非公募	2011	100000000	浙江	省级民政部门	100360397.28
56	爱德基金会	公募	1985	25000000	江苏	省级民政部门	99237640.03
57	北京市中国人民大学教育基金会	非公募	2004	2000000	北京	省级民政部门	99045376.77
58	中华思源工程扶贫基金会	公募	2007	8000000	北京	民政部	99030110.30
59	东南大学教育基金会	非公募	2005	8000000	江苏	省级民政部门	96554680.13
60	中国初级卫生保健基金会	公募	1996	8000000	北京	民政部	93070641.51
61	吴江市慈善基金会	公募	2008	4000000	江苏	省级民政部门	91903746.37
62	南京林业大学教育发展基金会	非公募	2008	5000000	江苏	省级民政部门	89161783.33
63	大连慈善基金会	公募	2006	16000000	辽宁	省级民政部门	88472749.15
64	临海市人民教育基金会	公募	2006	4000000	浙江	省级民政部门	87794468.26
65	中华少年儿童慈善救助基金会	公募	2009	20000000	北京	民政部	87269610.70

续表

排名	基金会名称	基金会类型	成立年份	原始基金数额(元)	地域	登记部门	总收入(元)
66	中国社会福利基金会	公募	2005	8000000	北京	民政部	86312537.86
67	中国人口福利基金会	公募	1987	12000000	北京	民政部	85406917.42
68	温岭市人民教育基金会	公募	2006	4000000	浙江	省级民政部门	83024596.48
69	杭州市送温暖工程基金会	公募	1998	4000000	浙江	省级民政部门	81156225.78
70	中国华文教育基金会	公募	2004	10000000	北京	民政部	80490197.89
71	南通大学教育发展基金会	非公募	2006	50000000	江苏	省级民政部门	80340958.55
72	南昌市教育基金会	公募	2009	12000000	江西	省级民政部门	79966275.27
73	中国友好和平发展基金会	公募	1996	8000000	北京	民政部	77069085.65
74	中国华侨公益基金会	公募	1998	18600000	北京	民政部	76371136.66
75	苍南县人民教育基金会	公募	2001	4000000	浙江	省级民政部门	76054749.39
76	河海大学教育发展基金会	非公募	2007	5000000	江苏	省级民政部门	75650122.43
77	安徽省人口基金会	公募	2008	4000000	安徽	省级民政部门	75534673.68
78	北京航空航天大学教育基金会	非公募	2005	20000000	北京	民政部	75475692.64
79	诸暨市人民教育基金会	公募	1998	4000000	浙江	省级民政部门	75059849.50
80	南京审计学院教育发展基金会	非公募	2006	5000000	江苏	省级民政部门	75029791.07
81	苏州科技学院教育发展基金会	非公募	2007	4000000	江苏	省级民政部门	74874300.00
82	中华全国体育基金会	公募	1994	8000000	北京	民政部	74731510.97
83	四川省青少年发展基金会	公募	1988	8000000	四川	省级民政部门	74545194.00
84	广州市番禺区教育基金会	公募	1993	130400000	广东	省级民政部门	74186183.15
85	南京航空航天大学教育发展基金会	非公募	2006	5000000	江苏	省级民政部门	73459580.95
86	中南大学教育基金会	非公募	2011	20000000	湖南	民政部	73118214.54
87	爱佑慈善基金会	非公募	2008	20000000	北京	民政部	71275379.65
88	南京工程学院教育发展基金会	非公募	2007	4000000	江苏	省级民政部门	70707920.33
89	上海市教育发展基金会	公募	1994	144000000	上海	省级民政部门	70571771.29
90	中国青年创业就业基金会	公募	2006	240000000	北京	民政部	70191944.22
91	南京财经大学教育发展基金会	非公募	2006	4000000	江苏	省级民政部门	69840623.90
92	湖北省扶贫基金会	公募	1994	4100000	湖北	省级民政部门	69351241.42
93	广东省华南理工大学教育发展基金会	非公募	2007	4000000	广东	省级民政部门	69305412.95
94	广东省中山大学教育发展基金会	非公募	2004	4000000	广东	省级民政部门	68527858.16
95	吴阶平医学基金会	非公募	2002	20000000	北京	民政部	68351923.75
96	山东大学教育基金会	非公募	2007	6000000	山东	省级民政部门	67649051.82
97	常州市见义勇为基金会	公募	1995	4000000	江苏	省级民政部门	67093170.06
98	广州市花都区教育基金会	公募	1995	4400000	广东	省级民政部门	66776426.78
99	中山市教育基金会	公募	2009	28410000	广东	省级民政部门	66756978.86
100	南京工业大学教育发展基金会	非公募	2007	4000000	江苏	省级民政部门	66620120.00

3. 2011年全国基金会总支出Top100

排名	基金会名称	基金会类型	成立年份	原始基金数额(元)	地域	登记部门	总支出(元)
1	中国教育发展基金会	公募	2003	50000000	北京	民政部	952779105.29
2	清华大学教育基金会	非公募	1994	20000000	北京	民政部	609259783.81
3	上海市慈善基金会	公募	1994	460000000	上海	省级民政部门	584493105.37
4	中国光华科技基金会	公募	1993	8000000	北京	民政部	555720809.14
5	中国癌症基金会	公募	1984	8000000	北京	民政部	485124577.69
6	中国博士后科学基金会	公募	1990	20000000	北京	民政部	464439425.66
7	北京大学教育基金会	非公募	1995	20000000	北京	民政部	365210771.33
8	中国残疾人福利基金会	公募	1984	506210000	北京	民政部	328977305.04
9	中国红十字基金会	公募	1994	8000000	北京	民政部	318880250.13
10	河南省宋庆龄基金会	公募	1992	4000000	河南	省级民政部门	302968392.10
11	广东省扶贫基金会	公募	1994	22110000	广东	省级民政部门	284929616.11
12	中国扶贫基金会	公募	1989	10000000	北京	民政部	283802586.28
13	中国青少年发展基金会	公募	1989	8000000	北京	民政部	275032349.02
14	中国儿童少年基金会	公募	1981	8000000	北京	民政部	260031430.42
15	中国绿化基金会	公募	1985	8000000	北京	民政部	249583655.64
16	中国妇女发展基金会	公募	1988	10000000	北京	民政部	220397184.47
17	神华公益基金会	非公募	2010	200000000	北京	民政部	208428981.33
18	中国宋庆龄基金会	公募	1982	8000000	北京	民政部	175592451.98
19	广东省汕头大学教育基金会	非公募	2009	2000000	广东	省级民政部门	171580000.00
20	华阳慈善基金会	非公募	2009	20000000	福建	民政部	171338146.08
21	中国志愿服务基金会	公募	2009	50000000	北京	民政部	142678017.27
22	中国光彩事业基金会	公募	2005	30500000	北京	民政部	132818586.45
23	威盛信望爱公益基金会	非公募	2009	30000000	北京	民政部	129861306.62
24	苏州大学教育发展基金会	非公募	2006	21110000	江苏	省级民政部门	124522202.27
25	中国文学艺术基金会	公募	1994	8970000	北京	民政部	121563268.47
26	中国青年创业就业基金会	公募	2006	240000000	北京	民政部	120573372.11
27	中国华文教育基金会	公募	2004	10000000	北京	民政部	113914671.73
28	瑞安市人民教育基金会	公募	2005	4000000	浙江	省级民政部门	111292019.38
29	四川省青少年发展基金会	公募	1988	8000000	四川	省级民政部门	108622030.08
30	上海交通大学教育发展基金会	非公募	2005	10000000	上海	省级民政部门	106575489.61
31	华润慈善基金会	非公募	2010	50000000	广东	民政部	105192303.41

续表

排名	基金会名称	基金会类型	成立年份	原始基金数额(元)	地域	登记部门	总支出(元)
32	老牛基金会	非公募	2004	2000000	内蒙古	省级民政部门	101207420.84
33	温岭市人民教育基金会	公募	2006	4000000	浙江	省级民政部门	98783832.16
34	慈济慈善事业基金会	非公募	2008	100000000	江苏	民政部	98168787.22
35	临海市人民教育基金会	公募	2006	4000000	浙江	省级民政部门	97173321.68
36	浙江省义乌市教育基金会	公募	2004	4000000	浙江	省级民政部门	93121875.40
37	中国初级卫生保健基金会	公募	1996	8000000	北京	民政部	92647691.78
38	上海文化发展基金会	公募	1992	55000000	上海	省级民政部门	90343993.96
39	重庆大学教育基金会	非公募	2007	4000000	重庆	省级民政部门	90112347.75
40	爱德基金会	公募	1985	25000000	江苏	省级民政部门	88126340.41
41	北京师范大学教育基金会	非公募	2007	4000000	北京	省级民政部门	81888714.16
42	南通大学教育发展基金会	非公募	2006	5000000	江苏	省级民政部门	79360901.70
43	福建新华都慈善基金会	非公募	2009	100000000	福建	省级民政部门	79300211.18
44	北京市中国人民大学教育基金会	非公募	2004	2000000	北京	省级民政部门	75748757.88
45	大连慈善基金会	公募	2006	16000000	辽宁	省级民政部门	74642374.79
46	河海大学教育发展基金会	非公募	2007	5000000	江苏	省级民政部门	74067256.80
47	中国华侨公益基金会	公募	1998	18600000	北京	民政部	73530559.44
48	深圳壹基金公益基金会	公募	2010	5000000	广东	市级民政部门	71647231.00
49	浙江大学教育基金会	非公募	2006	5000000	浙江	民政部	71228863.39
50	中国绿色碳汇基金会	公募	2010	5000000	北京	民政部	71163798.50
51	中国法律援助基金会	公募	1997	10000000	北京	民政部	70337046.40
52	南京大学教育发展基金会	非公募	2005	5000000	江苏	省级民政部门	69711994.92
53	厦门市教育基金会	公募	1988	4000000	福建	省级民政部门	68476092.96
54	杭州市送温暖工程基金会	公募	1998	4000000	浙江	省级民政部门	67285288.15
55	上海市老年基金会	公募	1992	30000000	上海	省级民政部门	66285229.53
56	苍南县人民教育基金会	公募	2001	4000000	浙江	省级民政部门	66281043.35
57	北京航空航天大学教育基金会	非公募	2005	20000000	北京	民政部	65906906.99
58	云南省青少年发展基金会	公募	1994	4200000	云南	省级民政部门	65303549.89
59	中国人口福利基金会	公募	1987	12000000	北京	民政部	65164319.72
60	南京邮电大学教育发展基金会	非公募	2007	5000000	江苏	省级民政部门	64691058.50
61	广东省中山大学教育发展基金会	非公募	2004	4000000	广东	省级民政部门	64468342.01
62	腾讯公益慈善基金会	非公募	2007	20000000	广东	民政部	64464793.73
63	诸暨市人民教育基金会	公募	1998	4000000	浙江	省级民政部门	63033634.84
64	吴江市慈善基金会	公募	2008	4000000	江苏	省级民政部门	62826219.80
65	中华思源工程扶贫基金会	公募	2007	8000000	北京	民政部	62744304.38

续表

排名	基金会名称	基金会类型	成立年份	原始基金数额(元)	地域	登记部门	总支出(元)
66	上虞市人民教育基金会	公募	2002	4000000	浙江	省级民政部门	61855831.50
67	山东大学教育基金会	非公募	2007	6000000	山东	省级民政部门	61159053.37
68	上海市教育发展基金会	公募	1994	144000000	上海	省级民政部门	61112522.75
69	中华少年儿童慈善救助基金会	公募	2009	20000000	北京	民政部	59690297.15
70	湖北省扶贫基金会	公募	1994	4100000	湖北	省级民政部门	56843794.00
71	爱佑慈善基金会	非公募	2008	20000000	北京	民政部	56487806.95
72	常州市见义勇为基金会	公募	1995	4000000	江苏	省级民政部门	55898729.54
73	珠海市扶贫基金会	公募	2010	5950000	广东	省级民政部门	55748830.31
74	台州市路桥区教育发展基金会	公募	2004	4000000	浙江	省级民政部门	55577195.96
75	北京市红十字基金会	公募	2008	4000000	北京	省级民政部门	54167237.51
76	天台县教育基金会	公募	2004	4000000	浙江	省级民政部门	51953451.80
77	中国医药卫生事业发展基金会	公募	2005	8000000	北京	民政部	50602904.57
78	温州市瓯海区人民教育基金会	公募	2005	4000000	浙江	省级民政部门	50212160.00
79	吴阶平医学基金会	非公募	2002	20000000	北京	民政部	49898232.49
80	安徽省人口基金会	公募	2008	4000000	安徽	省级民政部门	48836916.76
81	苏州科技学院教育发展基金会	非公募	2007	4000000	江苏	省级民政部门	47786912.76
82	江西省庐山东林净土文化基金会	非公募	2006	2000000	江西	省级民政部门	47163303.80
83	天诺慈善基金会	非公募	2008	100000000	北京	民政部	46876666.38
84	浙江省新华爱心教育基金会	非公募	2007	2000000	浙江	省级民政部门	45278507.63
85	象山县人民教育基金会	公募	2005	6640000	浙江	省级民政部门	45198692.80
86	北京青少年发展基金会	公募	1994	4000000	北京	省级民政部门	45073665.98
87	台州市黄岩区教育发展基金会	公募	2004	4000000	浙江	省级民政部门	44883874.45
88	浙江省宁海县人民教育基金会	公募	1989	4200000	浙江	省级民政部门	44686685.28
89	台州市椒江区人民教育基金会	公募	2004	4000000	浙江	省级民政部门	44662911.28
90	山东省教育基金会	公募	2007	10000000	山东	省级民政部门	44449806.06
91	南昌市教育基金会	公募	2009	12000000	江西	省级民政部门	44449282.44
92	江南大学教育发展基金会	非公募	2007	5000000	江苏	省级民政部门	44239312.92
93	上海同济大学教育发展基金会	非公募	2006	4000000	上海	省级民政部门	43303673.04
94	永嘉县人民教育基金会	公募	2008	4000000	浙江	省级民政部门	42412894.00
95	中华环境保护基金会	公募	1993	8000000	北京	民政部	42406028.76
96	苏州市慈善基金会	公募	2008	4000000	江苏	省级民政部门	42184434.86
97	广东省华南理工大学教育发展基金会	非公募	2007	4000000	广东	省级民政部门	42108174.16
98	中国健康促进基金会	公募	2006	14000000	北京	民政部	41902206.14
99	中华全国体育基金会	公募	1994	8000000	北京	民政部	41624772.05
100	广西李宁基金会	非公募	2006	2000000	广西	省级民政部门	41562020.73

4. 2011年全国基金会政府补助性收入 Top20

排名	基金会名称	基金会类型	成立年份	原始基金数额(元)	地域	登记部门	政府补助收入(元)
1	中国教育发展基金会	公募	2003	50000000	北京	民政部	828000000.00
2	中国博士后科学基金会	公募	1990	20000000	北京	民政部	460680000.00
3	陕西省神木县民生慈善基金会	非公募	2011	500000000	陕西	省级民政部门	400000000.00
4	深圳大运留学基金会	公募	2011	200000000	广东	市级民政部门	200000000.00
5	上海市大学生科技创业基金会	公募	2006	20000000	上海	省级民政部门	156680000.00
6	中国法律援助基金会	公募	1997	10000000	北京	民政部	101861200.00
7	中国文学艺术基金会	公募	1994	8970000	北京	民政部	80000000.00
8	上海文化发展基金会	公募	1992	55000000	上海	省级民政部门	77090106.20
9	重庆大学教育基金会	非公募	2007	4000000	重庆	省级民政部门	60000000.00
10	中国红十字基金会	公募	1994	8000000	北京	民政部	41433700.00
11	杭州市送温暖工程基金会	公募	1998	4000000	浙江	省级民政部门	30000000.00
12	上海市职工帮困基金会	公募	1992	10000000	上海	省级民政部门	27582000.00
13	上海市老年基金会	公募	1992	3000000	上海	省级民政部门	21013400.00
14	上海市慈善基金会	公募	1994	460000000	上海	省级民政部门	20250529.18
15	中华全国体育基金会	公募	1994	8000000	北京	民政部	20000000.00
16	北京国际音乐节艺术基金会	非公募	2005	2000000	北京	省级民政部门	17507084.00
17	常州市新北区见义勇为基金会	公募	2008	5220000	江苏	省级民政部门	16600000.00
18	北京文化艺术基金会	公募	2005	4000000	北京	省级民政部门	14189436.00
19	湖南省新闻出版发展基金会	公募	2010	14000000	湖南	省级民政部门	14000000.00
20	云南省见义勇为基金会	公募	2002	100000	云南	省级民政部门	12115100.00

5. 2011年全国基金会全职员工数量 Top20

排名	基金会名称	基金会类型	成立年份	原始基金数额(元)	地域	登记部门	全职员工数量
1	中国扶贫基金会	公募	1989	10000000	北京	民政部	114
2	爱德基金会	公募	1985	25000000	江苏	省级民政部门	66
3	四川省扶贫基金会	公募	1992	8000000	四川	省级民政部门	63
4	上海市慈善基金会	公募	1994	460000000	上海	省级民政部门	62
5	中国青少年发展基金会	公募	1989	8000000	北京	民政部	61
6	中国光华科技基金会	公募	1993	8000000	北京	民政部	59
7	中国残疾人福利基金会	公募	1984	506210000	北京	民政部	56
8	中国宋庆龄基金会	公募	1982	8000000	北京	民政部	50
9	河南省宋庆龄基金会	公募	1992	4000000	河南	省级民政部门	47
10	陕西省联谊贫困救助基金会	非公募	2005	2000000	陕西	省级民政部门	45
11	友成企业家扶贫基金会	非公募	2007	20000000	北京	民政部	41
12	中国红十字基金会	公募	1994	8000000	北京	民政部	40
13	湖南省长沙市芙蓉区人民教育基金会	公募	1996	4000000	湖南	省级民政部门	40
14	深圳壹基金公益基金会	公募	2010	50000000	广东	市级民政部门	38
15	中国发展研究基金会	公募	1997	4000000	北京	民政部	36
16	中国儿童少年基金会	公募	1981	8000000	北京	民政部	34
17	海南三亚南山功德基金会	非公募	2005	5000000	海南	省级民政部门	33
18	中华文学基金会	公募	1986	2100000	北京	民政部	33
19	北京市仁爱慈善基金会	非公募	2006	2000000	北京	省级民政部门	31
20	河南省炎黄二帝公益基金会	公募	2007	4000000	河南	省级民政部门	31

6. 2011年全国基金会项目支出Top50

排名	项目名称	基金会名称	基金会类型	支出总额（元）
1	中央专项彩票公益金教育助学项目	中国教育发展基金会	公募	513190014
2	索坦患者援助项目	中国癌症基金会	公募	455073711
3	助教项目	中国教育发展基金会	公募	402050153
4	助医、助困等综合项目	上海市慈善基金会	公募	401457256
5	书海工程	中国光华科技基金会	公募	298235934
6	博士后日常经费	中国博士后科学基金会	公募	262500000
7	规划到户责任到人	广东省扶贫基金会	公募	241322251
8	旭日新航服务项目之"家有儿女"家庭辅导	上海市爱心帮教基金会	公募	201116000
9	贵州盛华职业学院筹建捐赠项目	威盛信望爱公益基金会	非公募	128974567
10	博士后科学基金资助	中国博士后科学基金会	公募	191830000
11	红十字天使计划	中国红十字基金会	公募	139437457
12	仪器设备	苏州大学教育发展基金会	非公募	110000000
13	捐物助困行动	中国光华科技基金会	公募	119987029
14	改善办学条件补助	温州市鹿城区人民教育基金会	公募	119196572
15	校园建设项目	北京大学教育基金会	非公募	106429363
16	支持学校的基本建设	清华大学教育基金会	非公募	106000000
17	综合公益项目	中国妇女发展基金会	公募	109496939
18	助困行动	中国残疾人福利基金会	公募	107256145
19	绿色大连基金	中国绿化基金会	公募	97242592
20	希望工程学校资助项目	中国青少年发展基金会	公募	91466505
21	2011年下半年捐赠活动	临海市人民教育基金会	公募	91206417
22	绿色宝安基金	中国绿化基金会	公募	87589826
23	抗震救灾、灾后重建	中国红十字基金会	公募	85697352
24	2011中国文学艺术发展专项基金财政拨款追加项目	中国文学艺术基金会	公募	80000000

续表

排名	项目名称	基金会名称	基金会类型	支出总额（元）
25	北京华文学院新校区建设	中国华文教育基金会	公募	78944550
26	学科建设项目	北京大学教育基金会	非公募	71495660
27	关爱农民工志愿服务活动	中国志愿服务基金会	公募	74398112
28	社区市民综合帮扶	上海市民帮困互助基金会	公募	72404300
29	基建、维修、设备经费补助	温岭市人民教育基金会	公募	71239000
30	资助办学	福建新华都慈善基金会	非公募	66825000
31	希望工程学生资助项目	中国青少年发展基金会	公募	70071115
32	助行行动	中国残疾人福利基金会	公募	66282325
33	乡镇教育经费补助	诸暨市人民教育基金会	公募	62614000
34	校舍建设、设备设施添置	上虞市人民教育基金会	公募	60498487
35	希望工程救灾捐赠项目	中国青少年发展基金会	公募	58709785
36	基本建补助	台州市路桥区教育发展基金会	公募	55386761
37	资助学校建设	厦门市教育基金会	公募	54248500
38	南京邮电大学新校区建设	南京邮电大学教育发展基金会	非公募	50000000
39	团拜会捐款	吴江市慈善基金会	公募	50452100
40	中央彩票公益金法律援助项目	中国法律援助基金会	公募	50075295
41	四川专案	慈济慈善事业基金会	非公募	48976878
42	YBC项目	中国青年创业就业基金会	公募	50000000
43	专项基建支出和其他成本	苏州科技学院教育发展基金会	非公募	47150000
44	中国健康扶贫项目	中国初级卫生保健基金会	公募	49085492
45	教师发展项目	北京大学教育基金会	非公募	46182606
46	基本建设补助	浙江省义乌市教育基金会	公募	48080000
47	对义务教育学校办学补助	天台县教育基金会	公募	47041872
48	给有关学校的校园文化、绿化和教育设施现代化内涵建设等二项	苍南县人民教育基金会	公募	44897450
49	学生奖助项目	北京大学教育基金会	非公募	43670351
50	基金会文化艺术资助项目	上海文化发展基金会	公募	44510000

二 公募基金会榜单

1. 2011年公募基金会年末净资产Top50

排名	基金会名称	成立年份	原始基金数额(元)	地域	登记部门	净资产(元)	全国排名
1	河南省宋庆龄基金会	1992	4000000	河南	省级民政部门	3064916347.89	1
2	上海市慈善基金会	1994	460000000	上海	省级民政部门	1713759165.89	4
3	中国教育发展基金会	2003	50000000	北京	民政部	986390882.05	8
4	中国残疾人福利基金会	1984	506210000	北京	民政部	745700362.49	11
5	中华全国体育基金会	1994	8000000	北京	民政部	744436875.79	12
6	上海市大学生科技创业基金会	2006	20000000	上海	省级民政部门	710639987.10	13
7	中国红十字基金会	1994	8000000	北京	民政部	641364208.91	14
8	中国青少年发展基金会	1989	8000000	北京	民政部	570917077.82	16
9	上海市拥军优属基金会	1995	40000000	上海	省级民政部门	568140415.14	17
10	上海宋庆龄基金会	1993	4000000	上海	省级民政部门	486569108.72	19
11	中国光华科技基金会	1993	8000000	北京	民政部	483541877.27	20
12	中国扶贫基金会	1989	10000000	北京	民政部	482164645.70	21
13	上海市体育发展基金会	1992	4200000	上海	省级民政部门	417537034.85	22
14	中国儿童少年基金会	1981	8000000	北京	民政部	404533447.70	23
15	四川省青少年发展基金会	1988	8000000	四川	省级民政部门	401317624.74	24
16	广东省扶贫基金会	1994	22110000	广东	省级民政部门	395248780.92	25
17	中国妇女发展基金会	1988	10000000	北京	民政部	371857233.18	26
18	中国癌症基金会	1984	8000000	北京	民政部	336313923.95	28
19	上海市老年基金会	1992	30000000	上海	省级民政部门	334651554.52	29
20	中国宋庆龄基金会	1982	8000000	北京	民政部	281256542.04	36
21	中国绿化基金会	1985	8000000	北京	民政部	246417366.24	37
22	上海市教育发展基金会	1994	144000000	上海	省级民政部门	239889944.81	38
23	广州市番禺区教育基金会	1993	130400000	广东	省级民政部门	235891466.92	40

续表

排名	基金会名称	成立年份	原始基金数额(元)	地域	登记部门	净资产(元)	全国排名
24	爱德基金会	1985	25000000	江苏	省级民政部门	219211395.35	42
25	广州市教育基金会	1989	173780000	广东	省级民政部门	214195243.13	44
26	中国光彩事业基金会	2005	30500000	北京	民政部	212376234.14	45
27	中国青年创业就业基金会	2006	240000000	北京	民政部	212299530.11	46
28	中国科学技术大学教育基金会	1996	5800000	安徽	省级民政部门	201042408.48	48
29	深圳大运留学基金会	2011	200000000	广东	市级民政部门	200196089.79	49
30	瑞安市人民教育基金会	2005	4000000	浙江	省级民政部门	191716577.56	52
31	中国公安民警英烈基金会	2003	8000000	北京	民政部	188610982.59	56
32	深圳市警察基金会	1995	26400000	广东	省级民政部门	178149254.24	60
33	广东省公安民警医疗救助基金会	2005	5000000	广东	省级民政部门	175524676.95	61
34	中国发展研究基金会	1997	4000000	北京	民政部	171004436.91	63
35	广州市交通建设管理基金会	1993	62000000	广东	省级民政部门	170861278.76	64
36	上海文化发展基金会	1992	55000000	上海	省级民政部门	152570428.17	71
37	中国法律援助基金会	1997	10000000	北京	民政部	151897936.11	72
38	佛山市顺德区教育基金会	1994	106530000	广东	省级民政部门	150704216.08	73
39	厦门市教育基金会	1988	4000000	福建	省级民政部门	148869148.65	74
40	伊金霍洛旗人民教育基金会	2009	4000000	内蒙古	省级民政部门	144822790.82	75
41	常州市见义勇为基金会	1995	4000000	江苏	省级民政部门	144073017.04	76
42	四川省教育基金会	1992	17000000	四川	省级民政部门	137521597.26	78
43	中国医药卫生事业发展基金会	2005	8000000	北京	民政部	133129991.42	79
44	上海公安金盾基金会	2010	110000000	上海	省级民政部门	130170910.77	82
45	中华环境保护基金会	1993	8000000	北京	民政部	125952836.70	84
46	广州市职工济难基金会	1995	14500000	广东	省级民政部门	125807394.36	85
47	中山市教育基金会	2009	28410000	广东	省级民政部门	125387828.34	86
48	中国友好和平发展基金会	1996	8000000	北京	民政部	124224981.88	89
49	东莞市医疗救济基金会	1996	4000000	广东	省级民政部门	124151073.66	90
50	中国绿色碳汇基金会	2010	50000000	北京	民政部	123322848.15	92

2. 2011年公募基金会捐赠收入Top50

排名	基金会名称	成立年份	原始基金数额(元)	地域	登记部门	捐赠收入(元)	全国排名
1	上海市慈善基金会	1994	460000000	上海	省级民政部门	3064916347.89	5
2	中国癌症基金会	1984	8000000	北京	民政部	1713759165.89	6
3	中国光华科技基金会	1993	8000000	北京	民政部	986390882.05	8
4	广东省扶贫基金会	1994	22110000	广东	省级民政部门	745700362.49	9
5	上海宋庆龄基金会	1993	4000000	上海	省级民政部门	744436875.79	10
6	河南省宋庆龄基金会	1992	4000000	河南	省级民政部门	710639987.10	11
7	中国教育发展基金会	2003	50000000	北京	民政部	641364208.91	12
8	中国儿童少年基金会	1981	8000000	北京	民政部	570917077.82	13
9	中国残疾人福利基金会	1984	506210000	北京	民政部	568140415.14	14
10	中国妇女发展基金会	1988	10000000	北京	民政部	486569108.72	15
11	中国绿化基金会	1985	8000000	北京	民政部	483541877.27	16
12	中国青少年发展基金会	1989	8000000	北京	民政部	482164645.70	19
13	中国扶贫基金会	1989	10000000	北京	民政部	417537034.85	21
14	中国宋庆龄基金会	1982	8000000	北京	民政部	404533447.70	25
15	中国红十字基金会	1994	8000000	北京	民政部	401317624.74	26
16	中国志愿服务基金会	2009	50000000	北京	民政部	395248780.92	27
17	伊金霍洛旗人民教育基金会	2009	4000000	内蒙古	省级民政部门	371857233.18	30
18	中国光彩事业基金会	2005	30500000	北京	民政部	336313923.95	35
19	浙江省义乌市教育基金会	2004	4000000	浙江	省级民政部门	334651554.52	39
20	深圳壹基金公益基金会	2010	50000000	广东	市级民政部门	281256542.04	40
21	中华思源工程扶贫基金会	2007	8000000	北京	民政部	246417366.24	47
22	中国初级卫生保健基金会	1996	8000000	北京	民政部	239889944.81	49
23	吴江市慈善基金会	2008	4000000	江苏	省级民政部门	235891466.92	50
24	爱德基金会	1985	25000000	江苏	省级民政部门	219211395.35	52
25	大连慈善基金会	2006	16000000	辽宁	省级民政部门	214195243.13	53

续表

排名	基金会名称	成立年份	原始基金数额(元)	地域	登记部门	捐赠收入(元)	全国排名
26	临海市人民教育基金会	2006	4000000	浙江	省级民政部门	212376234.14	54
27	中华少年儿童慈善救助基金会	2009	20000000	北京	民政部	212299530.11	56
28	中国社会福利基金会	2005	8000000	北京	民政部	201042408.48	57
29	中国人口福利基金会	1987	12000000	北京	民政部	200196089.79	58
30	温岭市人民教育基金会	2006	4000000	浙江	省级民政部门	191716577.56	59
31	中国华文教育基金会	2004	10000000	北京	民政部	188610982.59	61
32	南昌市教育基金会	2009	12000000	江西	省级民政部门	178149254.24	62
33	苍南县人民教育基金会	2001	4000000	浙江	省级民政部门	175524676.95	63
34	上海市老年基金会	1992	30000000	上海	省级民政部门	171004436.91	66
35	中国友好和平发展基金会	1996	8000000	北京	民政部	170861278.76	67
36	诸暨市人民教育基金会	1998	4000000	浙江	省级民政部门	152570428.17	68
37	中国华侨公益基金会	1998	18600000	北京	民政部	151897936.11	71
38	安徽省人口基金会	2008	4000000	安徽	省级民政部门	150704216.08	72
39	广州市花都区教育基金会	1995	4400000	广东	省级民政部门	148869148.65	84
40	常州市见义勇为基金会	1995	4000000	江苏	省级民政部门	144822790.82	85
41	中山市教育基金会	2009	28410000	广东	省级民政部门	144073017.04	87
42	广州市番禺区教育基金会	1993	130400000	广东	省级民政部门	137521597.26	89
43	中国科学技术大学教育基金会	1996	5800000	安徽	省级民政部门	133129991.42	90
44	上虞市人民教育基金会	2002	4000000	浙江	省级民政部门	130170910.77	92
45	湖北省扶贫基金会	1994	4100000	湖北	省级民政部门	125952836.70	93
46	山东省教育基金会	2007	10000000	山东	省级民政部门	125807394.36	95
47	中国绿色碳汇基金会	2010	50000000	北京	民政部	125387828.34	96
48	中国青年创业就业基金会	2006	240000000	北京	民政部	124224981.88	97
49	温州市瓯海区人民教育基金会	2005	4000000	浙江	省级民政部门	124151073.66	98
50	四川省青少年发展基金会	1988	8000000	四川	省级民政部门	123322848.15	99

3. 2011 年公募基金会政府补助性收入 Top20

排名	基金会名称	成立年份	原始基金数额(元)	地域	登记部门	总收入(元)	政府补助收入(元)	占比(%)
1	中国教育发展基金会	2003	50000000	北京	民政部	1200907712.89	828000000.00	68.95
2	中国博士后科学基金会	1990	20000000	北京	民政部	465985201.21	460680000.00	98.86
3	深圳大运留学基金会	2011	200000000	广东	市级民政部门	200815437.79	200000000.00	99.59
4	上海市大学生科技创业基金会	2006	20000000	上海	省级民政部门	175584947.85	156680000.00	89.23
5	中国法律援助基金会	1997	10000000	北京	民政部	116303999.00	101861200.00	87.58
6	中国文学艺术基金会	1994	8970000	北京	民政部	119534824.95	80000000.00	66.93
7	上海文化发展基金会	1992	55000000	上海	省级民政部门	117188752.27	77090106.20	65.78
8	中国红十字基金会	1994	8000000	北京	民政部	235360376.49	41433700.00	17.60
9	杭州市送温暖工程基金会	1998	4000000	浙江	省级民政部门	81156225.78	30000000.00	36.97
10	上海市职工帮困基金会	1992	10000000	上海	省级民政部门	30764942.99	27582000.00	89.65
11	上海市老年基金会	1992	30000000	上海	省级民政部门	107122722.01	21013400.00	19.62
12	上海市慈善基金会	1994	460000000	上海	省级民政部门	809981250.94	20250529.18	2.50
13	中华全国体育基金会	1994	8000000	北京	民政部	74731510.97	20000000.00	26.76
14	常州市新北区见义勇为基金会	2008	5220000	江苏	省级民政部门	22890158.00	16600000.00	72.52
15	北京文化艺术基金会	2005	4000000	北京	省级民政部门	14502583.89	14189436.00	97.84
16	湖南省新闻出版发展基金会	2010	14000000	湖南	省级民政部门	14120000.00	14000000.00	99.15
17	云南省见义勇为基金会	2002	100000	云南	省级民政部门	42691946.27	12115000.00	28.38
18	湖南省公安民警基金会	1996	55600000	湖南	省级民政部门	29165714.54	12000000.00	41.14
19	江苏省残疾人福利基金会	1988	4000000	江苏	省级民政部门	25289316.50	10500000.00	41.52
20	北京志愿服务基金会	2009	4000000	北京	省级民政部门	11059738.19	10000000.00	90.42

4. 2011年公募基金会投资收益Top20

排名	基金会名称	成立年份	原始基金数额(元)	地域	登记部门	总收入(元)	投资收益(元)	占比(%)
1	上海市慈善基金会	1994	460000000	上海	省级民政部门	809981250.94	38663501.19	4.77
2	中国扶贫基金会	1989	10000000	北京	民政部	272427312.05	27640162.41	10.15
3	上海市拥军优属基金会	1995	40000000	上海	省级民政部门	30565344.73	27218358.58	89.05
4	上海市教育发展基金会	1994	144000000	上海	省级民政部门	70571771.29	20912870.09	29.63
5	上海宋庆龄基金会	1993	4000000	上海	省级民政部门	463652582.70	18111708.81	3.91
6	中国青少年发展基金会	1989	8000000	北京	民政部	292238808.06	14850160.67	5.08
7	上海市大学生科技创业基金会	2006	20000000	上海	省级民政部门	175584947.85	14278330.71	8.13
8	中国宋庆龄基金会	1982	8000000	北京	民政部	181714175.12	11237536.76	6.18
9	广州市番禺区教育基金会	1993	130400000	广东	省级民政部门	74186183.15	10646633.11	14.35
10	上海科技发展基金会	1992	15000000	上海	省级民政部门	12106463.39	10620144.84	87.72
11	深圳市警察基金会	1995	26400000	广东	省级民政部门	27397137.78	10375567.88	37.87
12	上海市老年基金会	1992	30000000	上海	省级民政部门	107122722.01	10269161.33	9.59
13	浙江省农业技术推广基金会	1995	4000000	浙江	省级民政部门	12283572.16	9169360.78	74.65
14	中国青年创业就业基金会	2006	240000000	北京	民政部	70191944.22	8205143.44	11.69
15	爱德基金会	1985	25000000	江苏	省级民政部门	99237640.03	8046352.30	8.11
16	东莞市见义勇为基金会	2006	4000000	广东	省级民政部门	7318335.12	7306903.25	99.84
17	厦门市教育基金会	1988	4000000	福建	省级民政部门	56497353.70	6809267.71	12.05
18	上海公安金盾基金会	2010	110000000	上海	省级民政部门	9528352.81	6217051.35	65.25
19	中国残疾人福利基金会	1984	506210000	北京	民政部	351589854.97	6203539.85	1.76
20	上海市中小学幼儿教师奖励基金会	2003	36000000	上海	省级民政部门	6442574.21	6174405.97	95.84

5. 2011年公募基金会公益事业支出Top50

排名	基金会名称	成立年份	原始基金数额(元)	地域	登记部门	捐赠收入(元)	全国排名
1	中国教育发展基金会	2003	50000000	北京	民政部	950802939.32	1
2	中国光华科技基金会	1993	8000000	北京	民政部	545904365.64	3
3	上海市慈善基金会	1994	460000000	上海	省级民政部门	502162455.68	4
4	中国癌症基金会	1984	8000000	北京	民政部	477956658.44	5
5	中国博士后科学基金会	1990	20000000	北京	民政部	460560000.00	6
6	中国残疾人福利基金会	1984	506210000	北京	民政部	315216804.97	7
7	中国红十字基金会	1994	8000000	北京	民政部	309091877.70	8
8	河南省宋庆龄基金会	1992	4000000	河南	省级民政部门	299392638.87	9
9	广东省扶贫基金会	1994	22110000	广东	省级民政部门	284219909.88	10
10	中国青少年发展基金会	1989	8000000	北京	民政部	265926663.18	12
11	中国扶贫基金会	1989	10000000	北京	民政部	262425685.87	13
12	中国儿童少年基金会	1981	8000000	北京	民政部	250582900.90	14
13	中国绿化基金会	1985	8000000	北京	民政部	245463146.86	15
14	中国妇女发展基金会	1988	10000000	北京	民政部	216021427.79	16
15	中国宋庆龄基金会	1982	8000000	北京	民政部	167766410.75	20
16	中国志愿服务基金会	2009	50000000	北京	民政部	136896643.51	21
17	中国光彩事业基金会	2005	30500000	北京	民政部	131863006.16	22
18	中国文学艺术基金会	1994	8970000	北京	民政部	119297816.48	25
19	瑞安市人民教育基金会	2005	4000000	浙江	省级民政部门	111120673.94	26
20	中国华文教育基金会	2004	10000000	北京	民政部	111042844.07	27
21	四川省青少年发展基金会	1988	8000000	四川	省级民政部门	106178518.18	28
22	中国青年创业就业基金会	2006	240000000	北京	民政部	98994586.00	31
23	温岭市人民教育基金会	2006	4000000	浙江	省级民政部门	98680800.00	32
24	临海市人民教育基金会	2006	4000000	浙江	省级民政部门	97155800.00	33
25	浙江省义乌市教育基金会	2004	4000000	浙江	省级民政部门	92877823.40	35

续表

排名	基金会名称	成立年份	原始基金数额(元)	地域	登记部门	捐赠收入(元)	全国排名
26	中国初级卫生保健基金会	1996	8000000	北京	民政部	90586675.38	36
27	上海文化发展基金会	1992	55000000	上海	省级民政部门	84602821.93	38
28	爱德基金会	1985	25000000	江苏	省级民政部门	79612727.82	40
29	大连慈善基金会	2006	16000000	辽宁	省级民政部门	74351853.89	44
30	中国华侨公益基金会	1998	18600000	北京	民政部	72688123.47	46
31	中国绿色碳汇基金会	2010	50000000	北京	民政部	69573334.13	49
32	深圳壹基金公益基金会	2010	50000000	广东	市级民政部门	68470822.19	50
33	杭州市送温暖工程基金会	1998	4000000	浙江	省级民政部门	67279713.65	51
34	中国法律援助基金会	1997	10000000	北京	民政部	66980254.81	52
35	厦门市教育基金会	1988	4000000	福建	省级民政部门	66357765.58	53
36	苍南县人民教育基金会	2001	4000000	浙江	省级民政部门	65934366.00	54
37	云南省青少年发展基金会	1994	4200000	云南	省级民政部门	63664621.35	59
38	上海市老年基金会	1992	30000000	上海	省级民政部门	63073137.84	61
39	诸暨市人民教育基金会	1998	4000000	浙江	省级民政部门	63022309.10	62
40	吴江市慈善基金会	2008	4000000	江苏	省级民政部门	62825902.30	63
41	中国人口福利基金会	1987	12000000	北京	民政部	62768428.69	64
42	上虞市人民教育基金会	2002	4000000	浙江	省级民政部门	61789629.00	65
43	中华思源工程扶贫基金会	2007	8000000	北京	民政部	61252456.18	66
44	中华少年儿童慈善救助基金会	2009	20000000	北京	民政部	56303157.94	68
45	台州市路桥区教育发展基金会	2004	4000000	浙江	省级民政部门	55386760.66	70
46	湖北省扶贫基金会	1994	4100000	湖北	省级民政部门	55321197.40	71
47	珠海市扶贫基金会	2010	5950000	广东	省级民政部门	55310433.80	72
48	北京市红十字基金会	2008	4000000	北京	省级民政部门	53177790.42	73
49	上海市教育发展基金会	1994	144000000	上海	省级民政部门	52378115.82	74
50	天台县教育基金会	2004	4000000	浙江	省级民政部门	51633936.32	75

6. 2011年公募基金会工资福利支出投票 Top20

排名	基金会名称	成立年份	原始基金数额(元)	地域	登记部门	总支出(元)	工资福利支出(元)	占比(%)
1	中国扶贫基金会	1989	10000000	北京	民政部	283802586.28	13663045.60	4.81
2	上海市慈善基金会	1994	460000000	上海	省级民政部门	584493105.37	8356735.59	1.43
3	中国青少年发展基金会	1989	8000000	北京	民政部	275032349.02	8000168.14	2.91
4	中国光华科技基金会	1993	8000000	北京	民政部	555720809.14	5855952.60	1.05
5	中国儿童少年基金会	1981	8000000	北京	民政部	260031430.42	5687773.94	2.19
6	爱德基金会	1985	25000000	江苏	省级民政部门	88126340.41	4913449.73	5.58
7	深圳壹基金公益基金会	2010	50000000	广东	市级民政部门	71647231.00	4256213.89	5.94
8	中国红十字基金会	1994	8000000	北京	民政部	318880250.13	4128352.38	1.29
9	中国残疾人福利基金会	1984	506210000	北京	民政部	328977305.04	4050538.41	1.23
10	中国博士后科学基金会	1990	20000000	北京	民政部	464439425.66	2850551.64	0.61
11	中华环境保护基金会	1993	8000000	北京	民政部	42406028.76	2722453.67	6.42
12	中国人权发展基金会	1994	13600000	北京	民政部	39952980.27	2575984.27	6.45
13	河南省宋庆龄基金会	1992	4000000	河南	省级民政部门	302968392.10	2567067.49	0.85
14	中国医药卫生事业发展基金会	2005	8000000	北京	民政部	50602904.57	2193079.20	4.33
15	中华少年儿童慈善救助基金会	2009	20000000	北京	民政部	59690297.15	2103930.51	3.52
16	中国妇女发展基金会	1988	10000000	北京	民政部	220397184.47	2034589.22	0.92
17	中国绿化基金会	1985	8000000	北京	民政部	249583655.64	1901623.39	0.76
18	上海市拥军优属基金会	1995	40000000	上海	省级民政部门	33597672.55	1874167.24	5.58
19	中国法律援助基金会	1997	10000000	北京	民政部	70337046.40	1758287.97	2.50
20	中国发展研究基金会	1997	40000000	北京	民政部	36008105.55	1693220.97	4.70

7. 2011 年公募基金会全职员工数量 Top20

排名	基金会名称	成立年份	原始基金数额(元)	地域	登记部门	全职员工数量
1	中国扶贫基金会	1989	10000000	北京	民政部	114
2	爱德基金会	1985	25000000	江苏	省级民政部门	66
3	四川省扶贫基金会	1992	8000000	四川	省级民政部门	63
4	上海市慈善基金会	1994	460000000	上海	省级民政部门	62
5	中国青少年发展基金会	1989	8000000	北京	民政部	61
6	中国光华科技基金会	1993	8000000	北京	民政部	59
7	中国残疾人福利基金会	1984	506210000	北京	民政部	56
8	中国宋庆龄基金会	1982	8000000	北京	民政部	50
9	河南省宋庆龄基金会	1992	4000000	河南	省级民政部门	47
10	中国红十字基金会	1994	8000000	北京	民政部	40
11	湖南省长沙市芙蓉区人民教育基金会	1996	4000000	湖南	省级民政部门	40
12	深圳壹基金公益基金会	2010	50000000	广东	市级民政部门	38
13	中国发展研究基金会	1997	40000000	北京	民政部	36
14	中国儿童少年基金会	1981	8000000	北京	民政部	34
15	中华文学基金会	1986	2100000	北京	民政部	33
16	河南省炎黄二帝公益基金会	2007	4000000	河南	省级民政部门	31
17	中国人权发展基金会	1994	13600000	北京	民政部	29
18	中国孔子基金会	1984	8000000	山东	民政部	29
19	陕西法门寺慈善基金会	2009	4000000	陕西	省级民政部门	27
20	中国妇女发展基金会	1988	10000000	北京	民政部	26

8. 2011 年公募基金会项目支出 Top20

排名	项目简介	基金会名称	支出总额(元)
1	中央专项彩票公益金教育助学项目,奖励品学兼优高中家庭经济困难学生	中国教育发展基金会	513190014
2	索坦患者援助项目,已有160所医院的318名医生与32名药剂师参与	中国癌症基金会	455073711
3	助教项目,支持内地学校建设,重点培训中小学班主任教师	中国教育发展基金会	402050153

续表

排名	项目简介	基金会名称	支出总额(元)
4	助医、助困等综合项目,资助大重病特困人员、失去孩子的家庭	上海市慈善基金会	401457256
5	书海工程,全年共有93家出版发行单位向基金会捐赠了图书	中国光华科技基金会	298235934
6	博士后日常经费,全国全年共办理博士后人员进站11427人,出站7162人	中国博士后科学基金会	262500000
7	规划到户责任到人,用于省内3409条贫困村、贫困户脱贫	广东省扶贫基金会	241322251
8	旭日新航服务项目之"家有儿女"家庭辅导	上海市爱心帮教基金会	201116000
9	博士后科学基金资助,获资助人员4298人	中国博士后科学基金会	191830000
10	红十字天使计划,动员社会资源,协助政府改善贫困乡村的医疗卫生条件	中国红十字基金会	139437457
11	捐物助困行动,盘活城市积压物资、支持农村全面发展、推广慈善公益理念	中国光华科技基金会	119987029
12	改善办学条件补助,加强基层学校的硬件设施	温州市鹿城区人民教育基金会	119196572
13	助困行动,积极救助有生活困难的残疾人	中国残疾人福利基金会	107256145
14	绿色大连基金,用于支持大连林业和生态建设	中国绿化基金会	97242592
15	希望工程学校资助项目	中国青少年发展基金会	91466505
16	2011年下半年捐赠活动	临海市人民教育基金会	91206417
17	绿色宝安基金,用于深圳市宝安区的绿化生态建设	中国绿化基金会	87589826
18	抗震救灾、灾后重建	中国红十字基金会	85697352
19	2011中国文学艺术发展专项基金财政拨款追加项目	中国文学艺术基金会	80000000
20	北京华文学院新校区建设,用于北京华文学院新校区建设	中国华文教育基金会	78944550

三 非公募基金会榜单

1. 2011 年非公募基金会年末净资产 Top50

排名	基金会名称	成立年份	原始基金数额(元)	地域	登记部门	净资产(元)	全国排名
1	河仁慈善基金会	2010	20000000	福建	民政部	2371121500.00	2
2	清华大学教育基金会	1994	20000000	北京	民政部	2018761630.62	3
3	北京大学教育基金会	1995	20000000	北京	民政部	1482432414.76	5
4	陕西省神木县民生慈善基金会	2011	500000000	陕西	省级民政部门	1227036500.00	6
5	老牛基金会	2004	2000000	内蒙古	省级民政部门	1029227895.91	7
6	神华公益基金会	2010	200000000	北京	民政部	824644315.10	9
7	浙江大学教育基金会	2006	50000000	浙江	民政部	805597294.25	10
8	南京大学教育发展基金会	2005	50000000	江苏	省级民政部门	631530880.90	15
9	上海交通大学教育发展基金会	2005	10000000	上海	省级民政部门	500329124.62	18
10	东南大学教育基金会	2005	80000000	江苏	省级民政部门	340579222.30	27
11	上海汽车工业科技发展基金会	1996	60000000	上海	省级民政部门	329005833.25	30
12	苏州大学教育发展基金会	2006	21110000	江苏	省级民政部门	320815612.09	31
13	南京金陵文化保护发展基金会	2010	4000000	江苏	省级民政部门	305293904.86	32
14	中国和平发展基金会	2011	301000000	北京	民政部	303804804.00	33
15	瀛公益基金会	2010	20000000	北京	民政部	299355981.81	34
16	中远慈善基金会	2005	100000000	北京	民政部	292062455.85	35
17	北京师范大学教育基金会	2007	4000000	北京	省级民政部门	238922776.83	39
18	上海民生艺术基金会	2010	2000000	上海	省级民政部门	232872949.78	41
19	南京航空航天大学教育发展基金会	2006	5000000	江苏	省级民政部门	219120120.76	43
20	泛海公益基金会	2010	200000000	北京	民政部	201707058.18	47
21	上海工商界爱国建设特种基金会	1993	100000000	上海	省级民政部门	198071283.62	50
22	南京林业大学教育发展基金会	2008	5000000	江苏	省级民政部门	197695637.31	51
23	北京交通大学教育基金会	2009	20000000	北京	民政部	191425807.75	53

续表

排名	基金会名称	成立年份	原始基金数额(元)	地域	登记部门	净资产(元)	全国排名
24	北京市中国人民大学教育基金会	2004	2000000	北京	省级民政部门	190658872.25	54
25	上海复旦大学教育发展基金会	2004	4000000	上海	省级民政部门	189276663.88	55
26	友成企业家扶贫基金会	2007	20000000	北京	民政部	185800816.20	57
27	南京信息大学教育发展基金会	2005	8250000	江苏	省级民政部门	182723772.30	58
28	南京审计学院教育发展基金会	2006	5000000	江苏	省级民政部门	180680905.96	59
29	江苏大学教育发展基金会	2007	5000000	江苏	省级民政部门	171194786.48	62
30	上海唐君远教育基金会	1999	40000000	上海	省级民政部门	169480940.52	65
31	南京工程学院教育发展基金会	2007	4000000	江苏	省级民政部门	164929000.38	66
32	陕西省府谷县教育基金会	2010	160000000	陕西	省级民政部门	163384567.63	67
33	慈济慈善事业基金会	2008	100000000	江苏	民政部	161836188.87	68
34	广东省汕头大学教育基金会	2009	2000000	广东	省级民政部门	157830000.00	69
35	华阳慈善基金会	2009	20000000	福建	民政部	154424335.54	70
36	厦门大学教育发展基金会	2006	10000000	福建	省级民政部门	137768488.89	77
37	福建新华都慈善基金会	2009	100000000	福建	省级民政部门	132408721.08	80
38	腾讯公益慈善基金会	2007	20000000	广东	民政部	130223317.64	81
39	华民慈善基金会	2008	200000000	北京	民政部	126579706.11	83
40	南京外国语学校教育基金会	2006	2000000	江苏	省级民政部门	124706101.63	87
41	中国人寿慈善基金会	2007	50000000	北京	民政部	124697143.57	88
42	南京财经大学教育发展基金会	2006	4000000	江苏	省级民政部门	123734711.88	91
43	南京师范大学教育发展基金会	2006	30000000	江苏	省级民政部门	123298516.41	93
44	宝钢教育基金会	2005	50000000	上海	民政部	122737431.77	94
45	宁波大学教育发展基金会	2007	4000000	浙江	省级民政部门	121329750.65	96
46	榆林市胡星元慈善基金会	2006	2750000	陕西	省级民政部门	115726104.70	100
47	中科院研究生教育基金会	2009	100000000	北京	民政部	113032040.81	101
48	上海增爱基金会	2008	4000000	上海	省级民政部门	112322700.60	102
49	南京中医药大学教育发展基金会	2006	4000000	江苏	省级民政部门	110632044.03	105
50	广东省中山大学教育发展基金会	2004	4000000	广东	省级民政部门	109658492.75	106

2. 2011年非公募基金会捐赠收入Top50

排名	基金会名称	成立年份	原始基金数额(元)	地域	登记部门	捐赠收入(元)	全国排名
1	河仁慈善基金会	2010	20000000	福建	民政部	3549000000.00	1
2	清华大学教育基金会	1994	20000000	北京	民政部	1047011399.06	2
3	神华公益基金会	2010	200000000	北京	民政部	824838954.24	3
4	陕西省神木县民生慈善基金会	2011	500000000	陕西	省级民政部门	806430100.00	4
5	北京大学教育基金会	1995	20000000	北京	民政部	618194642.24	7
6	南京金陵文化保护发展基金会	2010	4000000	江苏	省级民政部门	300000000.00	17
7	广东省汕头大学教育基金会	2009	2000000	广东	省级民政部门	287730000.00	18
8	南京大学教育发展基金会	2005	50000000	江苏	省级民政部门	240819495.44	20
9	上海民生艺术基金会	2010	2000000	上海	省级民政部门	238800000.00	22
10	瀛公益基金会	2010	20000000	北京	民政部	212200265.66	23
11	浙江大学教育基金会	2006	50000000	浙江	民政部	203453252.25	24
12	慈济慈善事业基金会	2008	100000000	江苏	民政部	129427993.00	28
13	上海交通大学教育发展基金会	2005	10000000	上海	省级民政部门	129346164.71	29
14	威盛信望爱公益基金会	2009	30000000	北京	民政部	128682538.73	31
15	哈尔滨医科大学发展基金会	2010	4000000	黑龙江	省级民政部门	123400000.00	32
16	安利公益基金会	2011	100000000	北京	民政部	121772686.84	33
17	北京师范大学教育基金会	2007	4000000	北京	省级民政部门	116566761.32	34
18	榆林市胡星元慈善基金会	2006	2750000	陕西	省级民政部门	111880000.00	36
19	中远慈善基金会	2005	100000000	北京	民政部	111098885.90	37
20	江苏大学教育发展基金会	2007	50000000	江苏	省级民政部门	110164938.83	38
21	腾讯公益慈善基金会	2007	20000000	广东	民政部	108026526.03	41
22	武汉大学教育发展基金会	1995	10000000	湖北	省级民政部门	107755285.31	42
23	上海复旦大学教育发展基金会	2004	4000000	上海	省级民政部门	103260980.19	43
24	苏州大学教育发展基金会	2006	21110000	江苏	省级民政部门	102292240.74	44
25	宁波鄞州银行公益基金会	2011	100000000	浙江	省级民政部门	100006000.00	45

续表

排名	基金会名称	成立年份	原始基金数额(元)	地域	登记部门	捐赠收入(元)	全国排名
26	福建新华都慈善基金会	2009	100000000	福建	省级民政部门	100000000.00	46
27	北京市中国人民大学教育基金会	2004	2000000	北京	省级民政部门	93157299.00	48
28	东南大学教育基金会	2005	80000000	江苏	省级民政部门	90607088.40	51
29	南京林业大学教育发展基金会	2008	5000000	江苏	省级民政部门	86308950.00	55
30	南通大学教育发展基金会	2006	50000000	江苏	省级民政部门	79979817.74	60
31	北京航空航天大学教育基金会	2005	20000000	北京	民政部	75024520.27	64
32	苏州科技学院教育发展基金会	2007	4000000	江苏	省级民政部门	74874300.00	65
33	河海大学教育发展基金会	2007	5000000	江苏	省级民政部门	74199459.90	69
34	南京审计学院教育发展基金会	2006	5000000	江苏	省级民政部门	73839146.23	70
35	中南大学教育基金会	2011	20000000	湖南	民政部	72201341.78	73
36	南京航空航天大学教育发展基金会	2006	5000000	江苏	省级民政部门	71606582.40	74
37	南京财经大学教育发展基金会	2006	4000000	江苏	省级民政部门	69840623.90	75
38	爱佑慈善基金会	2008	2000000	北京	民政部	69740460.80	76
39	广东省中山大学教育发展基金会	2004	4000000	广东	省级民政部门	69033893.02	77
40	南京工程学院教育发展基金会	2007	4000000	江苏	省级民政部门	68875727.53	78
41	重庆大学教育基金会	2007	4000000	重庆	省级民政部门	68099767.17	79
42	广东省华南理工大学教育发展基金会	2007	4000000	广东	省级民政部门	67824382.58	80
43	吴阶平医学基金会	2002	20000000	北京	民政部	67347944.68	81
44	南京工业大学教育发展基金会	2007	4000000	江苏	省级民政部门	66047784.00	82
45	山东大学教育基金会	2007	6000000	山东	省级民政部门	65471699.22	83
46	北京交通大学教育基金会	2009	2000000	北京	民政部	63980578.27	86
47	南京中医药大学教育发展基金会	2006	4000000	江苏	省级民政部门	63362430.60	88
48	南京邮电大学教育发展基金会	2007	5000000	江苏	省级民政部门	61809867.99	91
49	南京师范大学教育发展基金会	2006	30000000	江苏	省级民政部门	61514257.23	94
50	扬州大学教育发展基金会	2008	5000000	江苏	省级民政部门	55469527.70	105

3. 2011年非公募基金会政府补助收入Top20

排名	基金会名称	成立年份	原始基金数额(元)	地域	登记部门	总收入(元)	政府补助收入(元)	占比(%)
1	陕西省神木县民生慈善基金会	2011	500000000	陕西	省级民政部门	1227036500.00	400000000.00	32.60
2	重庆大学教育基金会	2007	4000000	重庆	省级民政部门	130009511.22	60000000.00	46.15
3	北京国际音乐节艺术基金会	2005	2000000	北京	省级民政部门	31839778.41	17507084.00	54.98
4	浙江省康恩贝慈善救助基金会	2007	2000000	浙江	省级民政部门	9943256.48	6680000.00	67.18
5	如东县教育发展基金会	2011	4000000	江苏	省级民政部门	29018359.46	4000000.00	13.78
6	亨通慈善基金会	2011	50000000	江苏	民政部	53178434.56	3000000.00	5.64
7	吴江盛虹爱心基金会	2011	3000000	江苏	省级民政部门	3000000.00	3000000.00	100.00
8	南通市爱心帮困基金会	2008	2000000	江苏	省级民政部门	3736421.75	2530000.00	67.71
9	淮安大众助保基金会	2006	2000000	江苏	省级民政部门	3406248.43	2257408.23	66.27
10	陆河县振兴教育基金会	2010	2000000	广东	省级民政部门	9051015.17	2000000.00	22.10
11	安徽韩再芬黄梅艺术基金会	2009	2000000	安徽	省级民政部门	2849041.11	1600000.00	56.16
12	佛山市建设文化事业基金会	1993	2890000	广东	省级民政部门	1468131.14	1380000.00	94.00
13	江苏中外大学女校长教育发展基金会	2009	3000000	江苏	省级民政部门	1204493.99	1200000.00	99.63
14	上海金山卫镇为民大病重病帮扶基金会	2010	4000000	上海	省级民政部门	1294858.06	1121250.00	86.59

续表

排名	基金会名称	成立年份	原始基金数额(元)	地域	登记部门	总收入(元)	政府补助收入(元)	占比(%)
15	一汽自主创新沈曾华奖励基金会	2007	2500000	吉林	省级民政部门	1033042.85	1000000.00	96.80
16	北京国际艺苑美术基金会	1992	2000000	北京	省级民政部门	867743.76	860000.00	99.11
17	南安市仑苍镇教育发展基金会	2008	2000000	福建	省级民政部门	2507467.49	850000.00	33.90
18	北京歌华文化创意产业发展基金会	2008	2000000	北京	省级民政部门	766275.45	760000.00	99.18
19	湖南省扶贫基金会	1997	6600000	湖南	省级民政部门	1731195.55	757728.47	43.77
20	罗定市泷州教育基金会	2010	3000000	广东	省级民政部门	28591766.58	700000.00	2.45

4. 2011年非公募基金会投资收益Top20

排名	基金会名称	成立年份	原始基金数额(元)	地域	登记部门	总收入(元)	投资收益(元)	占比(%)
1	清华大学教育基金会	1994	20000000	北京	民政部	1134370772.88	83145714.76	7.33
2	中远慈善基金会	2005	100000000	北京	民政部	132118258.74	20905661.27	15.82
3	南京大学教育发展基金会	2005	50000000	江苏	省级民政部门	259972239.46	18697706.41	7.19
4	广东省汕头大学教育基金会	2009	2000000	广东	省级民政部门	305180000.00	15960000.00	5.23
5	浙江大学教育基金会	2006	50000000	浙江	民政部	219380002.14	11740453.67	5.35
6	上海交通大学教育发展基金会	2005	10000000	上海	省级民政部门	139231014.27	9425646.64	6.77

续表

排名	基金会名称	成立年份	原始基金数额(元)	地域	登记部门	总收入(元)	投资收益(元)	占比(%)
7	深圳市综研软科学发展基金会	2007	33000000	广东	省级民政部门	10064520.63	9051667.60	89.94
8	神华公益基金会	2010	200000000	北京	民政部	837209364.46	7777863.00	0.93
9	桃源居公益事业发展基金会	2008	100000000	广东	民政部	11736120.46	7626055.00	64.98
10	北京兴大助学基金会	2010	2000000	北京	省级民政部门	36336227.53	7180400.73	19.76
11	中国和平发展基金会	2011	301000000	北京	民政部	6483557.10	6414155.62	98.93
12	上海工商界爱国建设特种基金会	1993	100000000	上海	省级民政部门	6496568.51	6345494.04	97.67
13	中科院研究生教育基金会	2009	100000000	北京	民政部	18284310.03	5746999.14	31.43
14	广东省大成慈善基金会	2009	5000000	广东	省级民政部门	8626727.60	5550587.57	64.34
15	江苏中大公益基金会	2009	5000000	江苏	省级民政部门	5390167.49	5310000.00	98.51
16	宁波大学教育发展基金会	2007	4000000	浙江	省级民政部门	28117486.37	4650000.00	16.54
17	山西省煤炭职业技术教育发展基金会	2006	2000000	山西	省级民政部门	7071623.29	4571703.67	64.65
18	南都公益基金会	2007	100000000	北京	民政部	23761029.15	4287298.21	18.04
19	安徽大学教育基金会	2008	4000000	安徽	省级民政部门	18845522.17	4231600.00	22.45
20	复旦管理学奖励基金会	2005	2000000	上海	省级民政部门	4794872.45	4095263.89	85.41

5. 2011年非公募基金会公益事业支出Top50

排名	基金会名称	成立年份	原始基金数额(元)	地域	登记部门	捐赠收入(元)	全国排名
1	清华大学教育基金会	1994	20000000	北京	民政部	577424243.88	2
2	北京大学教育基金会	1995	20000000	北京	民政部	282008922.94	11
3	神华公益基金会	2010	200000000	北京	民政部	208414664.08	17
4	广东省汕头大学教育基金会	2009	2000000	广东	省级民政部门	171580000.00	18
5	华阳慈善基金会	2009	20000000	福建	民政部	171311172.28	19
6	威盛信望爱公益基金会	2009	30000000	北京	民政部	129345973.43	23
7	苏州大学教育发展基金会	2006	21110000	江苏	省级民政部门	124161283.37	24
8	华润慈善基金会	2010	50000000	广东	民政部	105192303.41	29
9	老牛基金会	2004	2000000	内蒙古	省级民政部门	100207300.00	30
10	慈济慈善事业基金会	2008	100000000	江苏	民政部	96370172.55	34
11	重庆大学教育基金会	2007	4000000	重庆	省级民政部门	89990797.51	37
12	北京师范大学教育基金会	2007	4000000	北京	省级民政部门	81096386.14	39
13	南通大学教育发展基金会	2006	5000000	江苏	省级民政部门	79257500.00	41
14	福建新华都慈善基金会	2009	100000000	福建	省级民政部门	78833440.00	42
15	北京市中国人民大学教育基金会	2004	2000000	北京	省级民政部门	75564899.73	43
16	河海大学教育发展基金会	2007	5000000	江苏	省级民政部门	74063906.80	45
17	上海交通大学教育发展基金会	2005	10000000	上海	省级民政部门	71686814.74	47
18	浙江大学教育基金会	2006	50000000	浙江	民政部	70296130.55	48
19	南京大学教育发展基金会	2005	5000000	江苏	省级民政部门	65205241.74	55
20	南京邮电大学教育发展基金会	2007	5000000	江苏	省级民政部门	64630000.00	56
21	腾讯公益慈善基金会	2007	20000000	广东	民政部	64464793.73	57
22	北京航空航天大学教育基金会	2005	20000000	北京	省级民政部门	64036003.70	58
23	广东省中山大学教育发展基金会	2004	4000000	广东	省级民政部门	63536010.58	60
24	山东大学教育基金会	2007	6000000	山东	省级民政部门	61139588.04	67
25	爱佑慈善基金会	2008	20000000	北京	民政部	55887819.79	69

续表

排名	基金会名称	成立年份	原始基金数额(元)	地域	登记部门	捐赠收入(元)	全国排名
26	吴阶平医学基金会	2002	20000000	北京	民政部	48175320.04	78
27	苏州科技学院教育发展基金会	2007	4000000	江苏	省级民政部门	47292500.00	79
28	江西省庐山东林净土文化基金会	2006	2000000	江西	省级民政部门	47073570.30	81
29	上海同济大学教育发展基金会	2006	4000000	上海	省级民政部门	44411965.61	86
30	江南大学教育发展基金会	2007	5000000	江苏	省级民政部门	44239312.92	87
31	天诺慈善基金会	2008	100000000	北京	民政部	43976650.35	88
32	浙江省新华爱心教育基金会	2007	2000000	浙江	省级民政部门	43781751.70	89
33	广东省华南理工大学教育发展基金会	2007	4000000	广东	省级民政部门	41531309.41	95
34	广西李宁基金会	2006	2000000	广西	省级民政部门	40857169.18	96
35	四川电子科技大学教育发展基金会	2009	10000000	四川	省级民政部门	39569190.76	98
36	广东省合生珠江教育发展基金会	2007	4000000	广东	省级民政部门	39102550.17	100
37	中远慈善基金会	2005	100000000	北京	民政部	38687816.22	102
38	天津大学北洋教育发展基金会	1995	2000000	天津	省级民政部门	37261508.55	104
39	传媒大学教育基金会	2007	20000000	北京	民政部	35845438.48	108
40	北京医学奖励基金会	2002	2000000	北京	省级民政部门	35193217.48	109
41	上海复旦大学教育发展基金会	2004	4000000	上海	省级民政部门	34386302.21	115
42	南京医科大学教育发展基金会	2007	3000000	江苏	省级民政部门	33347000.00	118
43	哈尔滨工业大学教育发展基金会	2009	2000000	黑龙江	省级民政部门	33052807.00	121
44	江苏警官学院教育发展基金会	2008	5000000	江苏	省级民政部门	33000000.00	122
45	友成企业家扶贫基金会	2007	20000000	北京	民政部	32903066.95	123
46	北京中国政法大学教育基金会	2007	2000000	北京	省级民政部门	31920025.00	126
47	南京工业大学教育发展基金会	2007	4000000	江苏	省级民政部门	31650800.00	129
48	江苏科技大学教育发展基金会	2007	4000000	江苏	省级民政部门	31019473.30	132
49	常州大学教育发展基金会	2008	5000000	江苏	省级民政部门	30616993.00	134
50	南京师范大学教育发展基金会	2006	3000000	江苏	省级民政部门	30314580.00	137

6. 2011 年非公募基金会工资福利支出投票 Top20

排名	基金会名称	成立年份	原始基金数额(元)	地域	登记部门	总支出(元)	工资福利支出(元)	占比(%)
1	清华大学教育基金会	1994	20000000	北京	民政部	609259783.81	5455731.48	0.90
2	海南三亚南山功德基金会	2005	5000000	海南	省级民政部门	38313475.25	3733394.38	9.74
3	友成企业家扶贫基金会	2007	20000000	北京	民政部	37862925.55	3070826.50	8.11
4	北京大学教育基金会	1995	20000000	北京	民政部	365210771.33	2463544.31	0.67
5	华民慈善基金会	2008	200000000	北京	民政部	27642611.02	1791001.17	6.48
6	北京国际音乐节艺术基金会	2005	2000000	北京	省级民政部门	31513946.03	1719497.28	5.46
7	南都公益基金会	2007	100000000	北京	民政部	28809498.93	1610392.00	5.59
8	上海真爱梦想公益基金会	2008	2000000	上海	省级民政部门	18925099.94	1596347.22	8.44
9	瀛公益基金会	2010	20000000	北京	民政部	7973881.30	1320419.22	16.56
10	慈济慈善事业基金会	2008	100000000	江苏	民政部	98168787.22	1262137.64	1.29
11	老牛基金会	2004	2000000	内蒙古	省级民政部门	101207420.84	1132375.23	1.12
12	福建省黄仲咸教育基金会	2004	8477700	福建	省级民政部门	17513783.06	972992.00	5.56
13	北京医学奖励基金会	2002	2000000	北京	省级民政部门	37025686.87	966093.76	2.61
14	福建省青少年发展基金会	1993	2000000	福建	省级民政部门	19206732.93	957333.14	4.98
15	顶新公益基金会	2010	20000000	北京	民政部	18670008.42	778402.08	4.17
16	北京市企业家环保基金会	2008	8000000	北京	省级民政部门	19616591.61	766446.57	3.91
17	吴阶平医学基金会	2002	20000000	北京	民政部	49898232.49	758716.41	1.52
18	浙江省新华爱心教育基金会	2007	2000000	浙江	省级民政部门	45278507.63	708512.61	1.56
19	上海复旦大学教育发展基金会	2004	4000000	上海	省级民政部门	35717042.68	700162.80	1.96
20	河北进德公益基金会	2011	—	河北	省级民政部门	16365474.00	634292.85	3.88

7. 2011年非公募基金会全职员工数量Top20

排名	基金会名称	成立年份	原始基金数额(元)	地域	登记部门	全职员工数量
1	陕西省联谊贫困救助基金会	2005	2000000	陕西	省级民政部门	45
2	友成企业家扶贫基金会	2007	20000000	北京	民政部	41
3	海南三亚南山功德基金会	2005	5000000	海南	省级民政部门	33
4	北京市仁爱慈善基金会	2006	2000000	北京	省级民政部门	31
5	清华大学教育基金会	1994	20000000	北京	民政部	29
6	上海真爱梦想公益基金会	2008	2000000	上海	省级民政部门	25
7	北京新阳光慈善基金会	2009	2000000	北京	省级民政部门	25
8	北京大学教育基金会	1995	20000000	北京	民政部	24
9	浙江省新华爱心教育基金会	2007	2000000	浙江	省级民政部门	22
10	慈济慈善事业基金会	2008	100000000	江苏	民政部	21
11	浙江大学教育基金会	2006	50000000	浙江	民政部	21
12	福建省黄仲咸教育基金会	2004	8477700	福建	省级民政部门	20
13	华民慈善基金会	2008	200000000	北京	民政部	19
14	南京大学教育发展基金会	2005	50000000	江苏	省级民政部门	18
15	河南省慈鑫福利基金会	2009	2000000	河南	省级民政部门	18
16	瀛公益基金会	2010	20000000	北京	民政部	13
17	顶新公益基金会	2010	20000000	北京	民政部	12
18	天诺慈善基金会	2008	100000000	北京	民政部	12
19	上海增爱基金会	2008	4000000	上海	省级民政部门	12
20	荣成市大鱼岛福利基金会	2008	2000000	山东	省级民政部门	12

8. 2011年非公募基金会项目支出Top20

排名	项目简介	基金会名称	支出总额(元)
1	贵州盛华职业学院筹建捐赠项目,扶助贫困子弟以促进教育公平	威盛信望爱公益基金会	128974567
2	仪器设备,为教师教学科研添置科研设备	苏州大学教育发展基金会	110000000
3	校园建设项目,改善配套的校园基础设施建设	北京大学教育基金会	106429363
4	支持学校的基本建设	清华大学教育基金会	106000000
5	学科建设项目,学科发展水平是高校发展的重要标志	北京大学教育基金会	71495660
6	资助办学,主要用于阳光计划学校援建项目	福建新华都慈善基金会	66825000

续表

排名	项目简介	基金会名称	支出总额(元)
7	南京邮电大学新校区建设	南京邮电大学教育发展基金会	50000000
8	四川专案,2011年逾10000人次的环保职工投入资源回收的行列	慈济慈善事业基金会	48976878
9	专项基建支出和其他成本,	苏州科技学院教育发展基金会	47150000
10	教师发展项目	北京大学教育基金会	46182606
11	学生奖助项目	北京大学教育基金会	43670351
12	学科建设与发展类	山东大学教育基金会	42469277
13	扶贫项目,向新疆、宁夏、内蒙古、陕西、河北等地区进行扶贫捐助	神华公益基金会	42000000
14	基本建设,用于校区建设	南京大学教育发展基金会	40800000
15	大佛景建公司基建专用	江西省庐山东林净土文化基金会	38000000
16	大学生村官创业项目	神华公益基金会	36000000
17	援藏项目,牧民安居工程、群众文化活动中心、神华扶贫助学金等	神华公益基金会	35684300
18	中国传媒大学教学楼建设项目	传媒大学教育基金会	35000000
19	爱心行动项目,救助白血病患儿466名,先天性心脏病患儿770名	神华公益基金会	34018328
20	教学科研及学科建设&校园建设&校友发展项目	四川电子科技大学教育发展基金会	33552882

权威报告　热点资讯　海量资源

当代中国与世界发展的高端智库平台

皮书数据库 www.pishu.com.cn

　　皮书数据库是专业的人文社会科学综合学术资源总库,以大型连续性图书——皮书系列为基础,整合国内外相关资讯构建而成。包含七大子库,涵盖两百多个主题,囊括了近十几年间中国与世界经济社会发展报告,覆盖经济、社会、政治、文化、教育、国际问题等多个领域。

　　皮书数据库以篇章为基本单位,方便用户对皮书内容的阅读需求。用户可进行全文检索,也可对文献题目、内容提要、作者名称、作者单位、关键字等基本信息进行检索,还可对检索到的篇章再作二次筛选,进行在线阅读或下载阅读。智能多维度导航,可使用户根据自己熟知的分类标准进行分类导航筛选,使查找和检索更高效、便捷。

　　权威的研究报告,独特的调研数据,前沿的热点资讯,皮书数据库已发展成为国内最具影响力的关于中国与世界现实问题研究的成果库和资讯库。

皮书俱乐部会员服务指南

1. 谁能成为皮书俱乐部会员?
- 皮书作者自动成为皮书俱乐部会员;
- 购买皮书产品(纸质图书、电子书、皮书数据库充值卡)的个人用户。

2. 会员可享受的增值服务:
- 免费获赠该纸质图书的电子书;
- 免费获赠皮书数据库100元充值卡;
- 免费定期获赠皮书电子期刊;
- 优先参与各类皮书学术活动;
- 优先享受皮书产品的最新优惠。

3. 如何享受皮书俱乐部会员服务?

(1) 如何免费获得整本电子书?

　　购买纸质图书后,将购书信息特别是书后附赠的卡号和密码通过邮件形式发送到pishu@188.com,我们将验证您的信息,通过验证并成功注册后即可获得该本皮书的电子书。

(2) 如何获赠皮书数据库100元充值卡?

　　第1步:刮开附赠卡的密码涂层(左下);

　　第2步:登录皮书数据库网站(www.pishu.com.cn),注册成为皮书数据库用户,注册时请提供您的真实信息,以便您获得皮书俱乐部会员服务;

　　第3步:注册成功后登录,点击进入"会员中心";

　　第4步:点击"在线充值",输入正确的卡号和密码即可使用。

卡号: 9543148607282102
密码:

(本卡为图书内容的一部分,不购书刮卡,视为盗书)

皮书俱乐部会员可享受社会科学文献出版社其他相关免费增值服务
您有任何疑问,均可拨打服务电话: 010-59367227　QQ:1924151860
欢迎登录社会科学文献出版社官网(www.ssap.com.cn)和中国皮书网(www.pishu.cn)了解更多信息

法 律 声 明

"皮书系列"(含蓝皮书、绿皮书、黄皮书)由社会科学文献出版社最早使用并对外推广,现已成为中国图书市场上流行的品牌,是社会科学文献出版社的品牌图书。社会科学文献出版社拥有该系列图书的专有出版权和网络传播权,其LOGO( )与"经济蓝皮书"、"社会蓝皮书"等皮书名称已在中华人民共和国工商行政管理总局商标局登记注册,社会科学文献出版社合法拥有其商标专用权。

未经社会科学文献出版社的授权和许可,任何复制、模仿或以其他方式侵害"皮书系列"和LOGO( )、"经济蓝皮书"、"社会蓝皮书"等皮书名称商标专用权的行为均属于侵权行为,社会科学文献出版社将采取法律手段追究其法律责任,维护合法权益。

欢迎社会各界人士对侵犯社会科学文献出版社上述权利的违法行为进行举报。电话:010-59367121,电子邮箱:fawubu@ssap.cn。

社会科学文献出版社

盘点年度资讯　预测时代前程

社会科学文献出版社

2013年
皮书系列

权威·前沿·原创

社会科学文献出版社
SOCIAL SCIENCES ACADEMIC PRESS (CHINA)

社会科学文献出版社　　**皮书系列**

"皮书"起源于十七、十八世纪的英国，主要指官方或社会组织正式发表的重要文件或报告，多以"白皮书"命名。在中国，"皮书"这一概念被社会广泛接受，并被成功运作、发展成为一种全新的出版形态，则源于中国社会科学院社会科学文献出版社。

皮书是对中国与世界发展状况和热点问题进行年度监测，以专家和学术的视角，针对某一领域或区域现状与发展态势展开分析和预测，具备权威性、前沿性、原创性、实证性、时效性等特点的连续性公开出版物，由一系列权威研究报告组成。皮书系列是社会科学文献出版社编辑出版的蓝皮书、绿皮书、黄皮书等的统称。

皮书系列的作者以中国社会科学院、著名高校、地方社会科学院的研究人员为主，多为国内一流研究机构的权威专家学者，他们的看法和观点代表了学界对中国与世界的现实和未来最高水平的解读与分析。

自20世纪90年代末推出以经济蓝皮书为开端的皮书系列以来，至今已出版皮书近1000余部，内容涵盖经济、社会、政法、文化传媒、行业、地方发展、国际形势等领域。皮书系列已成为社会科学文献出版社的著名图书品牌和中国社会科学院的知名学术品牌。

皮书系列在数字出版和国际出版方面成就斐然。皮书数据库被评为"2008~2009年度数字出版知名品牌"；经济蓝皮书、社会蓝皮书等十几种皮书每年还由国外知名学术出版机构出版英文版、俄文版、韩文版和日文版，面向全球发行。

2011年，皮书系列正式列入"十二五"国家重点出版规划项目，一年一度的皮书年会升格由中国社会科学院主办；2012年，部分重点皮书列入中国社会科学院承担的国家哲学社会科学创新工程项目。

皮书系列 重点推荐

 经济类

经 济 类

经济类皮书涵盖宏观经济、城市经济、大区域经济，提供权威、前沿的分析与预测

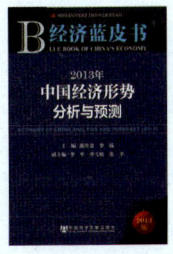

经济蓝皮书
2013年中国经济形势分析与预测（赠阅读卡）

陈佳贵　李扬 / 主编　　2012年12月出版　　定价:59.00元

◆ 本书课题为"总理基金项目"，由著名经济学家陈佳贵、李扬领衔，联合数十家科研机构、国家部委和高等院校的专家共同撰写，其内容涉及宏观决策、财政金融、证券投资、工业调整、就业分配、对外贸易等一系列热点问题。本报告权威把脉中国经济2012年运行特征及2013年发展趋势。

世界经济黄皮书
2013年世界经济形势分析与预测（赠阅读卡）

王洛林　张宇燕 / 主编　　2013年1月出版　　定价:59.00元

◆ 2012年全球经济复苏步伐明显放缓，发达国家复苏动力不足，主权债务危机的升级以及长期的低利率也大大压缩了财政与货币政策调控的空间。本书围绕因此而来的国际金融市场震荡频发、国际贸易与投资增长乏力等经济问题对世界经济进行了分析展望。

国家竞争力蓝皮书
中国国家竞争力报告No.2（赠阅读卡）

倪鹏飞 / 主编　　2013年7月出版　　估价:69.00元

◆ 本书运用有关竞争力的最新经济学理论，选取全球100个主要国家，在理论研究和计量分析的基础上，对全球国家竞争力进行了比较分析，并以这100个国家为参照系，指明了中国的位置和竞争环境，为研究中国的国家竞争力地位、制定全球竞争战略提供参考。

经济类

金融蓝皮书

中国金融发展报告(2013)（赠阅读卡）

李扬 王国刚 / 主编　2012年12月出版　　定价：59.00元

◆ 本书由中国社会科学院金融研究所主编，对2012年中国金融业总体发展状况进行回顾和分析，聚焦国际及国内金融形势的新变化，解析中国货币政策、银行业、保险业和证券期货业的发展状况，预测中国金融发展的最新动态，包括投资基金、保险业发展和金融监管等。

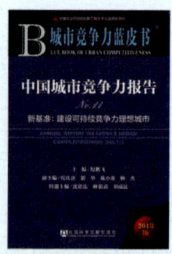

城市竞争力蓝皮书

中国城市竞争力报告No.11（赠阅读卡）

倪鹏飞 / 主编　　2013年5月出版　　定价：89.00元

◆ 本书由中国社会科学院城市与竞争力研究中心主任倪鹏飞主持编写，汇集了众多研究城市经济问题的专家学者关于城市竞争力研究的最新成果。本报告构建了一套科学的城市竞争力评价指标体系，采用第一手数据材料，对国内重点城市年度竞争力格局变化进行客观分析和综合比较、排名，对研究城市经济及城市竞争力极具参考价值。

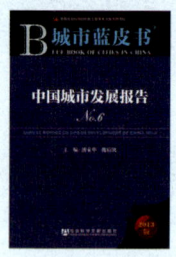

城市蓝皮书

中国城市发展报告No.6（赠阅读卡）

潘家华 魏后凯 / 主编　2013年8月出版　　估价：59.00元

◆ 本书由中国社会科学院城市发展与环境研究所主编，以聚焦新时期中国城市发展中的民生问题为主题，紧密联系现阶段中国城镇化发展的客观要求，回顾总结中国城镇化进程中城市民生改善的主要成效，并对城市发展中的各种民生问题进行全面剖析，在此基础上提出了民生优先的城市发展思路，以及改善城市民生的对策建议。

农村绿皮书

中国农村经济形势分析与预测(2012~2013)（赠阅读卡）

中国社会科学院农村发展研究所　国家统计局农村社会经济调查司 / 著
2013年4月出版　　定价：59.00元

◆ 本书对2012年中国农业和农村经济运行情况进行了系统的分析和评价，对2013年中国农业和农村经济发展趋势进行了预测，并提出相应的政策建议，专题部分将围绕某个重大的理论和现实问题进行多维、深入、细致的分析和探讨。

经济类　　皮书系列 重点推荐

西部蓝皮书

中国西部经济发展报告 (2013)（赠阅读卡）

姚慧琴　徐璋勇/主编　　2013 年 7 月出版　　估价:69.00 元

◆ 本书由西北大学中国西部经济发展研究中心主编，汇集了源自西部本土以及国内研究西部问题的权威专家的第一手资料，对国家实施西部大开发战略进行年度动态跟踪，并对 2013 年西部经济、社会发展态势进行预测和展望。

宏观经济蓝皮书

中国经济增长报告 (2012~2013)（赠阅读卡）

张　平　刘霞辉/主编　　2013 年 9 月出版　　估价:69.00 元

◆ 本书由中国社会科学院经济研究所组织编写，独创了中国各省（区、市）发展前景评价体系，通过产出效率、经济结构、经济稳定、产出消耗、增长潜力等近 60 个指标对中国各省（区、市）发展前景进行客观评价，并就"十二五"时期中国经济面临的主要问题进行全面分析。

经济蓝皮书春季号

中国经济前景分析——2013 年春季报告（赠阅读卡）

李　扬/主编　　2013 年 4 月出版　　定价:59.00 元

◆ 本书是经济蓝皮书的姊妹篇，是中国社会科学院"中国经济形势分析与预测"课题组推出的又一重磅作品，汇集了研究现实经济问题的权威专家、学者的最新研究成果。本报告在模型模拟与实证分析的基础上，对当前宏观经济形势进行即时分析，并提出了政策建议。

就业蓝皮书

2013 年中国大学生就业报告（赠阅读卡）

麦可思研究院/编著　王伯庆　郭　娇/主审
2013 年 6 月出版　　定价:98.00 元

◆ 本书是迄今为止关于中国应届大学毕业生就业、大学毕业生中期职业发展及高等教育人口流动情况的视野最为宽广、资料最为翔实、分类最为精细的实证调查和定量研究；为我国教育主管部门的教育决策、各高校的教育教学改革、各行业的人才资源建设、大学生的专业和职业选择提供极有价值的参考。

社会政法类

社会政法类皮书聚焦社会发展领域的热点、难点问题，提供权威、原创的资讯与视点

社会蓝皮书

2013年中国社会形势分析与预测（赠阅读卡）

陆学艺　李培林　陈光金/主编　2012年12月出版　定价：59.00元

◆ 本书为中国社会科学院核心学术品牌之一，荟萃中国社会科学院等众多学术单位的原创成果。本年度报告结合中共"十八大"会议精神，深入探讨中国迈向更加公平、公正的全面小康社会的路径。

法治蓝皮书

中国法治发展报告 No.11(2013)（赠阅读卡）

李　林　田　禾/主编　2013年2月出版　定价：98.00元

◆ 本皮书回顾总结了2012年度中国法治发展取得的成就和存在的不足，并对2013年中国法治发展形势进行了预测和展望，重点分析了2012年中国的立法情况、犯罪形势分析与预测、不动产征收、城市防灾减灾、计划生育、证券监管与上市公司利润分配、中国海洋环境保护、海外投资的风险对策等问题。

教育蓝皮书

中国教育发展报告 (2013)（赠阅读卡）

杨东平/主编　2013年3月出版　定价：69.00元

◆ 本书站在教育前沿，突出教育中的问题，特别是对当前教育改革中出现的教育公平、高校教育结构调整、义务教育均衡发展等问题进行了深入分析，从教育的内在发展谈教育，又从外部条件来谈教育，具有重要的现实意义，对我国的教育体制的改革与发展具有一定的学术价值和参考意义。

社会政法类　　皮书系列 重点推荐

社会建设蓝皮书
2013年北京社会建设分析报告（赠阅读卡）
陆学艺 宋贵伦/主编　　2013年6月出版　　定价:69.00元

◆ 本书由著名社会学家陆学艺领衔主编，依据社会学理论框架和分析方法，对北京市的人口、就业、分配、社会阶层以及城乡关系等社会学基本问题进行了广泛调研与分析，对广受社会关注的住房、教育、医疗、养老、交通等社会热点问题做了深刻了解与剖析，对日益显现的征地搬迁、外籍人口管理、群体性心理障碍等进行了有益探讨。

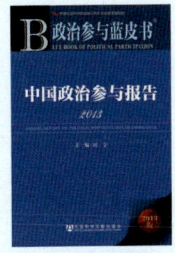

政治参与蓝皮书
中国政治参与报告(2013)（赠阅读卡）
房　宁/主编　　2013年7月出版　　估价:59.00元

◆ 本书是国内第一本运用社会科学数据对"中国公民政策参考"进行持续研究的年度报告，依据全国性问卷调查数据，对中国公民的政策参与客观状况和政策参与主观状况作了总体说明，并对不同性别、不同年龄、不同学历、不同政治面貌、不同职业、不同区域、不同收入的公民群体的政策参与客观状况和主观状况作了具体说明。

社会心态蓝皮书
中国社会心态研究报告(2012~2013)（赠阅读卡）
王俊秀 杨宜音/主编　　2013年1月出版　　定价:59.00元

◆ 本书由中国社会科学院社会学研究所社会心理研究中心编撰，从社会感受、价值观念、行为倾向等方面对于生活压力感、社会支持感、经济变动感受、微博使用行为、心理危机干预等问题，用社会心理学、社会学、经济学、传播学等多种学科的方法角度进行了调查和研究，深入揭示了我国社会心态状况。

青年蓝皮书
中国青年发展报告（2013）No.1（赠阅读卡）
廉　思/主编　　2013年6月出版　　定价:59.00元

◆ 国内首部《青年蓝皮书》由廉思课题组经过大量社会调查撰写而成，围绕当代青年领域的重大问题，在实地调研、文献研究和政策梳理的基础上，对三大群体最新生态——"蚁族"、"白领"、新生代农民工进行了全面系统的研究分析，具有重要的理论价值和实践意义。

皮书系列 重点推荐　社会政法类

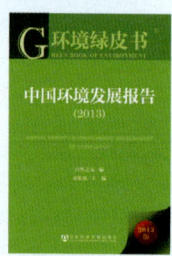

环境绿皮书

中国环境发展报告（2013）（赠阅读卡）

刘鉴强 / 主编　　2013 年 4 月出版　　定价 :69.00 元

◆ 本书由民间环保组织"自然之友"组织编写，由特别关注、生态保护、宜居城市、可持续消费以及政策与治理等版块构成，以公共利益的视角记录、审视和思考中国环境状况，呈现 2013 年中国环境与可持续发展领域的全局态势，用深刻的思考、科学的数据分析 2012 年的环境热点事件。

环境竞争力绿皮书

中国省域环境竞争力发展报告(2011～2012)（赠阅读卡）

李建平　李闽榕　王金南 / 主编　　2013 年 10 月出版　　估价 :148.00 元

◆ 本报告融马克思主义经济学、环境科学、生态学、统计学、计量经济学和人文地理学等理论和方法为一体，充分运用数据分析、空间分析以及规范分析与实证分析相结合的方法，构建了比较科学完善、符合中国国情的环境竞争力指标评价体系，对中国内地 31 个省级区域的环境竞争力进行全面、深入的比较分析和评价。

反腐倡廉蓝皮书

中国反腐倡廉建设报告 No.3（赠阅读卡）

李秋芳 / 主编　　2013 年 8 月出版　　估价 : 59.00 元

◆ 本书从"惩治与专项治理、多主体综合监督、公共权力规范、公共资金资源资产监管、公职人员诚信管理、社会廉洁文化建设"六个方面对全国反腐倡廉建设进程与效果进行了综述，结合实地调研和问卷调查，反映了社会公众关注的难点焦点问题，并从理念和举措上提出建议。

老龄蓝皮书

中国老龄事业发展报告（2013）（赠阅读卡）

吴玉韶 / 主编　　2013 年 2 月出版　　定价 : 59.00 元

◆ 本书是第一本全面反映中国老龄事业发展状况的蓝皮书，填补了中国老龄事业发展总结和评估缺乏品牌图书平台的空白。全书全面审视 2012~2013 年中国人口老龄化发展态势，从老龄政策、养老与医疗保障事业、老龄事业法制化进程、老龄服务、老年宜居环境、老龄文化、老年群体社会管理、老龄科学研究等方面进行深入研究探讨。

行 业 报 告 类

行业报告类皮书立足重点行业、新兴行业领域，
提供及时、前瞻的数据与信息

房地产蓝皮书
中国房地产发展报告No.10（赠阅读卡）

魏后凯 李景国/主编　　2013年4月出版　　定价:79.00元

◆ 本书由中国社会科学院城市发展与环境研究所组织编写，秉承客观公正、科学中立的原则，深度解析2012年中国房地产发展的形势和存在的主要矛盾，并预测2013年及未来10年或更长时间的房地产发展大势。观点精辟，数据翔实，对关注房地产市场的各阶层人士极具参考价值。

住房绿皮书
中国住房发展报告(2012~2013)（赠阅读卡）

倪鹏飞/主编　　2012年12月出版　　定价:79.00元

◆ 本书从宏观背景、市场体系和公共政策等方面，对中国住房市场作全面系统的分析、预测与评价。在评述2012年住房市场走势的基础上，预测2013年中国住房市场的发展变化；通过构建中国住房指数体系，量化评估住房市场各关键领域的发展状况；剖析中国住房市场发展所面临的主要问题与挑战，并给出政策建议。

旅游绿皮书
2013年中国旅游发展分析与预测（赠阅读卡）

宋　瑞/主编　　2013年9月出版　　估价:69.00元

◆ 本书由中国社会科学院旅游研究中心组织编写，从2012年国内外发展环境入手，深度剖析2012年我国旅游业的跌宕起伏及其背后错综复杂的影响因素，聚焦旅游相关行业的运行特征及相关政策实施，对旅游发展的热点问题给出颇具见地的分析，并提出促进我国旅游业发展的对策建议。

行业报告类

产业蓝皮书
中国产业竞争力报告(2013) No.3（赠阅读卡）

张其仔 / 主编　　2013年5月出版　　定价:79.00元

◆ 本书多层次、多角度地对中国产业竞争力的总体走势、重点工业竞争力及全国2000多个县（市）的产业竞争力进行了系统评估，揭示了国际产业竞争中的新变化、新风险、新挑战，是了解国内外产业竞争力最新动态的支撑平台。

能源蓝皮书
中国能源发展报告(2013)（赠阅读卡）

崔民选 / 主编　　2013年7月出版　　估价:79.00元

◆ 本书结合中国经济面临转型的新形势，着眼于构建安全稳定、经济清洁的现代能源产业体系，盘点2012年中国能源行业的运行和发展走势，对2012年我国能源产业和各行业的运行特征、热点问题进行了深度剖析，并提出了未来趋势预测和对策建议。

投资蓝皮书
中国投资发展报告(2013)（赠阅读卡）

杨庆蔚 / 主编　　2013年4月出版　　定价:128.00元

◆ 目前学术界和实务界对于投资的研究主要集中于其中的某个领域，缺乏总括性的研究。本书尝试将投资作为一个整体进行研究，能够较为清晰地展现社会资金流动的特点，为投资者、研究者乃至政策制定者提供参考。

电子商务蓝皮书
中国电子商务服务业发展报告No.2（赠阅读卡）

荆林波　梁春晓 / 主编　　2013年5月出版　　定价:59.00元

◆ 本书由中国社会科学院财经战略研究院、阿里巴巴集团研究中心、"中国电子商务服务业发展报告"课题组编著，反映了我国2012年电子商务服务业的发展情况。对电子商务服务业发展的总体情况、问题和趋势进行描述分析，并对电子商务服务业对中国经济转型的作用进行剖析。

 文化传媒类

文化传媒类

文化传媒类皮书透视文化领域、文化产业，
探索文化大繁荣、大发展的路径

文化蓝皮书
中国文化产业发展报告(2012~2013)（赠阅读卡）

张晓明　王家新　章建刚/主编　2013年3月出版　定价:69.00元

◆ 本皮书从不同角度、不同侧面对文化产业改革与发展进行了分析，包括文化发展环境、不同层面文化发展现状、文化组织的变迁与发展、文化个案的典型意义等，比较全面地反映出我国文化产业发展的成绩与问题。

传媒蓝皮书
2013年中国传媒产业发展报告（赠阅读卡）

崔保国/主编　2013年4月出版　定价:89.00元

◆ 本书突出"变"与"势"，提出"大传媒"的概念，不是只关注以内容制造业为主的传统媒体产业，而是把传媒产业、通讯产业、IT产业统和起来研究其关联变异，为中国传媒产业正在发生的变革提供前瞻性的理论和观点。

新媒体蓝皮书
中国新媒体发展报告 No.4(2013)（赠阅读卡）

唐绪军/主编　2013年6月出版　定价:69.00元

◆ 本书由中国社会科学院新闻与传播研究所和上海大学合作编写，在构建新媒体发展研究基本框架的基础上，全面梳理2012年中国新媒体发展现状，发表最前沿的网络媒体深度调查数据和研究成果，并对新媒体发展的未来趋势做出预测。

皮书系列 重点推荐　国别与地区类

国别与地区类

国别与地区类皮书关注全球重点国家与地区，提供全面、独特的解读与研究

国际形势黄皮书

全球政治与安全报告(2013)（赠阅读卡）

李慎明　张宇燕 / 主编　　2012年12月出版　　定价:59.00元

◆ 本书是由中国社会科学院世界经济与政治研究所精心打造的又一品牌皮书，关注时下国际关系发展动向里隐藏的中长期趋势，剖析全球政治与安全格局下的国际形势最新动向以及国际关系发展的热点问题，并对2013年国际社会重大动态作出前瞻性的分析与预测。

美国蓝皮书

美国问题研究报告(2013)（赠阅读卡）

黄　平　倪　峰 / 主编　　2013年6月出版　　估价:69.00元

◆ 本书以"构建中美新型大国关系"为主题，对2012年以来美国内政外交发生的重大事件以及重要政策进行了较为全面的回顾和梳理，尤其对奥巴马连任后美国内外政策的走向给予了重点关注。

欧洲蓝皮书

欧洲发展报告(2012~2013)（赠阅读卡）

周　弘 / 主编　　2013年3月出版　　定价:89.00元

◆ 本皮书以"欧洲债务危机的多重影响"为主题，对欧洲经济、政治、社会、外交等面的形式进行了跟踪介绍与分析。欧洲债务危机对中国产生的最大负面意义是不利于中国扩大对欧盟的出口，但同时也为中国扩大在欧洲的投资提供了机遇。

地方发展类

地方发展类皮书关注大陆各省份、经济区域，
提供科学、多元的预判与咨政信息

北京蓝皮书

北京经济发展报告(2012~2013)（赠阅读卡）

孙天法 / 主编　　2013 年 4 月出版　　定价：65.00 元

◆ 本书是北京蓝皮书系列之一种，研创团队北京市社会科学院紧紧围绕北京市年度经济社会发展的目标，突出对北京市经济社会发展中全局性、战略性、倾向性的重点、热点、难点问题进行分析和预测的综合研究成果。

北京蓝皮书

北京社会发展报告(2012~2013)（赠阅读卡）

戴建中 / 主编　　2013 年 8 月出版　　估价：59.00 元

◆ 本书是北京蓝皮书系列之一种，研创团队以北京市社会科学院研究人员为主，同时邀请北京市党政机关和大学的专家学者参加。本书为北京市政策制定和执行提供了依据和思路，为了解中国首都的社会现状贡献了丰富的资料和解读，具有一定的影响力，因持续追踪社会热点问题而引起广泛的关注。

京津冀蓝皮书

京津冀发展报告（2013）（赠阅读卡）

文　魁　祝尔娟　等 / 著　　2013 年 3 月出版　　定价：79.00 元

◆ 本书具有很强的时效性，全书基本上都是运用第一手资料，对当下的京津冀区域发展热点问题进行分析、总结和预测，对京津冀区域发展和城市建设布局有重要的指导意义。本书的创新和建树主要体现在：理论研究方面，强调用综合承载力、区域承载力、相对承载力、潜在承载力等新理念来全面审视和综合分析承载力。

地方发展类

上海蓝皮书

上海经济发展报告(2013)（赠阅读卡）

沈开艳 / 主编　　2013 年 1 月出版　　定价 :69.00 元

◆ 本书是上海蓝皮书系列之一种，围绕上海如何实现经济转型问题展开，通过对复苏缓慢的国际经济大环境、趋于紧缩的国内宏观经济背景的深入分析，认为上海迫切需要解决而又密切相关的现实问题是"增长动力转型"与"产业发展转型"两大核心。

上海蓝皮书

上海社会发展报告(2013)（赠阅读卡）

卢汉龙　周海旺 / 主编　　2013 年 1 月出版　　定价 : 69.00 元

◆ 本书是上海蓝皮书系列之一种，围绕机制创新、社会政策、社会组织等方面，对上海近年来的社会热点问题进行了调研，在总结现状及其成因的基础上，提出了一些对策建议，关注了上海的主要社会问题，可为决策层制订相关政策提供借鉴。

河南蓝皮书

河南经济发展报告(2013)（赠阅读卡）

喻新安 / 主编　　2013 年 1 月出版　　定价 : 59.00 元

◆ 本书是河南蓝皮书系列之一种，由河南省社会科学院主持编撰，以中原经济区"三化"协调科学发展为主题，深入全面地分析了当前河南经济发展的主要特点及 2012 年的走势，全方位、多角度研究和探讨了河南探索"三化"协调发展的举措及成效，并对河南积极构建中原经济区建设提出了对策建议。

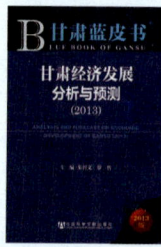

甘肃蓝皮书

甘肃经济发展分析与预测(2013)（赠阅读卡）

朱智文　罗　哲 / 主编　　2013 年 1 月出版　　定价 : 69.00 元

◆ 本书是甘肃蓝皮书系列之一种，是近年来甘肃经济社会发展的年度综合性研究成果之一，是对不同时期甘肃省实现区域创新和改革开放的年度总结。全书以特有的方式将经济运行情况、预测分析、政策建议三者结合起来，在科学分析经济发展形势的基础上为甘肃未来经济发展做出了科学预测，并提出政策建议。

经济类

城市竞争力蓝皮书
中国城市竞争力报告No.11
著(编)者：倪鹏飞　2013年5月出版　/　定价:89.00元

城市蓝皮书
中国城市发展报告NO.6
著(编)者：潘家华　魏后凯　2013年8月出版　/　估价:59.00元

城乡一体化蓝皮书
中国城乡一体化发展报告(2013)
著(编)者：汝信　付崇兰　2013年12月出版　/　估价:59.00元

低碳发展蓝皮书
中国低碳发展报告(2012~2013)
著(编)者：齐晔　2013年1月出版　/　定价:85.00元

低碳经济蓝皮书
中国低碳经济发展报告(2013)
著(编)者：薛进军　赵忠秀　2013年5月出版　/　定价:59.00元

东北蓝皮书
中国东北地区发展报告(2013)
著(编)者：张新颖　2013年8月出版　/　估价:79.00元

发展和改革蓝皮书
中国经济发展和体制改革报告No.6
著(编)者：邹东涛　2013年7月出版　/　估价:75.00元

国际城市蓝皮书
国际城市发展报告(2013)
著(编)者：屠启宇　2013年1月出版　/　估价:69.00元

国家竞争力蓝皮书
中国国家竞争力报告No.2
著(编)者：倪鹏飞　2013年7月出版　/　估价:69.00元

宏观经济蓝皮书
中国经济增长报告(2012~2013)
著(编)者：张平　刘霞辉　2013年9月出版　/　估价:69.00元

减贫蓝皮书
中国减贫与社会发展报告
著(编)者：黄承伟　2013年7月出版　/　定价:59.00元

金融蓝皮书
中国金融发展报告(2013)
著(编)者：李扬　王国刚　2012年12月出版　/　定价:59.00元

经济蓝皮书
2013年中国经济形势分析与预测
著(编)者：陈佳贵　李扬　2012年12月出版　/　定价:59.00元

经济蓝皮书春季号
中国经济前景分析——2013年春季报告
著(编)者：李扬　2013年4月出版　/　定价:59.00元

经济信息绿皮书
中国与世界经济发展报告(2013)
著(编)者：杜平　2012年12月出版　/　定价:79.00元

就业蓝皮书
2013年中国大学生就业报告
著(编)者：麦可思研究院　王伯庆　2013年6月出版　/　定价:98.00元

民营经济蓝皮书
中国民营经济发展报告No.10（2012~2013）
著(编)者：黄孟复　2013年9月出版　/　定价:69.00元

农村绿皮书
中国农村经济形势分析与预测(2012~2013)
著(编)者：中国社会科学院农村发展研究所
　　　　　国家统计局农村社会经济调查司
2013年4月出版　/　定价:59.00元

企业公民蓝皮书
中国企业公民报告NO.3
著(编)者：邹东涛　2013年7月出版　/　定价:59.00元

企业社会责任蓝皮书
中国企业社会责任研究报告(2013)
著(编)者：陈佳贵　黄群慧　彭华岗　钟宏武
2012年11月出版　/　定价:59.00元

区域蓝皮书
中国区域经济发展报告(2012~2013)
著(编)者：梁昊光　2013年4月出版　/　定价:69.00元

人口与劳动绿皮书
中国人口与劳动问题报告No.14
著(编)者：蔡昉　2013年6月出版　/　定价:69.00元

生态城市绿皮书
中国生态城市建设发展报告(2013)
著(编)者：孙伟平　刘举科　2013年6月出版　/　估价:128.00元

西北蓝皮书
中国西北发展报告(2013)
著(编)者：杨尚勤　石英　王建康　2013年3月出版　/　估价:65.00元

西部蓝皮书
中国西部发展报告(2013)
著(编)者：姚慧琴　徐璋勇　2013年7月出版　/　定价:69.00元

长三角蓝皮书
全球格局变化中的长三角
著(编)者：王战　2013年6月出版　/　定价:69.00元

中部竞争力蓝皮书
中国中部经济社会竞争力报告(2013)
著(编)者：教育部人文社会科学重点研究基地
　　　　　南昌大学中国中部经济社会发展研究中心
2013年10月出版　/　估价:59.00元

中部蓝皮书
中国中部地区发展报告（2013~2014）
著(编)者：喻新安　2013年5月出版　/　定价:69.00元

中国省域竞争力蓝皮书
中国省域经济综合竞争力发展报告(2011~2012)
著(编)者：李建平　李闽榕　高燕京
2013年3月出版　/　定价:188.00元

中小城市绿皮书
中国中小城市发展报告(2013)
著(编)者:中国城市经济学会中小城市经济发展委员会
《中国中小城市发展报告》编纂委员会
2013年8月出版 / 估价:98.00元

珠三角流通蓝皮书
珠三角流通业发展报告(2013)
著(编)者:王先庆 林至颖 2013年8月出版 / 估价:69.00元

社会政法类

殡葬绿皮书
中国殡葬事业发展报告(2012~2013)
著(编)者:李伯森 2013年3月出版 / 定价:59.00元

国际人才蓝皮书
中国海归创业发展报告(2013)No.2
著(编)者:王辉耀 路江涌 2013年6月出版 / 估价:69.00元

城市生活质量蓝皮书
中国城市生活质量指数报告(2013)
著(编)者:张 平 2013年7月出版 / 估价:59.00元

国际人才蓝皮书
中国留学发展报告(2013) No.2
著(编)者:王辉耀 2013年8月出版 / 估价:59.00元

创新蓝皮书
创新型国家建设报告(2012~2013)
著(编)者:詹正茂 2013年7月出版 / 估价: 69.00元

华侨华人蓝皮书
华侨华人研究报告(2013)
著(编)者:丘 进 2013年10月出版 / 估价:128.00元

慈善蓝皮书
中国慈善发展报告(2013)
著(编)者:杨 团 2013年6月出版 / 定价:79.00元

环境竞争力绿皮书
中国省域环境竞争力发展报告(2011~2012)
著(编)者:李建平 李闽榕 王金南
2013年10月出版 / 估价:148.00元

法治蓝皮书
中国法治发展报告No.11(2013)
著(编)者:李 林 田 禾 2013年3月出版 / 定价:98.00元

环境绿皮书
中国环境发展报告(2013)
著(编)者:刘鉴强 2013年4月出版 / 估价:69.00元

反腐倡廉蓝皮书
中国反腐倡廉建设报告No.3
著(编)者:李秋芳 2013年8月出版 / 估价:59.00元

教师蓝皮书
中国中小学教师发展报告(2013)
著(编)者:曾晓东 2013年10月出版 / 估价:59.00元

非传统安全蓝皮书
中国非传统安全研究报告(2012~2013)
著(编)者:余潇枫 2013年5月出版 / 定价:79.00元

教育蓝皮书
中国教育发展报告(2013)
著(编)者:杨东平 2013年3月出版 / 定价:69.00元

妇女发展蓝皮书
福建省妇女发展报告(2013)
著(编)者:刘群英 2013年10月出版 / 估价:58.00元

金融监管蓝皮书
中国金融监管报告2013
著(编)者:胡 滨 2013年5月出版 / 估价:59.00元

妇女发展蓝皮书
中国妇女发展报告No.5
著(编)者:王金玲 高小贤 2013年9月出版 / 估价:65.00元

科普蓝皮书
中国科普基础设施发展报告(2012~2013)
著(编)者:任福君 2013年6月出版 / 估价:59.00元

妇女教育蓝皮书
中国妇女教育发展报告No.3
著(编)者:张李玺 2013年10月出版 / 估价:69.00元

口腔健康蓝皮书
中国口腔健康发展报告(2013)
著(编)者:胡德渝 2013年12月出版 / 估价:59.00元

公共服务蓝皮书
中国城市基本公共服务力评价(2012~2013)
著(编)者:侯惠勤 辛向阳 易定宏 2013年出版 / 估价:55.00元

老龄蓝皮书
中国老龄事业发展报告(2013)
著(编)者:吴玉韶 2013年2月出版 / 定价:59.00元

公益蓝皮书
中国公益发展报告(2013)
著(编)者:朱健刚 2013年8月出版 / 估价:78.00元

社会政法类 — 皮书系列 2013全品种

民间组织蓝皮书
中国民间组织报告(2012~2013)
著(编)者:黄晓勇 2013年10月出版 / 估价:69.00元

民族蓝皮书
中国民族区域自治发展报告(2013)
著(编)者:郝时远 2013年7月出版 / 估价:98.00元

女性生活蓝皮书
中国女性生活状况报告No.7(2013)
著(编)者:韩湘景 2013年3月出版 / 定价:78.00元

气候变化绿皮书
应对气候变化报告(2013)
著(编)者:王伟光 郑国光 2013年11月出版 / 估价:59.00元

汽车社会蓝皮书
中国汽车社会发展报告(2012~2013)
著(编)者:王俊秀 2013年1月出版 / 估价:59.00元

青少年蓝皮书
中国未成年人新媒体运用报告(2012~2013)
著(编)者:李文革 沈 杰 季为民
2014年7月出版 / 估价:69.00元

人才竞争力蓝皮书
中国区域人才竞争力报告(2013)
著(编)者:桂昭明 王辉耀 2013年6月出版 / 定价:69.00元

人才蓝皮书
中国人才发展报告(2013)
著(编)者:潘晨光 2013年8月出版 / 估价:79.00元

人权蓝皮书
中国人权事业发展报告No.3(2013)
著(编)者:李君如 2013年6月出版 / 估价:98.00元

社会保障绿皮书
中国社会保障发展报告(2013)No.6
著(编)者:王延中 2013年10月出版 / 估价:69.00元

社会工作蓝皮书
中国社会工作发展报告(2012~2013)
著(编)者:蒋昆生 戚学森 2013年7月出版 / 估价:59.00元

社会管理蓝皮书
中国社会管理创新报告No.2
著(编)者:连玉明 2013年9月出版 / 估价:79.00元

社会建设蓝皮书
2013年北京社会建设分析报告
著(编)者:陆学艺 宋贵伦
2013年6月出版 / 定价:69.00元

社会科学蓝皮书
中国社会科学学术前沿(2012~2013)
著(编)者:高 翔 2013年9月出版 / 估价:69.00元

社会蓝皮书
2013年中国社会形势分析与预测
著(编)者:陆学艺 李培林 陈光金
2012年12月出版 / 估价:59.00元

社会心态蓝皮书
中国社会心态研究报告(2012~2013)
著(编)者:王俊秀 杨宜音 2013年1月出版 / 定价:59.00元

生态文明绿皮书
中国省域生态文明建设评价报告(2013)
著(编)者:严 耕 2013年10月出版 / 估价:98.00元

食品药品蓝皮书
食品药品安全与监管政策研究报告(2013)
著(编)者:唐民皓 2013年7月出版 / 估价:69.00元

世界创新竞争力黄皮书
世界创新竞争力发展报告(2012~2013)
著(编)者:李建平 李闽榕 赵新力
2013年11月出版 / 估价:128.00元

世界社会主义黄皮书
世界社会主义跟踪研究报告(2012~2013)
著(编)者:李慎明 2013年5月出版 / 定价:189.00元

危机管理蓝皮书
中国危机管理报告(2013)
著(编)者:文学国 范正青 2013年7月出版 / 估价:79.00元

小康蓝皮书
中国全面建设小康社会监测报告(2013)
著(编)者:潘 璠 2013年11月出版 / 估价:59.00元

形象危机应对蓝皮书
形象危机应对研究报告(2013)
著(编)者:唐 钧 2013年9月出版 / 估价:118.00元

行政改革蓝皮书
中国行政体制改革报告(2012)No.2
著(编)者:魏礼群 2013年3月出版 / 定价:69.00元

舆情蓝皮书
中国社会舆情与危机管理报告(2013)
著(编)者:谢耘耕 2013年8月出版 / 定价:78.00元

政治参与蓝皮书
中国政治参与报告(2013)
著(编)者:房 宁 2013年7月出版 / 估价:59.00元

宗教蓝皮书
中国宗教报告(2013)
著(编)者:金 泽 邱永辉 2013年7月出版 / 估价:59.00元

行业报告类

保健蓝皮书
中国保健服务产业发展报告No.2
著(编)者:中国保健协会　中共中央党校
2013年7月出版　/　估价:198.00元

保健蓝皮书
中国保健食品产业发展报告No.2
著(编)者:中国保健协会
　　　　　中国社会科学院食品药品产业发展与监管研究中心
2013年7月出版　/　估价:198.00元

保健蓝皮书
中国保健用品产业发展报告No.2
著(编)者:中国保健协会　2013年10月出版　/　估价:198.00元

保险蓝皮书
中国保险业竞争力报告(2012~2013)
著(编)者:罗忠敏　王力　2013年1月出版　/　定价:98.00元

餐饮产业蓝皮书
中国餐饮产业发展报告(2013)
著(编)者:中国烹饪协会　中国社会科学院财经战略研究院
2013年5月出版　/　定价:59.00元

测绘地理信息蓝皮书
中国测绘地理信息创新报告(2013)
著(编)者:徐德明　2013年12月出版　/　估价:98.00元

茶业蓝皮书
中国茶产业发展报告(2013)
著(编)者:李闽榕　杨江帆　2013年4月出版　/　定价:78.00元

产权市场蓝皮书
中国产权市场发展报告(2012~2013)
著(编)者:曹和平　2013年12月出版　/　估价:69.00元

产业安全蓝皮书
中国保险产业安全报告(2013)
著(编)者:李孟刚　2013年10月出版　/　估价:59.00元

产业安全蓝皮书
中国产业外资控制报告(2012~2013)
著(编)者:李孟刚　2013年10月出版　/　估价:69.00元

产业安全蓝皮书
中国金融产业安全报告(2013)
著(编)者:李孟刚　2013年10月出版　/　估价:69.00元

产业安全蓝皮书
中国轻工业发展与安全报告(2013)
著(编)者:李孟刚　2013年10月出版　/　估价:69.00元

产业安全蓝皮书
中国私募股权产业安全与发展报告(2013)
著(编)者:李孟刚　2013年10月出版　/　估价:59.00元

产业安全蓝皮书
中国新能源产业发展与安全报告(2013)
著(编)者:北京交通大学中国产业安全研究中心
2013年3月出版　/　估价:69.00元

产业安全蓝皮书
中国能源产业安全报告(2013)
著(编)者:北京交通大学中国产业安全研究中心
2013年12月出版　/　估价:69.00元

产业安全蓝皮书
中国海洋产业安全报告(2012~2013)
著(编)者:北京交通大学中国产业安全研究中心
2013年12月出版　/　估价:59.00元

产业蓝皮书
中国产业竞争力报告(2013) NO.3
著(编)者:张其仔　2013年5月出版　/　定价:79.00元

电子商务蓝皮书
中国城市电子商务影响力报告(2013)
著(编)者:荆林波　梁春晓　2013年5月出版　/　定价:59.00元

电子政务蓝皮书
中国电子政务发展报告(2013)
著(编)者:洪毅　王长胜　2013年9月出版　/　定价:59.00元

杜仲产业绿皮书
中国杜仲种植与产业发展报告(2013)
著(编)者:胡文臻　杜红岩　2013年9月出版　/　估价:78.00元

房地产蓝皮书
中国房地产发展报告No.10
著(编)者:魏后凯　李景国　2013年4月出版　/　定价:79.00元

服务外包蓝皮书
中国服务外包产业发展报告(2012~2013)
著(编)者:王晓红　李皓
2013年2月出版　/　定价:89.00元

服务外包蓝皮书
中国服务外包竞争力报告(2012~2013)
——中国服务外包基地城市竞争力评价
著(编)者:王力　刘春生　黄育华
2013年5月出版　/　定价:59.00

工业设计蓝皮书
中国工业设计发展报告(2013)
著(编)者:王晓红　2013年7月出版　/　估价:69.00元

皮书系列 2013全品种

行业报告类

高端消费蓝皮书
中国高端消费市场研究报告(2013)
著(编)者：荆林波　侬绍华　2013年10月出版 / 估价:59.00元

会展经济蓝皮书
中国会展经济发展报告(2013)
著(编)者：过聚荣　2013年6月出版 / 估价:65.00元

会展蓝皮书
中外会展业动态评估年度报告(2013)
著(编)者：张敏　2013年8月出版 / 估价:68.00元

基金会蓝皮书
中国基金会发展报告(2013)
著(编)者：刘忠祥　2013年7月出版 / 估价:79.00元

基金会绿皮书
中国基金会发展独立研究报告(2013)
著(编)者：基金会中心网　2013年7月出版 / 估价:59.00元

交通运输蓝皮书
中国交通运输业发展报告(2013)
著(编)者：崔民选　王军生　2013年6月出版 / 估价:69.00元

金融蓝皮书
中国金融中心发展报告(2012~2013)
著(编)者：王力　黄育华　2013年10出版 / 估价:59.00元

金融蓝皮书
中国商业银行竞争力报告(2013)
著(编)者：王松奇　2013年10月出版 / 估价:79.00元

金融监管蓝皮书
中国金融监管报告(2013)
著(编)者：胡滨　2013年10月出版 / 估价:59.00元

科学传播蓝皮书
中国科学传播报告(2013)
著(编)者：詹正茂　2013年7月出版 / 估价:69.00元

口岸生态绿皮书
中国口岸地区生态文化发展报告No.1(2013)
著(编)者：胡文臻　刘静　2013年8月出版 / 估价:78.00元

"老字号"蓝皮书
中国"老字号"企业发展报告No.2(2013)
著(编)者：张继焦　丁惠敏　黄忠彩
2013年10月出版 / 估价:69.00元

"两化"融合蓝皮书
中国"两化"融合发展报告(2013)
著(编)者：曹淑敏　工业和信息化部电信研究院
2013年8月出版 / 估价:98.00元

流通蓝皮书
湖南省商贸流通产业发展报告No.3
著(编)者：柳思维　2013年10月出版 / 估价:75.00元

流通蓝皮书
中国商业发展报告(2012~2013)
著(编)者：荆林波　2013年4月出版 / 估价:89.00元

旅游安全蓝皮书
中国旅游安全报告(2013)
著(编)者：郑向敏　谢朝武　2013年6月出版 / 定价:79.00元

旅游绿皮书
2013年中国旅游发展分析与预测
著(编)者：宋瑞　2013年9月出版 / 估价:69.00元

贸易蓝皮书
中国贸易发展报告(2013)
著(编)者：荆林波　2014年5月出版 / 估价:49.00元

煤炭蓝皮书
中国煤炭工业发展报告No.5(2012~2015)
著(编)者：岳福斌　2012年12月出版 / 定价:79.00元

煤炭市场蓝皮书
中国煤炭市场发展报告(2013)
著(编)者：曲剑午　2013年8月出版 / 估价:79.00元

民营医院蓝皮书
中国民营医院发展报告(2013)
著(编)者：陈绍福　王培舟　2013年9月出版 / 估价:89.00元

闽商蓝皮书
闽商发展报告(2013)
著(编)者：李闽榕　王日根　林琛
2013年10月出版 / 估价:69.00元

能源蓝皮书
中国能源发展报告(2013)
著(编)者：崔民选　2013年7月出版 / 估价:79.00元

农产品流通蓝皮书
中国农产品流通产业发展报告(2013)
著(编)者：贾敬敦　王炳南　张玉玺　张鹏毅　陈丽伟
2013年7月出版 / 估价:98.00元

期货蓝皮书
中国期货市场发展报告(2013)
著(编)者：荆林波　2013年7月出版 / 估价:69.00元

企业蓝皮书
中国企业竞争力报告(2013)
著(编)者：金碚　2013年11月出版 / 估价:79.00元

汽车蓝皮书
中国汽车产业发展报告(2013)
著(编)者：国务院发展研究中心产业经济研究部
中国汽车工程学会　大众汽车集团（中国）
2013年7月出版 / 估价:79.00元

人力资源蓝皮书
中国人力资源发展报告(2013)
著(编)者：吴江　田小宝　2013年8月出版 / 估价:69.00元

皮书系列 2013全品种　行业报告类·文化传媒类

软件和信息服务业蓝皮书
中国软件和信息服务业发展报告(2013)
著(编)者:洪京一　工业和信息化部电子科学技术情报研究所
2013年8月出版　估价:98.00元

商会蓝皮书
中国商会发展报告 No.5 (2013)
著(编)者:黄孟复　2013年8月出版 / 估价:59.00元

商品市场蓝皮书
中国商品市场发展报告(2013)
著(编)者:荆林波　2013年7月出版 / 估价:59.00元

私募市场蓝皮书
中国私募股权市场发展报告(2013)
著(编)者:曹和平　2013年10月出版 / 估价:69.00元

体育蓝皮书
中国体育产业发展报告(2013)
著(编)者:阮伟　钟秉枢　2013年2月出版 / 定价:69.00元

投资蓝皮书
中国投资发展报告(2013)
著(编)者:杨庆蔚　2013年4月出版 / 定价:128.00元

物联网蓝皮书
中国物联网发展报告(2012~2013)
著(编)者:黄桂田 等　2013年1月出版 / 定价:59.00元

西部工业蓝皮书
中国西部工业发展报告(2013)
著(编)者:方行明　刘方健　姜凌 等
2013年7月出版 / 估价:69.00元

西部金融蓝皮书
中国西部金融发展报告(2013)
著(编)者:李忠民　2013年10月出版 / 估价:69.00元

信息化蓝皮书
中国信息化形势分析与预测(2013)
著(编)者:周宏仁　2013年7月出版 / 估价:98.00元

信用蓝皮书
中国信用发展报告(2012~2013)
著(编)者:章政　田侃　2013年4月出版 / 定价:69.00元

休闲绿皮书
2013年中国休闲发展报告
著(编)者:刘德谦　唐兵　宋瑞
2013年7月出版 / 估价:59.00元

中国林业竞争力蓝皮书
中国省域林业竞争力发展报告No.3(2012~2013)（上下册）
著(编)者:郑传芳　李闽榕　张春霞　张会儒
2013年8月出版 / 估价:139.00元

中国农业竞争力蓝皮书
中国省域农业竞争力发展报告No.2（2010~2012）（上下册）
著(编)者:郑传芳　宋洪远　李闽榕　张春霞
2013年7月出版 / 估价:128.00元

中国总部经济蓝皮书
中国总部经济发展报告(2013~2014)
著(编)者:赵弘　2013年9月出版 / 估价:69.00元

住房绿皮书
中国住房发展报告(2012~2013)
著(编)者:倪鹏飞　2012年12月出版 / 定价:79.00元

资本市场蓝皮书
中国海外交易市场发展报告(2012~2013)
著(编)者:高峦　2013年3月出版 / 定价:79.00元

资产管理蓝皮书
中国信托业发展报告(2013)
著(编)者:蒲坚　郑智　2013年7月出版 / 估价:59.00元

支付清算蓝皮书
中国支付清算发展报告(2013)
著(编)者:杨涛　2013年4月出版 / 定价:45.00元

文化传媒类

传媒蓝皮书
2013年中国传媒产业发展报告
著(编)者:崔保国　2013年4月出版 / 定价:89.00元

创意城市蓝皮书
北京文化创意产业发展报告(2013)
著(编)者:张京成　王国华　2013年8月出版 / 估价:69.00元

创意城市蓝皮书
青岛文化创意产业发展报告(2013)
著(编)者:马达　2013年8月出版 / 估价:69.00元

动漫蓝皮书
中国动漫产业发展报告(2013)
著(编)者:卢斌　郑玉明　牛兴侦
2013年10月出版 / 估价:69.00元

广电蓝皮书
中国广播电影电视发展报告(2013)
著(编)者:庞井君　2013年6月出版 / 估价:128.00元

广告主蓝皮书
中国广告主营销传播趋势报告N0.7
著(编)者:中国传媒大学广告主研究所
　　　　中国广告主营销传播创新研究课题组
　　　　黄升民　杜国清　邵华冬
2013年5月出版 / 定价:148.00元

权威 前沿 原创

文化传媒类·国别与地区类

皮书系列 2013全品种

纪录片蓝皮书
中国纪录片发展报告(2013)
著(编)者:何苏六 2013年10月出版 / 估价:78.00元

两岸文化蓝皮书
两岸文化产业合作发展报告(2013)
著(编)者:胡惠林 肖夏勇 2013年6月出版 / 估价:59.00元

全球传媒蓝皮书
全球传媒产业发展报告(2013)
著(编)者:胡正荣 2013年1月出版 / 估价:79.00元

视听新媒体蓝皮书
中国视听新媒体发展报告(2013)
著(编)者:庞井君 2013年6月出版 / 定价:148.00元

文化创新蓝皮书
中国文化创新报告(2013)No.4
著(编)者:于 平 傅才武
2013年2月出版 / 定价:128.00元

文化蓝皮书
中国文化产业发展报告(2012~2013)
著(编)者:张晓明 王家新 章建刚
2013年3月出版 / 定价:69.00元

文化蓝皮书
中国城镇文化消费需求景气评价报告(2013)
著(编)者:王亚南 高书生 2013年5月出版 / 定价:79.00元

文化蓝皮书
中国少数民族文化发展报告(2012)
著(编)者:武翠英 张晓明 张学进
2013年3月出版 / 定价:69.00元

文化蓝皮书
中国公共文化服务发展报告(2013)
著(编)者:于 群 李国新 2013年10月出版 / 估价:98.00元

文化蓝皮书
中国文化消费需求景气评价报告(2013)
著(编)者:王亚南 高书生 2013年5月出版 / 定价:79.00元

文化蓝皮书
中国文化产业供需协调增长测评报告(2013)
著(编)者:王亚南 高书生 2013年5月出版 / 定价:79.00元

文化蓝皮书
中国乡村文化消费需求景气评价报告(2013)
著(编)者:王亚南 高书生 2013年5月出版 / 定价:79.00元

文化蓝皮书
中国中心城市文化消费需求景气评价报告(2013)
著(编)者:王亚南 2013年5月出版 / 定价:79.00元

文化品牌蓝皮书
中国文化品牌发展报告(2013)
著(编)者:欧阳友权 2013年5月出版 / 定价:79.00元

文化软实力蓝皮书
中国文化软实力研究报告(2013)
著(编)者:张国祚 2013年7月出版 / 定价:79.00元

文化遗产蓝皮书
中国文化遗产事业发展报告(2013)
著(编)者:刘世锦 2013年9月出版 / 定价:79.00元

文学蓝皮书
中国文情报告(2012~2013)
著(编)者:白 烨 2013年5月出版 / 定价:59.00元

新媒体蓝皮书
中国新媒体发展报告No.4(2013)
著(编)者:唐绪军 2013年6月出版 / 定价:69.00元

移动互联网蓝皮书
中国移动互联网发展报告(2013)
著(编)者:官建文 2013年5月出版 / 定价:79.00元

国别与地区类

G20国家创新竞争力黄皮书
二十国集团(G20)国家创新竞争力发展报告(2013)
著(编)者:李建平 李闽榕 赵新力
2013年12月出版 / 估价:118.00元

澳门蓝皮书
澳门经济社会发展报告(2012~2013)
著(编)者:郝雨凡 吴志良 2013年4月出版 / 定价:69.00元

德国蓝皮书
德国发展报告(2013)
著(编)者:郑春荣 李乐曾 2013年5月出版 / 定价:69.00元

东南亚蓝皮书
东南亚地区发展报告(2013)
著(编)者:王 勤 2013年11月出版 / 估价:59.00元

东北亚黄皮书
东北亚地区政治与安全报告(2013)
著(编)者:黄凤志 2013年6月出版 / 定价:59.00元

东盟蓝皮书
东盟发展报告(2013)
著(编)者:黄兴球 庄国土 2013年11月出版 / 估价:59.00元

俄罗斯黄皮书
俄罗斯发展报告(2013)
著(编)者:李永全 2013年9月出版 / 定价:69.00元

非洲黄皮书
非洲发展报告No.15(2012~2013)
著(编)者:张宏明 2013年7月出版 / 定价:79.00元

港澳珠三角蓝皮书
粤港澳区域合作与发展报告(2012~2013)
著(编)者:梁庆寅 陈广汉 2013年8月出版 / 估价:59.00元

国际形势黄皮书
全球政治与安全报告(2013)
著(编)者:李慎明 张宇燕 2012年12月出版 / 定价:59.00元

韩国蓝皮书
韩国发展报告(2013)
著(编)者:牛林杰 刘宝全 2013年6月出版 / 估价:69.00元

拉美黄皮书
拉丁美洲和加勒比发展报告(2012~2013)
著(编)者:吴白乙 2013年5月出版 / 定价:89.00元

美国蓝皮书
美国问题研究报告(2013)
著(编)者:黄平 倪峰 2013年6月出版 / 估价:69.00元

缅甸蓝皮书
缅甸国情报告(2011~2012)
著(编)者:李晨阳 2013年4月出版 / 定价:79.00元

欧亚大陆桥发展蓝皮书
欧亚大陆桥发展报告(2012~2013)
著(编)者:李忠民 2013年10月出版 / 估价:59.00元

欧洲蓝皮书
欧洲发展报告(2012~2013)
著(编)者:周弘 2013年3月出版 / 定价:89.00元

日本经济蓝皮书
日本经济与中日经贸关系发展报告(2013)
著(编)者:王洛林 张季风 2013年5月出版 / 定价:79.00元

日本蓝皮书
日本研究报告(2013)
著(编)者:李薇 2013年5月出版 / 定价:69.00元

上海合作组织黄皮书
上海合作组织发展报告(2013)
著(编)者:李进峰 吴宏伟 2013年7月出版 / 估价:79.00元

世界经济黄皮书
2013年世界经济形势分析与预测
著(编)者:王洛林 张宇燕 2013年1月出版 / 定价:59.00元

新兴经济体蓝皮书
金砖国家发展报告(2013)——合作与崛起
著(编)者:林跃勤 周文 2013年3月出版 / 定价:69.00元

亚太蓝皮书
亚太地区发展报告(2013)
著(编)者:李向阳 2013年1月出版 / 定价:59.00元

印度蓝皮书
印度国情报告(2012~2013)
著(编)者:吕昭义 2013年9月出版 / 估价:59.00元

越南蓝皮书
越南国情报告(2013)
著(编)者:吕余生 2013年7月出版 / 估价:65.00元

中亚黄皮书
中亚国家发展报告(2013)
著(编)者:孙力 2013年6月出版 / 估价:79.00元

地方发展类

北部湾蓝皮书
泛北部湾合作发展报告(2013)
著(编)者:吕余生 2013年7月出版 / 估价:79.00元

北京蓝皮书
北京公共服务发展报告(2012~2013)
著(编)者:施昌奎 2013年3月出版 / 定价:65.00元

北京蓝皮书
北京经济发展报告(2012~2013)
著(编)者:孙天法 2013年4月出版 / 定价:65.00元

北京蓝皮书
北京社会发展报告(2012~2013)
著(编)者:戴建中 2013年8月出版 / 估价:59.00元

北京蓝皮书
北京文化发展报告(2012~2013)
著(编)者:李建盛 2013年5月出版 / 定价:69.00元

北京蓝皮书
中国社区发展报告(2013)
著(编)者:于燕燕 2013年6月出版 / 估价:59.00元

北京旅游绿皮书
北京旅游发展报告(2013)
著(编)者:鲁勇 2013年10月出版 / 估价:98.00元

北京律师蓝皮书
北京律师发展报告NO.3(2013)
著(编)者:王隽 周塞军 2013年9月出版 / 估价:70.00元

地方发展类

皮书系列 2013全品种

北京人才蓝皮书
北京人才发展报告(2012~2013)
著(编)者:张志伟 2013年5月出版 / 估价:69.00元

城乡一体化蓝皮书
中国城乡一体化发展报告·北京卷(2012~2013)
著(编)者:张宝秀 黄序 2012年7月出版 / 估价:59.00元

大湄公河次区域蓝皮书
大湄公河次区域合作发展报告(2012~2013)
著(编)者:刘稚 2013年4月出版 / 估价:69.00元

甘肃蓝皮书
甘肃经济发展分析与预测(2013)
著(编)者:朱智文 罗哲 2013年1月出版 / 定价:69.00元

甘肃蓝皮书
甘肃社会发展分析与预测(2013)
著(编)者:安文华 包晓霞 2013年1月出版 / 定价:69.00元

甘肃蓝皮书
甘肃舆情分析与预测(2013)
著(编)者:陈双梅 郝树声 2013年1月出版 / 定价:69.00元

甘肃蓝皮书
甘肃县域社会发展分析与预测(2013)
著(编)者:魏胜文 柳民 曲玮
2013年1月出版 / 定价:69.00元

甘肃蓝皮书
甘肃文化发展分析与预测(2013)
著(编)者:刘进军 周晓华 2013年1月出版 / 定价:69.00元

关中天水经济区蓝皮书
中国关中—天水经济区发展报告(2013)
著(编)者:李忠民 2013年11月出版 / 估价:59.00元

广东外经贸蓝皮书
广东对外经济贸易发展研究报告(2012~2013)
著(编)者:陈万灵 2013年4月出版 / 定价:79.00元

广西北部湾经济区蓝皮书
广西北部湾经济区开放开发报告(2013)
著(编)者:广西北部湾经济区规划建设管理委员会办公室 广西社会科学院 广西北部湾发展研究院
2013年7月出版 / 估价:69.00元

广州蓝皮书
2013年中国广州经济形势分析与预测
著(编)者:庾建设 郭志勇 沈奎
2013年6月出版 / 估价:69.00元

广州蓝皮书
2013年中国广州社会形势分析与预测
著(编)者:易佐永 杨秦 顾涧清
2013年7月出版 / 估价:69.00元

广州蓝皮书
广州城市国际化发展报告(2013)
著(编)者:朱名宏 2013年9月出版 / 估价:59.00元

广州蓝皮书
广州创新型城市发展报告(2013)
著(编)者:李江涛 2013年9月出版 / 估价:59.00元

广州蓝皮书
广州经济发展报告(2013)
著(编)者:李江涛 刘江华 2013年6月出版 / 定价:65.00元

广州蓝皮书
广州农村发展报告(2013)
著(编)者:李江涛 汤锦华 2013年9月出版 / 估价:59.00元

广州蓝皮书
广州汽车产业发展报告(2013)
著(编)者:李江涛 杨再高 2013年9月出版 / 估价:59.00元

广州蓝皮书
广州商贸业发展报告(2013)
著(编)者:陈家成 王旭东 荀振英
2013年9月出版 / 估价:69.00元

广州蓝皮书
广州文化创意产业发展报告(2013)
著(编)者:甘新 2013年9月出版 / 估价:59.00元

广州蓝皮书
中国广州城市建设发展报告(2013)
著(编)者:董皞 冼伟雄 李俊夫
2013年7月出版 / 估价:69.00元

广州蓝皮书
中国广州科技与信息化发展报告(2013)
著(编)者:庾建设 谢学宁 2013年8月出版 / 估价:59.00元

广州蓝皮书
中国广州文化创意产业发展报告(2013)
著(编)者:王晓玲 2013年8月出版 / 估价:59.00元

广州蓝皮书
中国广州文化发展报告(2013)
著(编)者:徐俊忠 汤应武 陆志强
2013年8月出版 / 估价:69.00元

贵州蓝皮书
贵州法治发展报告(2013)
著(编)者:吴大华 2013年4月出版 / 定价:69.00元

贵州蓝皮书
贵州社会发展报告(2013)
著(编)者:王兴骥 2013年3月出版 / 定价:69.00元

海峡经济区蓝皮书
海峡经济区发展报告(2013)
著(编)者:福建省政府发展研究中心
2013年10月出版 / 估价:78.00元

海峡西岸蓝皮书
海峡西岸经济区发展报告(2012)
著(编)者:福建省人民政府发展研究中心
2013年7月出版 / 估价:85.00元

皮书系列 2013全品种 — 地方发展类

杭州都市圈蓝皮书
杭州都市圈经济社会发展报告(2013)
著(编)者:辛 薇　2014年7月出版 / 估价:59.00元

河南经济蓝皮书
2013年河南经济形势分析与预测
著(编)者:刘永奇　2013年3月出版 / 定价:59.00元

河南蓝皮书
2013年河南社会形势分析与预测
著(编)者:刘道兴　牛苏林　2013年1月出版 / 定价:59.00元

河南蓝皮书
河南城市发展报告(2013)
著(编)者:谷建全　王建国　2013年1月出版 / 定价:59.00元

河南蓝皮书
河南工业发展报告(2013)
著(编)者:龚绍东　2013年1月出版 / 定价:59.00元

河南蓝皮书
河南经济发展报告(2013)
著(编)者:喻新安　2013年1月出版 / 定价:59.00元

河南蓝皮书
河南文化发展报告(2013)
著(编)者:卫绍生　2013年1月出版 / 定价:69.00元

黑龙江产业蓝皮书
黑龙江产业发展报告(2013)
著(编)者:于 渤　2013年9月出版 / 估价:69.00元

黑龙江蓝皮书
黑龙江经济发展报告(2013)
著(编)者:曲 伟　2013年1月出版 / 定价:59.00元

黑龙江蓝皮书
黑龙江社会发展报告(2013)
著(编)者:艾书琴　2013年1月出版 / 定价:69.00元

湖南城市蓝皮书
城市社会管理
著(编)者:童中贤　韩未马　2013年5月出版 / 估价:59.00元

湖南蓝皮书
2013年湖南产业发展报告
著(编)者:梁志峰　2013年5月出版 / 定价:79.00元

湖南蓝皮书
2013年湖南法治发展报告
著(编)者:梁志峰　2013年5月出版 / 定价:79.00元

湖南蓝皮书
2013年湖南经济展望
著(编)者:梁志峰　2013年5月出版 / 定价:79.00元

湖南蓝皮书
2013年湖南两型社会发展报告
著(编)者:梁志峰　2013年5月出版 / 定价:79.00元

湖南县域绿皮书
湖南县域发展报告No.2
著(编)者:朱有志　袁 准　周小毛
2013年7月出版 / 估价:69.00元

江苏法治蓝皮书
江苏法治发展报告No.2(2013)
著(编)者:李 力　龚廷泰　严海良
2013年7月出版 / 估价:88.00元

京津冀蓝皮书
京津冀发展报告(2013)
著(编)者:文 魁　祝尔娟　2013年3月出版 / 定价:79.00元

经济特区蓝皮书
中国经济特区发展报告(2012)
著(编)者:陶一桃　2013年4月出版 / 定价:89.00元

辽宁蓝皮书
2013年辽宁经济社会形势分析与预测
著(编)者:曹晓峰　张 晶　2012年12月出版 / 定价:79.00元

内蒙古蓝皮书
内蒙古经济发展蓝皮书(2012~2013)
著(编)者:黄育华　2013年7月出版 / 估价:69.00元

浦东新区蓝皮书
上海浦东经济发展报告(2013)
著(编)者:左学金　陆沪根　2013年1月出版 / 定价:59.00元

青海蓝皮书
2013年青海经济社会形势分析与预测
著(编)者:赵宗福　2013年2月出版 / 定价:69.00元

人口与健康蓝皮书
深圳人口与健康发展报告(2013)
著(编)者:陆杰华　江捍平　2013年10月出版 / 估价:98.00元

山西蓝皮书
山西资源型经济转型发展报告(2013)
著(编)者:李志强　2013年2月出版 / 定价:79.00元

陕西蓝皮书
陕西经济发展报告(2013)
著(编)者:任宗哲　石 英　裴成荣
2013年1月出版 / 定价:65.00元

陕西蓝皮书
陕西社会发展报告(2013)
著(编)者:任宗哲　石 英　江 波
2013年1月出版 / 定价:65.00元

陕西蓝皮书
陕西文化发展报告(2013)
著(编)者:任宗哲　石 英　王长寿
2013年1月出版 / 定价:69.00元

上海蓝皮书
上海传媒发展报告(2013)
著(编)者:强 荧　焦雨虹　2013年1月出版 / 定价:79.00元

地方发展类 皮书系列 2013全品种

上海蓝皮书
上海法治发展报告(2013)
著(编)者:叶 青　2012年12月出版 / 定价:69.00元

上海蓝皮书
上海经济发展报告(2013)
著(编)者:沈开艳　2013年1月出版 / 定价:69.00元

上海蓝皮书
上海社会发展报告(2013)
著(编)者:卢汉龙　周海旺　2013年1月出版 / 定价:69.00元

上海蓝皮书
上海文化发展报告(2013)
著(编)者:蒯大申　2013年1月出版 / 定价:69.00元

上海蓝皮书
上海文学发展报告(2013)
著(编)者:陈圣来　2013年10月出版 / 估价:59.00元

上海蓝皮书
上海资源环境发展报告(2013)
著(编)者:周冯琦　汤庆和　王利民
2013年1月出版 / 定价:59.00元

上海社会保障绿皮书
上海社会保障改革与发展报告(2012~2013)
著(编)者:汪 泓　2013年10月出版 / 定价:65.00元

深圳蓝皮书
深圳经济发展报告(2013)
著(编)者:张骁儒　2013年6月出版 / 定价:69.00元

深圳蓝皮书
深圳劳动关系发展报告(2013)
著(编)者:汤庭芬　2013年6月出版 / 定价:69.00元

深圳蓝皮书
深圳社会发展报告(2012~2013)
著(编)者:张骁儒　2013年6月出版 / 定价:69.00元

温州蓝皮书
2013年温州经济社会形势分析与预测
著(编)者:潘忠强　王春光　金 浩
2013年4月出版 / 定价:69.00元

武汉城市圈蓝皮书
武汉城市圈经济社会发展报告(2012~2013)
著(编)者:肖安民　2013年9月出版 / 估价:59.00元

武汉蓝皮书
武汉经济社会发展报告(2013)
著(编)者:刘志辉　2013年10月出版 / 估价:59.00元

扬州蓝皮书
扬州经济社会发展报告(2012)
著(编)者:丁 纯　2013年1月出版 / 定价:79.00元

长株潭城市群蓝皮书
长株潭城市群发展报告(2013)
著(编)者:张 萍　2013年10月出版 / 估价:69.00元

浙江蓝皮书
浙江金融业发展报告(2013)
著(编)者:刘仁伍　2013年10月出版 / 估价:69.00元

浙江蓝皮书
浙江民营经济发展报告(2013)
著(编)者:刘仁伍　2013年10月出版 / 估价:59.00元

浙江蓝皮书
浙江区域金融中心发展报告(2013)
著(编)者:刘仁伍　2013年10月出版 / 估价:79.00元

浙江蓝皮书
浙江市场经济发展报告(2013)
著(编)者:刘仁伍　2013年10月出版 / 估价:79.00元

郑州蓝皮书
2013年郑州文化发展报告
著(编)者:王 哲　2013年7月出版 / 估价:69.00元

中原蓝皮书
中原经济区发展报告(2013)
著(编)者:刘怀廉　2013年3月出版 / 定价:68.00元

西北蓝皮书
中国西北发展报告(2013)
著(编)者:范鹏　朱智文　马廷旭　2013年1月出版 / 定价:68.00元

连片特困区蓝皮书
中国连片特困区发展报告(2013)
著(编)者:游俊　冷志明　丁建军　2013年3月出版 / 定价:79.00元

吉林蓝皮书
2013年吉林经济社会形势分析与预测
著(编)者:马 克　2013年1月出版 / 定价:69.00元

安徽蓝皮书
安徽社会发展报告（2013）
著(编)者:程 桦　2013年4月出版 / 定价:79.00元

安徽蓝皮书
安徽社会建设分析报告（2012~2013）
著(编)者:黄家海　王开玉　蔡 宪　2013年4月出版 / 定价:69.00元

社会科学文献出版社
SOCIAL SCIENCES ACADEMIC PRESS (CHINA)

社会科学文献出版社成立于1985年，是直属于中国社会科学院的人文社会科学专业学术出版机构。

成立以来，特别是1998年实施第二次创业以来，依托于中国社会科学院丰厚的学术出版和专家学者两大资源，坚持"创社科经典，出传世文献"的出版理念和"权威、前沿、原创"的产品定位，社科文献立足内涵式发展道路，从战略层面推动学术出版的五大能力建设，逐步走上了学术产品的系列化、规模化、数字化、国际化、市场化经营道路。

先后策划出版了著名的图书品牌和学术品牌"皮书"系列、"列国志"、"社科文献精品译库"、"中国史话"、"全球化译丛"、"气候变化与人类发展译丛""近世中国""博源文库"等一大批既有学术影响又有市场价值的系列图书。形成了较强的学术出版能力和资源整合能力，年发稿3.5亿字，年出版新书1200余种，承印发行中国社科院院属期刊近70种。

2012年，《社会科学文献出版社学术著作出版规范》修订完成。同年10月，社会科学文献出版社参加了由新闻出版总署召开加强学术著作出版规范座谈会，并代表50多家出版社发起实施学术著作出版规范的倡议。2013年，社会科学文献出版社参与新闻出版总署学术著作规范国家标准的起草工作。

依托于雄厚的出版资源整合能力，社会科学文献出版社长期以来一直致力于从内容资源和数字平台两个方面实现传统出版的再造，并先后推出了皮书数据库、列国志数据库、中国田野调查数据库等一系列数字产品。

在国内原创著作、国外名家经典著作大量出版，数字出版突飞猛进的同时，社会科学文献出版社在学术出版国际化方面也取得了不俗的成绩。先后与荷兰博睿等十余家国际出版机构合作面向海外推出了《经济蓝皮书》《社会蓝皮书》等十余种皮书的英文版、俄文版、日文版等。

此外，社会科学文献出版社积极与中央和地方各类媒体合作，联合大型书店、学术书店、机场书店、网络书店、图书馆，逐步构建起了强大的学术图书的内容传播力和社会影响力，学术图书的媒体曝光率居全国之首，图书馆藏率居于全国出版机构前十位。

作为已经开启第三次创业梦想的人文社会科学学术出版机构，社会科学文献出版社结合社会需求、自身的条件以及行业发展，提出了新的创业目标：精心打造人文社会科学成果推广平台，发展成为一家集图书、期刊、声像电子和数字出版物为一体，面向海内外高端读者和客户，具备独特竞争力的人文社会科学内容资源供应商和海内外知名的专业学术出版机构。

中国皮书网

发布皮书研创资讯，传播皮书精彩内容
引领皮书出版潮流，打造皮书服务平台

栏目设置：

- □ 资讯：皮书动态、皮书观点、皮书数据、 皮书报道、皮书新书发布会、电子期刊
- □ 标准：皮书评价、皮书研究、皮书规范、皮书专家、编撰团队
- □ 服务：最新皮书、皮书书目、重点推荐、在线购书
- □ 链接：皮书数据库、皮书博客、皮书微博、出版社首页、在线书城
- □ 搜索：资讯、图书、研究动态
- □ 互动：皮书论坛

www.pishu.cn

中国皮书网依托皮书系列"权威、前沿、原创"的优质内容资源，通过文字、图片、音频、视频等多种元素，在皮书研创者、使用者之间搭建了一个成果展示、资源共享的互动平台。

自2005年12月正式上线以来，中国皮书网的IP访问量、PV浏览量与日俱增，受到海内外研究者、公务人员、商务人士以及专业读者的广泛关注。

2008年10月，中国皮书网获得"最具商业价值网站"称号。

2011年全国新闻出版网站年会上，中国皮书网被授予"2011最具商业价值网站"荣誉称号。

权威报告　热点资讯　海量资源

当代中国与世界发展的高端智库平台

皮书数据库 www.pishu.com.cn

皮书数据库是专业的人文社会科学综合学术资源总库,以大型连续性图书——皮书系列为基础,整合国内外相关资讯构建而成。包含七大子库,涵盖两百多个主题,囊括了近十几年间中国与世界经济社会发展报告,覆盖经济、社会、政治、文化、教育、国际问题等多个领域。

皮书数据库以篇章为基本单位,方便用户对皮书内容的阅读需求。用户可进行全文检索,也可对文献题目、内容提要、作者名称、作者单位、关键字等基本信息进行检索,还可对检索到的篇章再作二次筛选,进行在线阅读或下载阅读。智能多维度导航,可使用户根据自己熟知的分类标准进行分类导航筛选,使查找和检索更高效、便捷。

权威的研究报告,独特的调研数据,前沿的热点资讯,皮书数据库已发展成为国内最具影响力的关于中国与世界现实问题研究的成果库和资讯库。

皮书俱乐部会员服务指南

1. 谁能成为皮书俱乐部会员?
- 皮书作者自动成为皮书俱乐部会员;
- 购买皮书产品(纸质图书、电子书、皮书数据库充值卡)的个人用户。

2. 会员可享受的增值服务:
- 免费获赠该纸质图书的电子书;
- 免费获赠皮书数据库100元充值卡;
- 免费定期获赠皮书电子期刊;
- 优先参与各类皮书学术活动;
- 优先享受皮书产品的最新优惠。

阅　读　卡

3. 如何享受皮书俱乐部会员服务?

(1)如何免费获得整本电子书?

购买纸质图书后,将购书信息特别是书后附赠的卡号和密码通过邮件形式发送到pishu@188.com,我们将验证您的信息,通过验证并成功注册后即可获得该本皮书的电子书。

(2)如何获赠皮书数据库100元充值卡?

第1步:刮开附赠卡的密码涂层(左下);

第2步:登录皮书数据库网站(www.pishu.com.cn),注册成为皮书数据库用户,注册时请提供您的真实信息,以便您获得皮书俱乐部会员服务;

第3步:注册成功后登录,点击进入"会员中心";

第4步:点击"在线充值",输入正确的卡号和密码即可使用。

皮书俱乐部会员可享受社会科学文献出版社其他相关免费增值服务
您有任何疑问,均可拨打服务电话:010-59367627　QQ:1924151860
欢迎登录社会科学文献出版社官网(www.ssap.com.cn)和中国皮书网(www.pishu.cn)了解更多信息

皮书大事记

☆ 2012年12月，《中国社会科学院皮书资助规定（试行）》由中国社会科学院科研局正式颁布实施。

☆ 2011年，部分重点皮书纳入院创新工程。

☆ 2011年8月，2011年皮书年会在安徽合肥举行，这是皮书年会首次由中国社会科学院主办。

☆ 2011年2月，"2011年全国皮书研讨会"在北京京西宾馆举行。王伟光院长（时任常务副院长）出席并讲话。本次会议标志着皮书及皮书研创出版从一个具体出版单位的出版产品和出版活动上升为由中国社会科学院牵头的国家哲学社会科学智库产品和创新活动。

☆ 2010年9月，"2010年中国经济社会形势报告会暨第十一次全国皮书工作研讨会"在福建福州举行，高全立副院长参加会议并做学术报告。

☆ 2010年9月，皮书学术委员会成立，由我院李扬副院长领衔，并由在各个学科领域有一定的学术影响力、了解皮书编创出版并持续关注皮书品牌的专家学者组成。皮书学术委员会的成立为进一步提高皮书这一品牌的学术质量、为学术界构建一个更大的学术出版与学术推广平台提供了专家支持。

☆ 2009年8月，"2009年中国经济社会形势分析与预测暨第十次皮书工作研讨会"在辽宁丹东举行。李扬副院长参加本次会议，本次会议颁发了首届优秀皮书奖，我院多部皮书获奖。

皮书数据库
www.pishu.com.cn

皮书数据库三期即将上线

- 皮书数据库（SSDB）是社会科学文献出版社整合现有皮书资源开发的在线数字产品，全面收录"皮书系列"的内容资源，并以此为基础整合大量相关资讯构建而成。

- 皮书数据库现有中国经济发展数据库、中国社会发展数据库、世界经济与国际政治数据库等子库，覆盖经济、社会、文化等多个行业、领域，现有报告30000多篇，总字数超过5亿字，并以每年4000多篇的速度不断更新累积。2009年7月，皮书数据库荣获"2008~2009年中国数字出版知名品牌"。

- 2011年3月，皮书数据库二期正式上线，开发了更加灵活便捷的检索系统，可以实现精确查找和模糊匹配，并与纸书发行基本同步，可为读者提供更加广泛的资讯服务。

更多信息请登录

中国皮书网的BLOG [编辑]
http://blog.sina.com.cn/pishu

中国皮书网
http://www.pishu.cn

皮书微博
http://weibo.com/pishu

皮书博客
http://blog.sina.com.cn/pishu

请到各地书店皮书专架 / 专柜购买，也可办理邮购

咨询 / 邮购电话：010-59367028　59367070　　　邮　　箱：duzhe@ssap.cn
邮购地址：北京市西城区北三环中路甲29号院3号楼华龙大厦13层读者服务中心
邮　　编：100029
银行户名：社会科学文献出版社
开户银行：中国工商银行北京北太平庄支行
账　　号：0200010019200365434
网上书店：010-59367070　　qq：1265056568
网　　址：www.ssap.com.cn　　　www.pishu.cn